週期化力量訓練系統

The system

Soviet Periodization Adapted for the American Strength Coach

達成訓練目標最有效的實務指引，
從訓練項目、順序、強度到頻率，
美國名人堂教練與運動醫學專家
教你打造穩定優化運動表現的訓練課表

系統

力量訓練

週期化

強尼・帕克 Johnny Parker、
艾爾・米勒 Al Miller 、
羅伯・帕納列洛 Rob Panariello
傑瑞米・霍爾 Jeremy Hall——著

徐國峰——譯

導讀
淬煉自己的訓練系統

　　還記得兩年前《週期化力量訓練系統》這本書在美國甫出版時，我一看到作者群簡介，便驚訝地發現他們三人都是肌力教練名人堂的成員，於是立刻從網路下訂。不過為什麼我會對這本書有這麼大的興趣呢？原因是，這本書所談及的課表設計原則，並非依循西方主導的訓練世界中流行的「線性」課表，而是源於前蘇聯的「非線性」設計原則。線性課表的問題在於，它與身體實際適應與進步的情形並不相符，身體並不會持續、線性地進步。或許對初階新手來說，線性課表可以帶來訓練成效，但高階／菁英選手很容易因為強度持續增加過久，碰到進步遲滯或訓練過度的情況。因此，線性課表比較適合需要在特定時間達到峰值的單一活動競賽，否則在賽季較長的運動中，將會陷入峰值應該出現在季初、季中或是季後的難題之中。然而，非線性課表也有為人詬病的地方，那就是無法達到單一要素峰值。作者們當然同意這一點，但他們也懷疑，若太專注於「單一」要素峰值，是否反而會造成「其他要素」的運動表現降低？或者，換個角度想想，有哪一種競技運動需要單一要素達到峰值呢？因為競技運動就是將「所有」要素完整地展現出來，因此除非你的項目就是健力、奧舉、跳遠、跳高、衝刺等單一項目，否則如同作者們所說，不要過度執著於重訓室的運動表現。由此可知，線性與非線性課表都有其優缺點與支持者，但對身為教練的我們而言，最重要的是能夠取兩者的優點形塑出自己的「系統」。

　　回到《週期化力量訓練系統》這本書的內容。作者將多年前從前蘇聯舉重教練那裡所學到的課表設計方法融合，建立出一套符合美式足球的肌力與體能訓練新方法。雖然這使得本書在思維邏輯上偏向美式足球的訓練，但作者也明白指出，他們提供的

是一個「系統架構」，你可以加入屬於自己的元素來符合實際需求，而這也將回到一個最重要的問題：**我的目標到底是什麼？**作者們知道，要培養出強壯的選手，就去尋找變強壯的方法，但重要的是如何「轉換」成自己的需要。想要速度更快，就去找田徑教練請益，但也得了解訓練方法可能會因為需求差異而有不同。否則就會像鋒哥陳金鋒在《不求勝的英雄》中所說的：「很多人以為到美國或國外短期進修後，就可以將整套模式套在臺灣棒球選手上，卻不知道意義何在。」因此，千萬不要把別人調整的方式當作自己練習的方式，因為環境完全不同。這個道理和我很喜歡的「第一原理」概念不謀而合。因為口／筆譯工作的關係，我得以接觸許多嶄新的訓練法或工具，但這些年來的體悟是，無論再怎麼更新，其中的本質都不會變。

擁有一套自己的系統與原則非常重要，因為在目前資訊蓬勃發展與爆炸的世代，只要你願意，每天都有數不盡的資訊轟炸你。但如何從當中篩選所需的資訊，加入自己的系統裡，就必須依靠自己有紀律地不斷嘗試與試煉，才能成就真正屬於自己的系統與原則。只可惜在講求快速的時代，我們往往忽略了沿途的美景，然而這是最精采的一部分，因為唯有扎扎實實地體驗過，才能體會到細微的差別。誠如作者們所說：「一位好教練光是聽到選手舉起槓鈴那一剎那的聲音，就能知道其當天狀況好壞。」而這一切都要仰賴多年來下的苦功啊！雖然目前有許多科技可以精準量測，但別忘了，訓練最終還是要「以人為本」。

最後，一張精心設計的系統性課表要如何發揮出真正的價值呢？答案就如同作者們共同的名言：「要永遠把選手／客戶擺在第一位，因為人（教練）都有私心，但人（選手／客戶）也很敏感，所以唯有真誠以待，才能贏得長久的信任。」否則，就算課表寫得再好，也只是一張紙而已！體驗《週期化力量訓練系統》這兩年的過程，讓我自己又往前邁進了一步。誠摯地邀請您一起來欣賞這沿途一切的美景。

王清景
肌力與體能教練

推薦序

　　或許很難讓人相信，但我在這個圈子太久了，因此我甚至清楚記得「力量與體能訓練」還不被世人重視時的日子。

　　還記得一九六五年時，我剛踏進美式足球職業生涯，服務於達拉斯牛仔隊，那時在教練湯姆・蘭德利（Tom Landry）的手下還沒有任何人專門負責舉重或跑步的訓練。當時在職業美式足球領域的專任力量教練很少，而且他們都擔心球員可能會因重訓使肌肉變硬而讓動作變慢，這個迷思也造成大多數球隊盡量避免任何跟重量有關的訓練。每個球員都得靠自己維持健康，更大的挑戰是多數球員還必須在賽季中做全職工作來養家餬口。除了跑步和一般的體能訓練之外，還沒有一套正式且完整的力量課表可以讓他們進行系統性的訓練。

　　當時，牛仔隊還沒有像現在這麼成功，名聲也不像現在那麼響亮，過去的戰績還被製作成紀錄片。儘管有頂尖教練蘭德利的指導和才華橫溢的陣容，我們卻未能實現冠軍目標，每次都只能打到季後賽就止步，還被大家笑稱為「明年的冠軍隊」。

　　到了一九七〇年，我成為了一名球員兼教練，並且成為了球隊特許的第一位非正式的力量與體能教練。在蘭德利教練的推薦下，我特地前去找阿爾文・羅伊（Alvin Roy）交談，他早在一九六三年就成為聖地亞哥閃電隊（San Diego Chargers）的力量與體能教練，也是 NFL 的第一位。他親切地跟我分享他的美式足球訓練法，包括舉重和跑步的練法，我把這些方法帶回達拉斯。

　　蘭德利教練非常相信我，也很重視我設計的課表，為了讓球員們在季外期能一起在達拉斯訓練，我們甚至付費給球員吸引他們出席團練，我們是第一個這麼做的 NFL 球隊。這一改變不僅大大地提高了球員整體的力量和恢復力，還創造了良性競爭的團

隊氛圍。當球員看到其他人正在努力打拼而且不錯過任何一場訓練，這向他們送出一則明確的訊息：如果你想勝過別人取得先發球員的資格，就得付出同等的努力。

在第一個夏季訓練結束時，球隊的凝聚力和隊員們的身體表現都明顯提升了很多，這也使我們第一次打進超級盃（NFL 總冠軍賽），當年只差臨門一腳，輸在最後一秒的射門。儘管再次錯失奪冠機會，但這一年我們從新的訓練計畫中獲得了信心，不但受傷變少，球員和教練也都很支持，這無疑對球隊未來十年的命運以及許多球員的職業生涯產生了深遠的影響。

後來當我成為丹佛野馬隊的總教練時，我知道想要成為一名成功的教練，就一定要盡最大努力去提高運動員的身體能力，而這項工作的起點就是著手設計一份全面的力量與體能訓練計畫。在阿爾文‧羅伊教練的推薦下，我聘請了艾爾‧米勒教練，他本是貝爾‧布萊恩在阿拉巴馬大學旗下的力量教練。艾爾不僅在該領域享有盛名，而且還很謙虛，是個真正的學習者，始終在訓練科學的領域中追求增強運動表現的方法，所以他的訓練法一直都在更新，而且還積極地接觸其他成功的教練，不斷學習與調整自己的方法。他到世界各地去向最頂尖的教練學習，不論這些教練是在俄羅斯還是在奧林匹克訓練中心或是 NFL 的其他球隊裡。尤其是他跟同在 NFL 的強尼‧帕克教練的合作與友誼更是難能可貴。毫無疑問，我與我們球隊的成功與艾爾持續不斷地尋找最佳訓練工具和方法有直接的關係。

今天你找不到還有哪一支 NFL 的球隊不僱用一整個專業團隊來訓練球員的力量與體能，也很難找到哪一支運動隊伍、大學或高中校隊中沒有至少一位的力量教練。

這本書包含了艾爾和強尼所淬煉過的訓練知識與智慧，他們兩位可能是 NFL 歷史上最成功的力量教練。你可能要把十個人的生涯成就加起來才能跟他們兩位齊平，艾爾和強尼的專業水準和他們對這個領域的影響力，其他教練根本難以望其項背。

過去四十多年來，艾爾和強尼創建了一套訓練系統，這套系統來自最佳的訓練方法與策略，而且已經訓練出多個冠軍隊伍。我毫不懷疑，你一定可以在這本書中發現提升運動表現的寶貴資訊。但是，如果只有一件事我希望你能帶走，那就是：實現相

同目標的進路有很多條，不變的是原則。訓練方法要根據運動員的實際情況作調整，並使用作者說的「教練之眼」，才能對運動員的表現產生最大的幫助。

除了尋找更好的求員加入之外，一個球隊的成功最終還是得看教練是否能使球員不斷變強。我認為這些教練最強的地方是他們採用開放靈活的訓練法，並總是把球員放在第一位，這才是他們能成功的真正祕訣。我可以證明他們的訓練系統和分享的熱情對我的教練生涯產生了積極正面的影響，我希望你也能跟我一樣，從他們的身上學到東西並受益終生。

好好享受這本書。

丹．里維斯

NFL 總教練

服務過丹佛野馬隊、紐約巨人隊、亞特蘭大獵鷹隊

Contents

緒論

隨著愈來愈多教練進入力量和體能訓練領域，他們也面臨為年輕運動員制定課表的任務。這些教練不缺課表，因為能夠拿來跟著練的課表很多，到處都找得到。網路上就有各式各樣的練習動作和訓練計畫，它們的數量就跟權威和教練的數量一樣多。每個人都從不同的面向推銷他們的系統或方法，有的強調肌肉大小，有的強調力量，有的強調爆發力或速度的進步。在資訊量這麼龐大的情況下，我們很難決定哪一個才是最好的系統。

很多剛進入力量和體能訓練領域的人，會直接從網路上找一份計畫來練，或是直接拿他們尊崇的教練的課表來用，認為這就足以幫助他們的運動員，並提供運動員未來發展的基礎。在某些情況下，這樣做的確會有好結果；然而，某些情況卻會導致成效不彰，那麼做只是在浪費你和運動員的時間而已。

不幸的是，大多數教練的知識庫裡缺乏對訓練基本原則的理解，他們不知道該怎麼建立長期且可持續的訓練計畫。的確，要從頭打造一份長期的訓練計畫，對於新手教練來說可是一項艱巨的任務；就算是資深教練，要他們客觀地對當前訓練的內容和結果進行評價，也是一大挑戰。我們也走過這些，但如果我們當時沒有放下自尊，對自己設計的訓練計畫和結果進行嚴厲的檢討，就不會取得現在的成功。

在這本書中，我們是以科學為基礎，經過反覆實測，最終才成就這個極其有效的訓練系統。和可以反覆安裝的電腦作業系統不一樣，這個系統強調基本原理和原則，你可以用它來設計課表。如果你能好好運用這套系統，你的運動員將能持續變得更強、更快、更有力。

這二十八年來，我們不斷地運用並完善這套訓練系統——它幫助過無數的運動

員，把他們從高中選手提升到職業運動員，再踏入奧運殿堂，總共幫助過五支 NFL 球隊八次打進超級盃。運用這套系統需要組織能力、一些基本的計算能力以及敏銳的「教練之眼」。其他的訓練法我們大部分都嘗試也評估過，然而本系統帶來的結果跟其他訓練法的效果都不一樣。

不斷提升運動員和自己的實力，一直是我們的驅動力。然而，爭強鬥勝的日子已經遠去，現在我們想做的是教育，盡量把自己的知識與經驗分享給其他力量與體能教練，就像我們在將近三十年前有幸接受其他老師的教導一樣。

在本書中，我們把這套課表設計方法稱為「系統」。

學習這套系統的人，很少有人會再回去用他們以前的方法。掌握它不容易，需要時間也需要努力。學習者要對自己之前訓練計畫中的偏見和缺陷進行嚴厲的分析，也需要具備追求卓越的動力。

然而，這一切都是值得的。

我們三位加起來共有八十多年的學習和執教經驗，所累積的大量時數、經歷和挫折提煉成這本訓練藍圖。現在，我們的職業生涯即將結束，被年輕的新貴教練取代的威脅已經消失，我們希望把這套方法和計畫傳承下去。雖然你可能認為一套二十八歲的訓練系統可能已經過時了，但我們向你保證，它的時代才剛剛到來。

首先，我們要聲明：這本書並沒有把我們這套課表設計系統的各種細節和應用寫得鉅細靡遺。平心而論，我們花這麼多年所學到的知識和積累的經驗，絕非一本書就能說清楚。

我們希望提供訓練的概念基礎，藉此創造幾個起點，讓那些缺乏經驗的力量教練也有機會運用系統化的訓練法來提升運動員的專項表現。

在這套系統的架構中，將有無數個機會來調控訓練變量，以解決訓練運動員碰到的挑戰和各種問題。訓練不可能一帆風順，這些都一定會出現。設計課表時，沒有一體適用的方法，就連我們三個人對書中的某些細部問題也無法達成共識。

隨著你在這個領域的資歷愈深，你也將繼續學習、反思和成長。我們希望這本書

能為你提供一種新的視角與機會，幫助你改造當前的訓練，從而取得更輝煌的成就。

強尼·帕克
艾爾·米勒
羅伯·帕納列洛

PART

1

基　礎

Chapter 1
本訓練系統的基礎

訓練系統的起源

本書的訓練系統源於前蘇聯的國家舉重隊，最後傳到我們幾位紐約史坦頓島的教練身上。多年來，我們不只跟高中、大學校隊與職業運動員合作，也花了無數個星期在國內外尋找願意跟我們交流的教練，挖掘他們身上的東西，不斷地拓展與學習新知。

我始終相信，如果有機會學到更具競爭優勢的方法卻不去學，就是自己的過失。當我們進步成為專家之後，持續尋找新資訊、新技術與新方法變得更為重要。成為一流的專業人士之後，不代表學習不再重要，相反地，你更要繼續精進，因為此時你肩上的擔子已比一般人更重了。

一九八〇年代初期，我們分別有機會前往不同的蘇聯政權，請教他們的國家隊教練與運動科學家。在鐵幕之下，這群專家訓練出了世界上最優秀的奧運選手。我們每一個人都希望把成功的「祕訣」學起來，回到家鄉重新打造我們的運動員。

在那個年代，蘇維埃社會主義共和國聯盟（之後簡稱「蘇聯」）訓練出三十萬名能夠達到奧運標準的舉重運動員，相較之下，美國達標的只有三千位。當時的蘇聯在太空、國防、藝術和運動上都投入大量的資源，也因此成為當時競技運動的霸主。他們追求奧運獎牌並非來自商業上的驅動，而是具有特殊的政治意涵——他們想藉由運動上的成就展現共產主義的成功。

基於這個理由，俄羅斯人的訓練非常科學化，整個訓練法都是從力量與體能的

運動實驗室中研究出來的。為了找到最有效的訓練法，運動員在訓練過程中的每一個「變數」都受到嚴格的控管、追蹤、評估、檢測與重新評估。他們的目標是培養出世界上最強的運動員，藉此展演給全世界看。

不可否認，他們的運動員的確有用禁藥來提升運動表現，但在十八次的奧運會中獲得一千兩百面獎牌，其中有三十九面是舉重金牌（中國三十四金，美國十六金，蘇聯領先所有國家），這樣的成績仍相當驚人。

當時，尤里‧維爾霍山斯基（Yuri Verkhoshansky）和里奧尼德‧馬特維耶夫（Leonid Matveyev）[1] 兩位教授，正在蘇聯中央研究院的體育與運動科學實驗室裡開發「增強式訓練法」（plyometric training）。[2] 這種訓練法主要是為了對週期化訓練進行優化，並提升運動員的爆發力，以確保運動員的進步。在我們的學習之旅中，有位教練告訴我們：「理論決定練習的成效。」然而，從兩位教授的觀點看來，應該是「練習的成效決定了理論」。所以在蘇聯，運動科學家並不會指使教練應該做什麼，而是從實務訓練中尋找有效的訓練法，並從中解釋效果何在，再建構成理論。

在蘇聯的訓練體制裡，教練和科學家之間有著很強的連結；然而，要決定「該練什麼」時，通常取決於「教練之眼」和訓練經驗，而非科學家的學術研究。這樣的模式顯然幫助俄國在訓練概念上進步神速，並把當時美國的訓練法遠遠拋在後面。

我們有幾位早期的導師是世界級的舉重運動員，像是阿爾文‧羅伊（Alvin Roy）、克萊德‧艾姆里奇（Clyde Emrich）和路易士‧里克（Louis Riecke）。艾姆里奇是世界上第一位以不到 200 磅（90.7 公斤）的體重，卻能成功挺舉 400 磅（181.4 公斤）的運動員。里克則是最近一次在舉重項目中創造新世界紀錄的美國人，他以 181 磅（82.1 公斤）的體重，抓舉 325 磅（147.4 公斤）。

儘管這些美國舉重好手的成就斐然，但他們也坦承在比賽週期之後的訓練方向缺乏明確計畫。他們會跟其他選手和教練們談，並使用不同的訓練系統和方法進行實驗與測試。如果用了某份課表後看到進步，他們會繼續用，直到進入高原期（不再進步），接著再換另一份課表。經過長時間的試驗，他們憑著過去的經驗修正訓練路徑，

藉此確認什麼方法有效、什麼無效。可是他們也承認，這並非最有效的學習方法。

相較之下，在蘇聯的學習經歷打開了我們的視野，我們學到了用更系統化的方法來設計與組織課表。蘇聯的做法為我們提供了不同的訓練概念與系統化的訓練理論，使我們能了解每一個動作和每一份課表背後的設計邏輯。

我們向導師提出了數百種問題，並從他們的回覆中淬煉出自己的答案。俄羅斯教練的訓練法非常著重客觀的數據分析。我們曾開玩笑地說，如果我們問 A 到 B 該怎麼走，在從 A 移動到 B 之前，他們會詳盡地寫下各種細節、變項和元素。

然而他們提供的資訊量實在太大了，所以我們常問他們到底「該怎麼安排課表？」，但他們總回答「沒有祕方，主要得靠教練的經驗判斷」。每次聽到這樣的答覆總是十分讓人氣餒。雖然在這條不斷學習、嘗試與實作應用的路上遭遇很多挫折，但在不斷跟各式隊伍合作的過程中，我們也不斷持續成長，對自己的教練能力也愈來愈有信心。這些年來，我們合作的對象除了美式足球聯盟（NFL）的紐約巨人隊和丹佛野馬隊之外，還包括紐約聖若望大學重訓室裡接觸到的各類運動員。

一九八八年，我們有幸能接觸到俄羅斯國家教練——格列戈里・高斯汀（Gregori Goldstein）帶來的蘇聯訓練法。高斯汀教練是位猶太人，原本在白俄羅斯共和國的舉重國家隊擔任教練，成功訓練出許多奧運選手。縱使教練成就斐然，他卻因為宗教信仰，無法再跟原本的國家隊合作，也不能在蘇聯從事任何教練工作。由於教練生涯受阻以及對國家機器的恐懼，他帶著全家人逃到美國，最後定居紐約史坦頓島。

來到美國後，儘管高斯汀教練的經驗豐富、學識淵博，卻一直默默無聞。我們找到他，並請他傳授蘇聯的訓練法給我們，起初他沒答應，卻因不敵我們的死纏爛打，最後終於點頭。但他要求要先讓他看看我們當前使用的訓練計畫，這樣他才能分析，同時認清我們目前的教練功力。

當我們把訓練計畫拿回來時，整份文件被批滿了紅墨水，就像在流血。他覺得我們做的每件事都有問題，這讓我們很尷尬，也藉此認清自己並沒有想像中那麼優秀。這代表即使在美國和俄國的訓練法上面花了這麼多時間和心力，我們仍無法把核心元

素實際運用在訓練上。過去我們會優先挑選心目中喜歡的方法，捨棄不喜歡的，最終卻因此被我們搞砸了。

比爾·帕索斯（Bill Parcells）教練曾說：「在競爭的環境中，維持原狀就是退步。」我們知道自己已無法再用同一種方式來幫助選手進步。所以我們決心要在高斯汀「教練之眼」的監督下，花五年向他學習。米勒甚至特地從丹佛飛去跟高斯汀教練當面學習，並透過他的指導精進自己的訓練法。

在高斯汀教練的指導下，我們進行了無數次的討論，為了吸收知識以及對蘇聯體系的課表設計有更全面的理解，我們寫滿了筆記。高斯汀教練不只提供我們有效的力量與爆發力訓練課表，也教我們如何建立教練工作的框架。

在當時，為了使我們合作的隊伍具有競爭優勢，我們一致認為先不要公開高斯汀教練傳授給我們的方法。這幾年來，我們和助教不僅幫助過五支球隊成功打進八次超級盃[3]，還曾幫過許多高中與大學校隊、職業隊和奧運選手取得更優異的運動表現，在在都證實了這套方法的優越性。

令人驚訝的是，這套訓練系統在蘇聯體育圈行之有年，但除了讀過巴德·查尼加（Bud Charniga）翻譯的訓練手冊[4]和我們的學生之外，很少有其他美國教練曾有效運用過這套系統來開設訓練計畫。

我們學的不只是「俄國訓練計畫」或「白俄羅斯訓練計畫」，它並不是某種固定不變的特定計畫，而是從十三個蘇聯的加盟共和國中逐漸發展出來的；然而，在彼此有些微差異的長期訓練系統中，仍存在一致的原則與方法。在這套系統浸淫了三十年之後，時間已經證明在發展運動員的力量與爆發力方面，它具有長期的效益。

這套擬定訓練課表的系統在確保訓練進度上無疑有很大的幫助，傳統訓練計畫有很多陷阱，運動員很容易陷入其中而打斷了計畫中的訓練進程，但這套訓練系統使我們減少落入陷阱的機率。除非有另一套訓練系統也能打造出像我們碰到的俄羅斯舉重運動員一樣，兼具力量、柔軟度、爆發力與速度，不然我們就應該盡可能採用它。

基本原則

我們希望透過這本書教給大家蘇聯訓練系統中的原則和方法，以及該如何加以應用與開發出自己的課表。書中所要傳達的並不是死板的資訊，而是教你如何使用，使你能依照不同運動員和團隊的需求來調整。

在我們進入週期化訓練的具體細節之前，首先應該確認我們使用相同的語言，並對同一個概念／詞彙的認知一致。接著，在開始深入分析或設計訓練計畫之前，要了解訓練計畫的整體運作架構以及為何要這樣設計（why）。

想知道如何練（how）與該練什麼（what），我們輕而易舉就能提供一堆方法。然而，本書希望強化你對訓練基本原則的認識，使你能重新審視自己與其他教練的訓練計畫。如果身為一位教練卻沒有一個穩固且理性的思考架構作為基礎，很容易就會以心中的偏好與成見來做決定，如此一來就很難轉化成長期的成功。

我們現在知道，在海外學習的那段時間，如果我們問一位蘇聯的舉重選手為何練這個動作或今天該加到多重，那其實是在問我們自己。教練要能了解選擇背後的理由，也要能夠和運動員溝通，這些能力都有助於你建立起前蘇聯訓練計畫所需的優質環境。這樣當你在進行教學與訓練時，運動員會比較容易投入其中，你的工作也會變得比較容易。

有許多詳盡的研究在探討引起生理變化時，哪些參數最重要以及對於特定的運動項目來說，哪些訓練動作最好或是如何規劃最佳的訓練週期等問題當然很重要，我們在本書中也有談到，但僅只為了幫助你了解課表設計的方法和過程。如果想要進一步討論細節，可以到網路留言版提問。

如果你是一位經驗豐富的專業力量教練，你可以很快地瀏覽下一節的內容。那對你來說可能有點太像基本常識了；雖然如此，複習對你也沒有壞處，把自己視為初學者有助你進步，使你既有的訓練概念更清晰。

很多時候，當我們把目光放在舊有的資訊上，有助於獲得新的啟發。

運動員的力量發展階層

【圖表 1.1】 艾爾‧維梅爾教練的運動員力量金字塔（Al Vermeil Pyramid）

評估與檢測

　　訓練計畫的設計總會先從評估運動員當下的身體狀況與能力開始。我們很容易假設高水平的運動表現即是身體上能夠負荷高強度的爆發力訓練；然而，情況往往並非如此。那些依靠純粹的運動本能或過去的訓練經驗，以為力量訓練就是在練肌肉的人，與其待在重訓室，其實更適合在金牌健身中心。[5]

　　已進入名人堂的力量教練艾爾‧維梅爾（Al Vermeil, M.S., C.S.C.S）[6]在一九八〇和九〇年代曾跟 NFL 舊金山四九人隊以及 NBA 傳奇芝加哥公牛隊合作過，他曾說：「在我合作過的所有運動員中，很少有人一開始就準備好面對高強度的訓練，力量上的缺陷限制了我們能做的訓練，所以運動員必須從力量金字塔的底端開始練起。」

　　當他提到「力量金字塔」時，指的是他所建構的一種能持續發展運動員各種身體素質[7]的訓練計畫模型。他的訓練計畫都以金字塔的底層作為起點，先訓練運動員基

本的身體素質。在提升到下一個進階能力之前，必須先確認運動員在前一階層的能力已經足夠。如果我們想要有穩固的基礎以及在提升技巧前減低受傷的風險，就必須先花時間做好底層的訓練。

依維梅爾教練和我們的經驗來說，就算是職業運動員也很少能剛進重訓室就直接進行高強度訓練，所以除了跟**極菁英**選手合作的少數教練外，幾乎所有的力量教練都依循類似的進路設計訓練計畫。也就是說，跟你合作的大部分運動員皆尚未準備好直接跳到奧林匹克式爆發力訓練（如挺舉和抓舉），那對他們來說有較高的受傷風險。

此外，同時訓練階層裡的所有力量對未受訓練的人也許有效；但這對於訓練有素的運動員來說並不是最好的練法，而且往往適得其反。

圖表 1.1 的階層所表示的觀點是：金字塔底層的基礎能力要先穩固，才能夠逐步向上加強其他能力。因此，每種訓練法都有各自的最適訓練時機，關鍵是要在對的階段選擇正確的訓練量來開發這些能力。

這並不是說一次只能練一種能力。然而在運動員的基礎能力尚未就緒前，若把訓練的重點放在較進階的能力上，將會導致問題發生。不同能力分別要花多少注意力和時間訓練，要根據每一位運動員的水平、不同的季節與年分來調整。訓練是有週期性的，不能一味只往高層的能力加強訓練，在季外期還是要回歸基礎能力。在設計整個訓練計畫時，每個週期除了重點能力需要加強外，其他能力也應安排較小的訓練量。

在進入任何正規的訓練計畫之前，應先對運動能力與傷害徹底評估。這麼做可以先讓教練了解運動員之前的運動傷害或是他們當前動作的限制與活動度不足之處。

這個金字塔使我們在思考不同訓練年齡運動員的課表時，有基準線可以參考。例如，對尚未接觸過正式力量與體能訓練的年輕運動員而言，要等到徒手的動作（像是徒手深蹲、伏地挺身和拉單槓）練到一定的水準後，才能進行負重。[8]

採取這種訓練進路有助於我們處理運動員當前活動度的不足與動作上的缺陷。

當我們把課表的設計原則一一列出，將開始能夠辨別各種訓練參數，也知道該如何分別對待入門（高中生或青少年）、進階（大學生）與菁英（職業）運動員。

要幫助你的運動員在這個金字塔的階層中往上爬，評估的方法和系統有無數種。我們尤其推薦維梅爾教練的文章和培訓課程 [9]，他設計了絕佳的測試和評估工具。

做功能力

評估之後，首先要發展的是身體的「做功能力」，它是力量金字塔的基本要素，運動員在擁有做功能力之後，才能長時間維持動作的品質和強度，並從活動中穩定地恢復。這種能力跟運動員之前是否有受過正規訓練以及運動參與度有關。從效用上來看，做功能力是指運動員具備基本的身體素質，並在正常活動關節的過程中不會有受傷的風險。如果缺乏上述這些基本能力，應先把運動員帶回做功能力的基線，追求力量或運動表現應該是做功能力達標（基線）之後的事。

做功能力的訓練大都是透過自體重量（徒手）或輕負荷的阻力來進行，目的是使運動員開發出一定程度的肌耐力、核心肌力、穩定度和有氧能力。

我們也建議先把力量訓練中的「核心動作」練到純熟，再進入這個訓練系統中。至於何謂核心力量，我們後面會提到。[10]

力量

在所有以運動表現為目標的訓練計畫裡，「力量」是基礎。運動員的爆發力（power）和速度（speed）都需要力量，在大部分體育活動中都需要它。若無法打造身體各部力量的基礎，爆發力與速度都無法適當地被開發出來。

有太多教練在還沒打造力量之前，就花太多力氣在爆發力的訓練上。這是一種錯誤的訓練進路，就算會產生邊際效益，也不會太多。這裡指的力量並不單指最大力量的輸出，也包括穩定或維持姿勢的能力，以及像急停、切入或變向跑等減速的能力。

運動員若能重視上述這些能力，使其控制得當並練到技術精熟，將有助提升神經傳導效率與肌肉收縮能力，進而使運動員做好面對爆發力或彈震式訓練的準備。

爆發力和彈力／反射力

上述這兩種能力也可以連結到力量與體能領域中的常用術語：「力量－速度」（strength-speed）和「速度－力量」（speed-strength）。我們通常可以把它們視為一個更大概念——「爆發力」——的兩種組成。若要把力量的訓練延續到競賽場上的表現，運動員必須具備快速產生力量的能力。產生力量的速度愈快，爆發力就愈高。

推動一臺三百磅的手推車跟同樣重達三百磅的防守截鋒[11]，這兩者所需的爆發力有很大的差別。手推車可沒試著跟你作對，所以你推車前進的速度不會受到阻礙，但對手的防守球員可不會輕易讓你向前推進。回想一下，功率等於力乘以速度（P=F×V）。推車前進時，速度很快但力量小；推動防守截鋒則需要很大的力，但速度相對慢很多。在接觸型的競賽中，能夠在最短時時間內輸出最大力量者通常就是贏得勝利的一方。

爆發力訓練主要是在不犧牲動作速度的情況下盡可能提高輸出的最大力量。在重訓室中最常用來提升爆發力的是像奧林匹克式舉重等動作，該類訓練特別強調在加大重量時仍可維持動作速度。

彈力和反射力的訓練會特別專注在運動員發力率（rate of force development）的提升上，也就是試著透過訓練提升動作的速度或加速度。彈力和反射力是身體快速儲存與釋放力學能的能力皆屬「被動力」，與骨骼、肌肉、肌腱、韌帶的彈力和神經系統的反應效率有關。

肌肉與肌腱在儲存和釋放力學能時的反彈和推進模式，使身體就像個彈簧。介於肌肉、肌腱和脊柱之間的反射迴圈機制，能即時偵測與反應身體所承受的壓力，並同時快速啟動肌肉對抗它和重新引導力的方向。當機制中的元素皆能接受適當的訓練與

開發，身體可以更快地吸收與轉換力的方向，觸地時減速與加速時間也會變短，動作也將變得更快、更有效率。

著重於彈力和反射力的訓練是在利用卸重（unload）和最小的施壓動作，像是跳躍、蹦跳、跨欄和擲藥球。訓練的目標不在於加重移動時的負荷，而是加快動作的速度和加速度。

速度

速度是運動表現的終極目標，也是大部分的教練花最多力氣訓練的能力，卻因此犧牲了基礎訓練的時間。速度應該是力量階層中最後一個元素，理由在於速度是力量與爆發力（包括彈力）統整後表現出來的結果。傳統的刻板印象認為「速度是教不來的」，但你一定能透過訓練來提升，因為它跟動作所花的時間和力量有關；當力量愈大，動作所花的時間盡量縮短，就代表速度愈快。

速度這種能力包括加速度、絕對速度（最大速度）、速耐力（重複高速運動的能力）以及專項速度，像是直線加速、側向移動、變向加速。這些能力可以透過各種訓練手段來提升，包括間歇、衝刺、敏捷（agility）及反應（quickness）等訓練。

上述每一項能力對運動員的成長都至關重要。理想狀況是，當運動員的能力與經驗愈加完善，各層能力的相對重要性和訓練時間將會有所改變。當較底層的能力被發展起來之後，高層能力的訓練量和強度皆可隨之增加。

由下圖可知，當運動員的實力進步到一定的階段後，會增加爆發力和速度的訓練量，在特別強調這兩種能力的美式足球或籃球運動員身上尤其明顯。對於田徑選手或需要最大速度的運動員來說，這兩種能力的訓練量比例可能更高，所以圖表 1.2 只是一個通用的準則，並不一定適用於全部的運動項目。

透過圖表 1.2 是想讓各位讀者了解，在整個訓練週期中，每個運動員訓練的能力都是相同的，只是在訓練量的分配比例上，會隨運動項目的需求以及運動員的身體素

質而有不同，某些運動的特質就是會特別強調做功能力和耐力，而非爆發力和速度。

　　對長距離跑者來說，做功能力最為關鍵，如果過分強調速度和爆發力訓練，反而會減損做功能力的發展。神經系統只能容忍與適應某強度刺激下特定的訓練量；因此適當地介入運動員的訓練並幫助他們選定適合的目標，才是課表設計的關鍵。

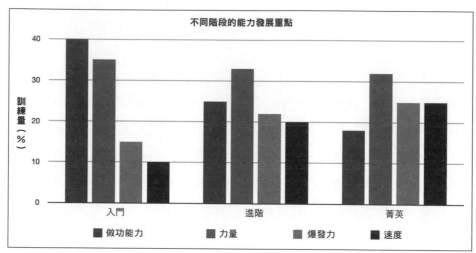

【圖表 1.2】能力發展分布

　　雖然這些道理看起來很簡單，但如果我們用上述的原則進行評估，將會發現有很多教練設計的訓練計畫忽略了上述這些基本的階層關係。

　　因為上面如此簡短的說明絕對無法把維梅爾教練金字塔訓練系統[12]的廣度與深度說明清楚，你必須深入研究並加以實踐才能理解通透，而所有過去曾研究過這位名人堂教練的訓練系統者，一定都會受到他極大的影響。

　　我們希望傳達給其他教練的理念是：設計課表和訓練運動員時，必須符合科學與的邏輯進程，而且要能認清不同能力之間互相依存的關係。追求極致的運動表現時，並不存在單一祕訣；在追求最強壯、最快速與最佳體能狀態的過程中，運動員的所有身體素質都是相輔相成、互相支持的。一份成功的課表，關鍵在於認清「何時」要強

化「何種」能力,而非單純的動作、強度和組數的排列組合。

如果你的訓練計畫是由網路上的資料以及過去的個人經驗所組成,對運動員來說,你是在幫倒忙。當然,你在這個領域所獲得的經驗、直覺和創意都是很寶貴的工具,但使用那些工具需要進階的技巧。教練實力的積累應該從「訓練的科學」出發,最終才會進入「訓練的藝術」;因此,如果一開始的進路不正確,經驗、直覺與創意都是不牢靠的。

整體的目標與大方向:為何而練?

- 提升活動度、動作品質和運動技能
- 降低運動傷害
- 建立做功能力——耐力或穩定輸出的持續力
- 強化肌肉或力量使身體素質獲得全面發展
- 把提升後的爆發力、速度、敏捷移轉到實際的運動表現
- 使運動員在訓練和比賽過後更容易恢復(促進恢復)

如果說上述幾點對任何一份具有實際效益的課表而言都很重要,我想沒有教練會有意見。而且各位要知道,這些目標不會互斥,當你成功達到某項目標後,將對其他能力帶來正面效果;反之,如果忽視某個目標,將會造成其他的負面影響。設計課表的挑戰不在於決定哪個目標比較重要,而是在不同週期時,要能決定哪個目標比較優先。

事實上,不論達到何等運動水準,幾乎**所有**訓練的根本目標都是優化活動度、提高動作品質與運動技能,以及降低運動傷害。這些元素的發展主要取決於教練的評估能力、技術的矯正能力與動作進階流程的設計能力,優秀的教練能夠持續提高選手的動作品質與難度。為了提升運動員實力,達到更高的成就,教練必須不斷評估與修正這些元素。這是訓練的藝術。對身體素質還不完整的入門者而言,上述這些目標尤其

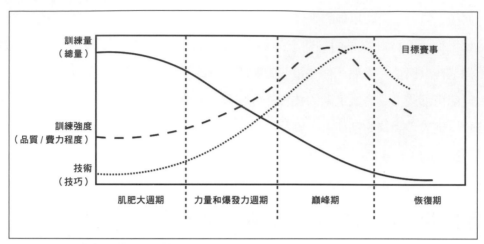

【圖表 1.3】週期化訓練的線性模型

重要；然而，也有許多菁英運動員在技術與活動度上仍有缺陷需要處理。

當我們專注於強化做功能力、肌肥大、力量、爆發力、速度與敏捷性等身體素質時，因為元素太多了，目標似乎會逐漸變得模糊。雖然我們企圖訓練所有的能力，但不可能在強化單一能力時，而不犧牲其他元素。

以當代的十項全能運動員為例，他們所要進行十種奧運項目競賽，需要結合多種身體素質，包括耐力、力量、爆發力和速度；十項全能運動員必須把自己的這些能力都盡可能地同時提高。

然而當我們把十項全能奧運金牌選手的衝刺、跳遠、投擲最佳成績拿來跟單攻專項的運動員相比，十項選手的最佳成績很少及得上衝刺或投擲項目的第三名選手。

依據不同的運動項目，各種能力的重要性也會有所差異，但訓練的進程是一樣的。教練的工作是以符合科學邏輯的方式協助運動員打造全面的能力；當然，這些能力要依據運動員的需求與訓練時程，來調整發展的優先順序。

在訓練的過程中，需要持續回到「力量發展金字塔」來重新檢視，確認訓練次第始終依循下列方向：

做功能力→肌肥大→力量→爆發力→速度與敏捷

在大部分標準的週期化訓練模型裡，較大週期裡的小週期會專挑一項元素來特別加強訓練。

賽季後最常見的週期化訓練範例是「線性模型」，這種週期模式會先練肌肥大，接著是力量，再來練爆發力和速度；而且剛開始的訓練量比較大，然後逐漸減量，訓練強度則相反，先以低強度開始，再逐漸提高。目標賽事開始前幾週強度拉到最高，接著進入比賽期，訓練強度再次開始往下降。

若是跟著這種線性週期訓練，當運動員改專注在爆發力的訓練上，勢必會損失在前一週期中所練出的部分肌肉。因為此時訓練重心急遽變化，主要的刺激從低強度大訓練量改成高強度，整體的訓練量也減少了。

許多運動項目的賽季會持續數月，這類運動員如果在訓練量穩定下降時，狀況太早達到巔峰，要在整個賽季中繼續維持之前訓練來的所有能力將是極為困難的挑戰。所以這種週期化的方式對單項或賽季短的運動員可能比較有效果，但對於團隊運動來說可能就不太理想。

如你所見，我們並不是要你把整個週期的精力都放在單一訓練目標上，而是要在每一個週期中都先設定主要與次要訓練效果。

在所有時間段裡，力量金字塔中的每一項特性都要訓練，差別只在於每個週期都應排定自身的優先順序。透過優先順序的調整，以及每週／每天訓練量與強度的波動變化，我們依然可以在季外期的課表中，加大運動員的訓練量與相對強度。每個週期會從力量金字塔中挑選其中一項特性當作訓練重點，這個訓練重點會隨著週期的進展而改變；然而，其他所有的特性依然重要，需要保持一定程度的訓練，才能把之前發出來的能力繼續維持下去。

我們可以運用相同的週期化策略，在賽季來臨前，隨著週期的轉換可針對力量中的不同特性進行加強訓練，如此一來，訓練量和強度兩者皆可穩定發展。當競爭激烈的賽季開始，這種方式已經使運動員發展出更優秀的做功能力，而且也已具有持續性

的力量和爆發力來應付整個賽季。

　　這種訓練計畫的概念和方法對大部分的力量教練還很陌生，如果說要完全學會這套蘇聯的訓練系統很容易，我們就是在說謊，對我們而言，這一切都是花費許多時間才能汲取到的經驗。

　　我們會接下來幾章把上述這種週期化課表中錯綜複雜的設計原則一一說明，並讓你也能設計出這種課表，但請不要忘記訓練的真正目的，也別忘了你在訓練上所做的每一項決定，都將影響運動員的發展。

教練之眼

　　「那憑藉的是教練的眼睛。」

　　在追尋科學化訓練的夢想道路上，這句話困擾我們很久。我們的導師曾對每一位試圖深入學習蘇聯訓練法的教練說過相同的話。我們當時認為一套科學化訓練系統應該在選擇重量、組數與訓練頻率上有精確的計算原則，而不應倚靠教練的主觀感覺。我們當時以為是這些蘇聯導師們藏私，不願意把他們的祕方分享出來。

　　在高斯汀教練的引導與長期且深入的學習之後，我們才了解訓練並不能只靠科學與數據。時間和經驗教會我們一件重要的事實：即使課表設計是一門「科學」，但同時也是一門「技藝」。好教練和優秀教練之間的差別，不只限於課表規劃和動作技巧，還包括評估與改善的技巧，以及是否能從中調整訓練方向。優秀的教練可以從運動員的移動方式中看出很多細節，那些細節比槓鈴下的最佳紀錄、訓練時數等數據更能了解他們的身體素質與技術優劣。我們要知道：運動員的動作是一種學習而來的技巧，而教練能夠快速分析與調整動作的能力也是一種技巧。

　　就算有一份最完美的訓練計畫，且由最自律的運動員來執行，也無法事先考慮到運動員當天表現的所有外在因素。一份僵化、沒有調整空間的訓練系統注定失敗，可能是課表的強度不足以提高運動員的能力，或者是課表所設定的挑戰太高，初期訓練

下來可能沒問題，運動員都承受得了，但幾次訓練後逐漸磨掉運動員的恢復能力，進而導致過度訓練。我們是先花了數年的時間去實踐蘇聯的訓練法之後，才開始意識並體會到「教練之眼」這個概念的意義與價值。

「教練之眼」的概念所要傳遞的是：教練工作是一門技藝。一位偉大教練所具備的技藝並無法只透過閱讀和研究理論來取得。的確，也許有些人天生就有當教練的才能，他們善於觀察動作和辨識技巧上的偏差與缺陷；然而，這仍是一種技巧。只要是技巧，就可以透過練習而進步。若你願意花時間陪伴與觀察各式各樣的運動員在重訓室裡的表現，久而久之，你就可以辨別出高品質的動作看起來、聽起來或感覺起來應該如何。

優秀的教練具有敏銳眼光，能夠依據運動員當天的情況判斷該增加或減少訓練量，這種能力跟你為當天所設計的課表一樣重要。有很多不錯的教練缺乏這種判斷力。這種判斷力在一位真正頂尖的教練身上絕對不缺，這使得運動員對他的指導充滿信心。

我們在本書所推薦的課表設計方法偏離了目前的常規，所以你想必會在學習的過程中產生跟我們三十年前一樣的問題。

與運動員合作時要做出許多選擇，這些選擇都考驗著教練的智慧。無論是激勵運動員的時機，尋找動作代償的原因，該選哪一個動作或是決定何時應該降低訓練強度，這些決定都不容易，也會影響運動員的訓練成效。過去我們曾經在訓練之路上踩到許多陷阱，使運動員無法達到最佳表現，更糟糕的是以失敗告終。希望貫穿本書的「教練之眼」能夠提高你的學習進度，並幫你避開這些陷阱。

想要訓練出一對敏銳的教練之眼，你需要數百或數千小時的磨練，這無法在短時間內達到。儘管如此，我們撰寫本書的目的是特別強調教練的教學技巧，那些技巧是過去我們過去繞了許多彎路才學到的。我們在書中分享了許多運用暗示、指導語與提示語的教學技巧，它們在過去這麼多年來都很有用，我們也希望對你能同樣受惠。

----

1. http://www.verkhoshansky.com/CVBibliography/tabid/71/Default.aspx

2. 譯注：任何運動過程中，肌肉與肌腱因受力拉長時，肌肉首先進行離心收縮之後再快速地轉成向心收縮，這個過程若反覆進行，即稱為增強式訓練（plyometric training）。

3. 譯注：超級盃（Super Bowl）是美國的美式足球聯盟 NFL 的年度冠軍賽。

4. http://www.dynamicfitnessequipment.com/category-s/1823.htm

5. 譯注：Gold's Gym 是一間美國連鎖健身中心，創立於一九六五年，目前已有七百家分店，分布於六個國家。著名演員阿諾的健美生涯，正是從這家健身中心開始的。

6. 譯注：美國肌力與體能協會（NSCA）所認可的「肌力與體能專家」證照。

7. 譯註：在本書中，「physical quality」有兩種譯法──「身體素質」或「力量特性」。指稱生理上的耐力與力量等多方面的能力時，譯為「身體素質」；特別指稱力量的不同特性時，譯為「力量特性」。

8. 譯注：先有一定的做功能力（work capacity）才會進入真正發展力量（strength）的負重訓練。

9. 譯注：維梅爾教練的線上課程 https://www.strengthpowerspeed.com/product/al-vermeils-comprehensive-strength-coach-series/

10. 譯注：圖表 4.45 中有列出力量訓練中的「核心動作」為背蹲舉、臥推、上膊和抓舉。

11. 譯注：美式足球運動中的角色，通常塊頭最大，主要負責阻擋對手進攻中鋒或哨鋒正面衝撞。

12. http://www.strengthpowerspeed.com/store/al-vermeil-comprehensive-strength-coach-series/

Chapter 2
設計訓練課表

動作選擇

　　訓練動作的選擇在近年來引起熱議。近年來，專項訓練這個概念愈來愈受歡迎，也使得訓練動作在選擇上一直往專項靠攏。

　　比如說我們認識一位游泳教練設計了六種陸上訓練動作，全都是在模仿划手的動作，以及特別針對游泳選手的手臂和肩膀來訓練。他的課表中完全沒有下肢和全身性的力量訓練動作。他的四位選手在接受了六週以槓鈴為主的全身性力量訓練後，全都打破了個人最佳紀錄，其中一位還因此成為州冠軍並且拿到第一級別的體育獎學金。

　　這雖然是一個比較極端的案例，但並不是例外，有愈來愈多的例證顯示，當教練愈努力想在重訓室裡模擬專項運動來設計力量訓練動作，反而愈無法有效幫助運動員提升表現。

　　力量訓練的目的在於降低受傷風險與提高運動表現。運動專項訓練在我們的世界裡就是指技巧訓練，屬於專項教練的領域，而非我們力量教練的主要任務。我們的工作是增加引擎的馬力，使運動員在競賽場上的效率和輸出都能有所提升。我們應該把訓練和動作選擇的目標集中在提升整體的力量和爆發力上，因此要以全身性的訓練動作為主，實在不應該一開始就在重訓室裡練太多專項力量，除非你選的是蹲、跳、推、拉、擲等功能性動作。

　　一份扎實的基礎力量課表應該安排大量的全身性、複合式與爆發力訓練動作。身為一位力量教練，如果你能專注在核心力量動作的教學和課表設計上，所呈現出來的

訓練效果會比許多同領域的專家更好。

當我們想要改善力量和爆發力的動作品質，最有效率的就是已經過反覆測試的奧林匹克式舉重動作（基礎的槓鈴動作）。在動作選擇上，真理永遠是「在強調差異之前，你必須先變強壯」，而奧林匹克式舉重可以使你變強壯。

基礎力量訓練動作

帕列托法則（Pareto's Principle）是一項著名的經濟學法則，又稱為「80/20 法則」，但它也可以應用在力量訓練動作的選擇上。80/20 法則所要表達的意思很簡單：把 80% 的資源花在能產出最大效益的 20% 關鍵事情上，而這 20% 的關鍵又將為你帶來 80% 的效益。從訓練的目的來看，我們可以把這個法則的內容改寫成：從所有的力量動作中選出最關鍵的 20%，而這關鍵的 20% 訓練動作將為運動員的力量與爆發力帶來 80% 的訓練效果。

這 20% 的關鍵訓練動作，我們選擇如下：

- **蹲舉及其變化式：**
  背蹲舉、前蹲舉、單腿蹲
- **爆發力動作：**
  上膊、抓舉、挺舉、推舉
- **推與拉：**
  臥推、肩推、上膊與抓舉的拉槓動作、划船及其變化式
- **下背與後側動力鏈：**
  羅馬尼亞式硬舉（RDL）、背挺舉、反向背挺舉、早安動作

即使這份清單很短，但這些動作就是我們認為基礎力量動作中的關鍵 20%。雖然

我們所設計的力量課表不會只有這些動作，但 80% 的訓練效果無疑都是由它們產生。從經驗看來，只要跟我們合作的運動員認真熟練這幾個動作，進步的效果都很明顯。

簡而言之，把你的重心放在學習與優化這些動作的教學上，會比學習眾多「複雜」和「全面式」的課表更能有效幫助運動員提升力量和爆發力。

除了上述的關鍵動作之外，任何其他的舉重與訓練動作都應當作輔助、平衡弱點或滿足專項運動需求的訓練手段。這些動作應只占總體訓練的一小段時間，只是在填補訓練空隙。換句話說，**它們只是輔助**。有很多教練在動作選擇上太過追求創新，不斷學習與蒐集那些無法顯著提升力量的訓練動作。

運動的基礎元素是蹲、跳、跑、彎（腰）／屈（膝）、（旋）轉、推、拉。只要你在這些基礎元素中奠定良好的基礎，練就更好的動作品質、穩定度與力量，並逐步提升動作的速度，我們幾乎就能為每一種運動提供所需的專項力量。重要的事要先做，你得把大量的時間反覆花在關鍵動作的技術優化與力量強化上。

當我們在與隊伍進行溝通或討論訓練計畫時，由於「訓練室」和「重訓室」中間的模糊界線，使我們時常面臨相似的挑戰。我們的客戶有時會期許力量教練能發現運動員活動度上的缺陷何在，或是運動過程中的代償模式為何。這很重要沒錯，但同樣重要的是，身為一位力量教練，也必須認清自己的角色並非物理治療師與運動防護員。

當代很多教練會把訓練重點轉到「矯正」動作或局部肌肉的訓練上，但這是畫錯重點，雖然為了避免受傷是好事，卻也犧牲你指導運動員進行基礎舉重訓練與進步的時間。有時候的確存在活動度或控制上的潛在問題，因而限制了運動表現；然而，有時候運動員只須學習如何正確執行這些基礎力量動作，問題就能迎刃而解。身為教練的你要知道，訓練時間是很寶貴的。把時間花在活動度、矯正和預防訓練上，等同於減少了運動員準備比賽的時間。

那些最有效的訓練中心會把運動員的受傷或功能失常當成連續狀態來處理。簡單來講，一位受傷的運動員如果沒有經過康復、復健、治療和訓練的過程，並不會自行恢復到完全健康的狀態。如果我們以此來思考「矯正與預防訓練」跟「重量訓練」之

間的關係，一位受傷的運動員可能需要花 80% 以上的時間跟復健師合作，主要的訓練重點大都放在矯正與預防動作上，且或許只用 20% 的時間在重訓室調整舉重技術，藉此維持或提升做功能力。

運動員恢復後，復健和力量訓練兩者的重要性就剛好互換。此時反而要回到以體能與力量為主（至少要占八、九成）的訓練模式。當訓練重心從「恢復健康」回到「提升運動表現」，為了消除再次受傷的疑慮，訓練強度與訓練量要逐漸增加，熱身要充足，也須在課表中加入補強式的輔助訓練。

想要在兩種截然不同的訓練邏輯裡保持平衡，通常反而會導致教練設計出一份不太理想的訓練課表，因為課表中預防與變強的訓練比重本來就是不平衡的（80/20 法則）。透過漸進式的阻力訓練計畫來變強，大多時候就足以矯正很多（活動度的）問題與（受傷的）疑慮了。

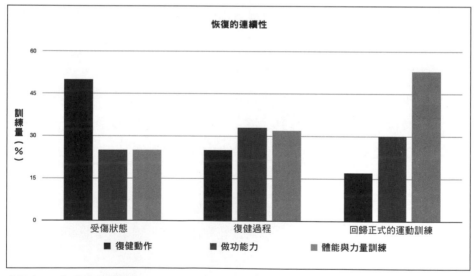

【圖表 2.1】 恢復的連續性

訓練量

訓練量（volume）最簡單的定義是，在一個特定課表或訓練週期中的「作功總量」。它是由組數、反覆次數與負重相乘累加後的總量，計算方式可以單次課表為單位，也可以週、月或年來計算。必須納入計算的變數包含數種訓練動作，以及每一個動作的負重、反覆次數與組數。[1]

在「愈多愈好」的訓練邏輯裡，訓練量通常是教練會首先調升的參數。如果你問任何一位力量教練，如果要提升運動員的力量，負重應該設定在 1RM 的百分之多少較為適合，專業的力量教練會很快地回答 90%。當你再問同一位教練「課表中的訓練量該如何設定才能確保力量的提升？」此時你要不是聽到跟健身雜誌上一樣的反覆次數和組數，就是會感受到一陣令人難堪的沉默。

總訓練量 ＝ 負荷 × 重複次數 × 組數

從我們的觀點來看，選擇適當的訓練量很重要，它是決定訓練成功與否的關鍵。在最有限的數據分析和訓練變數的應用上，訓練量這個數據的重要性仍排在第一位，它是決定疲勞、過度訓練與受傷風險的關鍵參數，這點毫無疑問。

當課表中的訓練量增加時，身體的壓力也會跟著增加，體內應對壓力的機制是釋放更多的皮質醇。[2]過多的皮質醇會觸發疲勞反應，此時身體需要更多恢復時間，而那正是許多運動員所缺乏的。經統計，在所有高中運動項目的受傷情況中，大約有 7% 是長期訓練壓力所造成的。然而到了大學之後，這個比例躍升三倍。[3,4]

當談到專項運動的力量訓練時，我們的首要目標是降低運動傷害，再來才是提升運動表現，先後順序很明確。在重訓室裡的所有訓練內容都不應該妨礙選手在運動場上的表現或提升受傷的風險。還有一點雖然也是常識，但必須再提醒一次：重訓室裡的表現絕不應取代運動場上的表現。

我們的第一份 NFL 力量訓練計畫經過嚴密的分析，因為我們想盡量避開犯錯的風險，所以我們仔細籌畫，細心挑選動作，選定強度區間，規劃週期……但沒考慮到訓練量，所以其實這樣還不夠嚴謹。

在不斷完善課表的這些年，訓練量已成為我們首先設定的參數，我們會藉由控制它來管理疲勞，並確保運動員從整個訓練週期到高強度的賽季都能持續進步。訓練量也是我們用來聯繫訓練強度和訓練週期，以及用來確保適當的生理反應和降低過度訓練風險的重要數據。

假若同時增加訓練量與強度，則必須小心處理訓練和恢復之間的平衡，才不致使運動員背離目標。

在決定總訓練量時應該基於下列多種因素：

- **運動員的實際年齡**：年紀較輕的運動員，由於骨骼肌肉、肌腱與韌帶尚未發展成熟，所以身體並不足以負荷太大的訓練量或訓練強度。

- **運動員的訓練年齡**：這裡特別是指運動員過去持續進行阻力訓練的時間有多長。當運動員力量訓練的經歷愈長，代表他的軟組織和神經系統已經適應過，所以在安排當前的課表時，就會容許更大的訓練量與較高的強度。

- **既往病史或受傷經歷**：已受傷或過去有反覆性勞損的運動員需要以較低的訓練量開始。

- **訓練史（特別是有無高強度訓練和奧林匹克式舉重的經驗）**：經驗不足的運動員需要特別針對關鍵的力量動作進行較大量的訓練，以提升技術和運動控制能力。

- **性別**：女性運動員通常對低量的訓練反應比較好，而且因為她們的身體發育比較快，所以可以比男性運動員更早開始力量訓練。此外，她們在兩次訓練之間的恢復速度也比男性來得快。[5]

- **時機（即所處的訓練週期為賽季前、季中或季後）**：當賽季接近，訓練量要

跟著逐漸減輕；賽季中的訓練量要控制得當，使運動員有時間恢復，並在賽場上能發揮該有的運動表現。

決定訓練量時，並沒有一體適用的方法，而且很少有足夠的時間追蹤和評估每一位運動員的訓練量。你要知道的是，過量訓練就像是一顆不定時炸彈，你不知道它何時會爆發，而且在爆發前就會開始侵蝕你的恢復能力、妨礙你進步，並影響你在重訓室和賽場上的表現。

訓練強度

在我們的訓練字典裡，訓練強度（intensity）是指特定動作的最大負荷百分比，而不應跟運動強度或是運動員的費力程度相提並論。我們過去的經驗或研究結果都顯示，特定的強度區間比其他變數更容易影響生理素質。[6]

當運動員以中等強度的負荷並設定較高的訓練量時，肌肥大效果將比高強度的負荷顯著；高強度負荷主要是為了發展最大肌力。「訓練強度」與「訓練量」這兩個變數互相關聯，由於身體的作功能力有限，當訓練的強度提高，神經系統會跟著疲勞，所以此時更應減低訓練量。

1RM 重量百分比	100%	95%	90%	85%	80%	75%	70%	65%	60%	55%	50%
最大反覆次數	1	2~3	4	6	8~10	10~12	15	20~25	25	35	40~50

【圖表 2.2】 最大肌力百分比與對應的反覆次數

最大肌力百分比與對應的反覆次數

上面這張簡化的表格是摘錄自圖德・邦帕博士（Dr. Tudor Bompa）所著的《週期化力量訓練》（*Periodization Training for Sports*）。[7] 如果你再看其他研究，你會發現 1RM 百分比會因研究來源而對應不同的反覆次數。我們很難為這張對照表給定一個明確的標準，因為這些測試數據是來自不同訓練背景與性別的運動員，所以就算在相同的強度下訓練，本來就會產生不同的反覆次數。

另外，離最大重量愈遠（意指 1RM 百分比愈小）[8]，反覆次數的數值會變得愈模糊；也就是說當強度下降時，運動員能夠反覆的總次數會有更大的落差和變化。在一份以女性為主的測試中，如果是以能夠反覆 10 次以上的重量跟 1~10RM 的重量來預估運動員的 1RM，兩者的預估值會有很大的落差。[9] 然而，如果只是想要有一個通用的指導原則，上面的負重與反覆次數仍可作為一種參考的基準點。

我們的主要目標是了解訓練強度和反覆次數對於身體所產生的影響；這方面的知識將引導我們在設計課表時決定多少負荷。對運動員來說，訓練的目標一直都是希望「力量」和「爆發力」產生最大的效果，因為這兩種能力正是提升運動表現的關鍵。

過去的文獻並未清楚定義 1RM 的百分比和反覆次數的區間，但至少有一個範圍可以當作訓練方向的指引，所以在確認訓練目標之後，想要讓訓練更具針對性，文獻中所提供的區間還是有其價值。

從區間的上下限來說，如果想要獲得最大肌力的提升，需要 1RM 重量的 85% 以上；如果想練肌耐力，則負重最好不要超過 1RM 的 70%；若是想達到肌肥大的效果，則需要較高的訓練量，而且不能只進行大重量低反覆訓練，比較需要的是次最大負荷的強度（強度低於 1RM 的 85%）。

爆發力的發展需要同時提升力量和速度，因此也需要透過小於最大負荷的重量來加強訓練。由於這個原因，爆發力的訓練效果就要透過最大力量（大重量）和最大速度（輕負荷）的交替訓練來達成。[10,11]

梅德韋傑夫（A.S. Medvedyev）是一位前蘇聯的運動科學家，他分析了數千位蘇聯舉重運動員的數據後發現，發展力量和爆發力的最佳訓練強度落在 1RM 重量的 70~85% 之間。此強度區間將為「高閾值運動神經元」（high-threshold motor unit）[12] 提供有效刺激，有助於力量和爆發力的輸出，而且因為強度不高，所以能使運動員維持動作的技術與爆發力，亦能加大訓練量刺激肌肥大。

運動員的力量訓練模式跟健美（bodybuilding）與健力（powerlifting）相當不同，這兩個領域的訓練指向強度區間的兩種極端。很多教練所使用的課表是健美或健力訓練模式的改版，但這類練法對他們的運動員卻是有害的。

教練的目標很明確：在進入賽季前和賽季中提供最有效的訓練刺激，使運動員進步的同時仍能保有其他能力。

過度訓練主要是來自太高訓練量或強度，它不只會使進步停滯，還會影響運動表現和增加受傷的風險。

強度區間	爆發力	最大肌力	肌肥大	肌耐力
大於 85% 的 1RM	效益高	效益非常高	效益很小或無效	效益很小或無效
75-85% 的 1RM	效益高	效益高	效益中等	效益很小或無效
70-75% 的 1RM	效益高	效益中等	效益高	效益高
小於 70% 的 1RM	效益中等	效益很小或無效	效益非常高	效益非常高

【圖表 2.3】 強度區間和肌力訓練的相對效益

普列平的重訓表

普列平（Alexander Prilepin）[13] 是一位蘇聯的重訓教練，他把強度（負重）和訓練量（次數與組數）的關係帶到另一個境界。他的目標是找出強度和訓練量之間的理想關係，使得該訓練能有效提升最大力量和爆發力。[14] 他仔細研究了超過一千名蘇聯舉重運動員的訓練數據，從中找出最佳化的負重與訓練量，使得最大力量能在訓練過程中穩定地發展。

蘇聯的訓練法十分強調舉重技術的提升，也很重視在提升重量的同時維持速度。普列平教練從眾多的訓練日誌中，利用反向工程的分析方式幫助他的運動員確認各週期的負重與訓練量，使他們不會因為訓練壓力太少或太重而影響了進步的幅度，所以他當時訓練的運動員都特別突出。

普列平教練運用他的發現創造了一張重訓表，表中歸納出不同的強度與其相應的理想訓練量。[15]

1RM 百分比	單組反覆次數	最佳總反覆次數	總反覆次數的建議區間
90% 以上	1~2	4	1~10
80~90%	2~4	15	10~20
70~80%	3~6	18	12~24
55~65%	3~6	24	18~30

【圖表 2.4】 普列平的重訓表（Prilepin's Chart）：簡易版

圖表 2.4 是簡易版本的普列平重訓表。普列平教練創造了一個簡單的方法，讓我們看到訓練強度、最大反覆次數與訓練效果之間的關係——這裡的訓練效果當然是指

最大肌力和爆發力的發展。他提出的「單組反覆次數」和「總反覆次數的區間」能讓每位實力和訓練背景不同的運動員使用。普列平重訓表最獨到的是，它為每次課表中各動作的「最佳總反覆次數」提出了明確的建議數字（第三欄）與區間（第四欄）。

普列平曾與眾多運動員合作，所以累積了龐大的訓練數據，透過這些數據的分析，他明確定義出單次課表中每個動作的「總反覆次數的建議區間」，使運動員的訓練量不至於高到使動作速度下降太多，進而帶來最佳的訓練效果。若需要更細部的強度分區，可參考圖表 2.5 的優化版本。

由於普列平教練特別專注在舉重競技項目的力量與爆發力的開發上，所以他為每一組所設定的反覆次數相當低，目的是為了維持動作的技術和速度。從這個表我們可以看到，儘管橫跨了 20% 的強度區間（55~75% 的 1RM），他所設定的單組反覆次數都維持在 3~6 下。

這似乎有點違背直覺，因為很多力量教練傾向讓運動員做到失敗（再也舉不起來）或接近舉不動的臨界點。

但在普列平的訓練模型裡，動作的技術和速度是絕對不能妥協的，而訓練效果是透過強度（負重）與訓練量（反覆次數和組數）的組合來控制。

當強度的等級增加時，我們可以看到訓練量下降，而且每組的反覆次數區間也明顯跟著縮小。

這個表的目標是找到適應與進步的最佳訓練量上下限。

為了能在每一個訓練強度達到最佳化的訓練量，所以才設定次數的區間而非定值，我們可以根據當天的訓練目標或運動員的能力來調整。比方說，當強度為 1RM 的 65% 時，我們假設運動員可以在一組中連續做到 20 次才肌肉衰竭。

然而，當我們的目標是爆發力，每一組的反覆次數應該更低，才能保證移動速度，所以普列平的基礎原則是把每組最多反覆次數設在 3~6 下。有了這個原則，我們可以把課表設計成：每個動作 6 下做 4 組，或 4 下做 6 組，或任何其他組合都可以，只要單組次數在 3~6 下，且總反覆次數能達到最佳化的 24 下即可。在設計課表時，這個

1RM 百分比	單組反覆次數	最佳總反覆次數	總反覆次數的建議區間
95% 或更高	1~2	3	2~4
90%	1~2	6	4~10
85%	2~4	12	10~20
80%	2~4	15	10~20
75%	3~6	18	12~24
70%	3~6	20	12~24
65%	3~6	24	18~30
60%	3~6	26	18~30
55%	3~6	30	18~30

【圖表 2.5】 普列平的重訓表：優化版

原則也為我們提供更大的自由度。至於總反覆次數，也不一定要選擇表格中第三欄列出的最佳總反覆次數（例如 65% 強度是 24 次），它應該要依據運動員的年齡、能力、訓練經驗和每組間的恢復情況或當天的表現來調整（所以普列平表中不只提供最佳次數建議，也給定了區間）。

雖然有很多課表設定嚴格的組數、反覆次數和訓練強度（負重），但其實並沒有一體適用的負重或訓練量。最近的研究顯示，在兩組運動員的實驗中即使訓練量和強度維持一樣，若只調整組數和反覆次數的組合，研究發現減少單組次數並增加組數之後（8 組 ×5 次），對力量與爆發力的增強效果反而比控制組（4 組 ×10 次）好很多。[16] 這些研究證明了這個表格的效果，它為增強力量和爆發力的目標提供了明確的訓練方向，讓我們知道該怎麼調整組數和次數。

但值得注意的是，普列平教練專注在訓練舉重運動員，他並沒有訓練橄欖球、籃球或足球選手的經驗，這些運動員大都是在不可預料的環境中比賽，所以他們不只需要力量和爆發力，還必須能跑、能跳，以及快速旋轉和折返。然而，力量教練成功地把普列平設定訓練量和強度的方法運用在不同的運動員身上，因此他的這套準則也成為我們方法的基礎。

速度訓練法

　　「動作的速度」是另一個控制訓練強度的變數。大部分的運動員在做重訓時，都會自主選擇適合自己的速度，他們不會考慮要做多快，也不會在意動作的訓練速度會對身體造成些影響。

　　但事實上，加快動作速度跟加大負重對生理所造成的影響相差無幾。如果刻意控制動作的速度，多餘的壓力會施加在特定的肌纖維與神經系統的動作單元上；不同的動作速度也代表不同的訓練重點，運動員是練到爆發力、力量或肌肥大亦取決於他多快把重量舉起。

　　雖然臥推或肩推的動作可以很慢，但奧林匹克式舉重和增強式訓練的動作都需要迅速地肌肉徵召，才能快速移動身體或舉起槓鈴。把槓鈴舉過頭或從地面躍上箱頂的最有效方式，是盡可能加快槓鈴和身體的速度。絕大多數的運動都需要加速度與速度；然而，（加）速度方面的訓練刺激在傳統的肌力訓練中時常是不足的。

　　跟速度訓練法（tempo training method）一樣著重強度，而且也是來自蘇聯模式的常用訓練法還有最大負重訓練法（max effort）、高反覆訓練法（repetition）以及高速訓練法（dynamic effort）。[17]

最大負重訓練法

最大負重訓練法是指克服最大阻力並舉起最大負重的企圖。這裡的最大負重是所有大於 1RM 的 85% 的訓練方式都包括在內。這種訓練方式比較不著重速度，也不太可能有速度，因為重量太大了。這種訓練法的目標是提升身體的最大肌力，並在能力所及的情況下盡量加快舉起槓鈴，以產生最大的力量輸出（maximal force production）。然而在大重量和重力的限制下，必然會影響舉起的速度。

這種訓練方式對於力量和爆發力的提升會有顯著的幫助；但因為強度很高，所以也對中樞神經系統的要求很高。如果過於頻繁地進行這種大重量的訓練，又沒有足夠的恢復，將逐漸對運動員的表現造成負面影響。為了最終的運動表現，在身體素質穩定且技術成熟的情況下，再來加大負重才是明智的決定。

高反覆訓練法

在我們的定義下，這種高反覆訓練法的負重是介於 1RM 的 60~80% 之間，而且正如其名，這種訓練法的目標是強調反覆到失敗。[18] 這種訓練方式通常有助於動作技術的進步和建立身體的基本作功能力，它對刺激肌肥大的效果大於力量和爆發力。很多健身者會大量採用此種訓練法也正是基於這個理由。當負重相對減輕，反覆次數就能增加，一般來說每組的反覆次數在 8~15 下之間。

雖然在這種相對較輕的負重下可以加快舉起的速度，但想要增加肌肉量的運動員會刻意延長舉起的時間藉此增加肌肉的張力，這種方式已被證實可以有效刺激骨骼肌的分解與生長荷爾蒙的釋放，進而促使肌肉生長。[19] 身體在負重狀態下，肌肉就必須保持在高張力狀態，此時就會有更多的運動神經元需要工作，刺激肌肉生長效果也就更為顯著。因為肌肉會像幫浦一樣，反覆使肌肉充血，所以當舉重動作延長時，肌肉充血的時間也會延長。

上述的說明也有助於大家理解，為何大部分的健身者在日常訓練後會感到肌肉痠痛。

這種訓練方式主要是為了實現「肌肥大」這個目標，但除此之外，高反覆訓練法在不同的運動項目中仍有其特殊地位。對某些專項運動員或年輕的運動員而言，增加肌肉量時常和提升力量與爆發力表現一起被列為主要目標，更多的肌肉量不只代表有更大的輸出潛能，在接觸型的運動中，肌肉也扮演著盔甲的角色。

每組反覆次數愈多，運動員愈有餘裕感受到舉起重量的過程，這讓他們的技術和運動神經元有更多適應與進步空間，這種訓練方式同時也對做功能力跟耐力有所助益。然而，10 次以上的反覆練習並無法最佳化地刺激最大力量跟爆發力的發展。[20]

在整個訓練計畫裡面，高反覆的訓練法有其特殊意義，它主要是扮演輔助訓練的角色。

高速訓練法

一般對於高速訓練法的定義是：用最快速度舉起非最大負重。意思是使用次最大負重，訓練的目標是用「最大的加速度」將重量舉起。這種訓練法的效益是刺激神經系統以加快它的反應速度，使動作更具爆發性。

「爆發力」內含「力量」與「速度」兩個變因（power=force×velocity），所以此種訓練法非常重視「速度」。在使用這種訓練法時，要了解它的目標是在向心收縮期[21]「維持速度」。在執行動作的過程中，離心收縮期要控制好動作，向心收縮期則要「快速回到」最初的預備動作。疲勞時，舉起重量的速度會變慢；然而，在進行高速訓練法時，負重的選擇要考慮到運動員的能力，並預先設定好目標的反覆次數區間，使運動員不用犧牲速度來完成課表。其中一項研究顯示，臥推時盡量縮小離心動作的幅度並在負重壓到底時稍事停頓，不只能輸出較大的力道，也能比較慢的離心動作重複更多次數。[22]

在拜訪蘇聯運動科學家期間，我們看到一項研究是關於不同舉重速度與爆發力增長之間的關係，但這份研究目前已經無法取得了。該研究發現，對爆發力最有效的訓練方式並非單獨只練慢速或快速的動作，而是不同的速度混著練效果最佳。也就是說，訓練課表中應使用不同強度的負重，並在每種負重下用最快的速度來完成動作，科學家們發現這種訓練方式具有同時增加並維持力量與爆發力的效果。我們都知道，重量大於 1RM 的 80% 時所能舉起的速度會比 60% 時慢；然而無論重量為何，目標始終是以最快的速度舉起負重。這就是「高速訓練法」的關鍵原則。從此以後，類似的訓練法都一再證實它對運動員的爆發力大有助益。

我們要記得，不論訓練任何選手都要依循同樣的邏輯。如此一來，就算訓練量改變，我們也能藉著運用不同的負重和強度區間來發展爆發力、力量與肌肥大。當然槓鈴上的負重決定了它移動的速度，但速度是我們在訓練過程中絕不能妥協的元素。

我們找到了最佳的訓練區間，儘管確切的百分比仍有爭議，但我們可以從圖表 2.6 力量－速度曲線中看出各種能力和強度之間的相應關係。

力量－速度曲線

重量訓練中的功率輸出變化有如一條拋物線。在最快的移動速度下，通常代表負重不足；反之，當你壓得太重，速度會變慢很多，如此一來，就無法產生最大功率。基於「專項適應法則」（Specific Adaptation to Imposed Demands，簡稱 SAID）[23]，當你加強訓練特定能力時，曲線就會朝該能力轉移，但代價是相對的能力會變弱。你可以參考圖表 2.7 曲線的位移方式。當你專注在「力量訓練」一段時間後，相同速度的力量變強了，而且在較大負荷下速度變快，但輕負荷（<60%1RM）的速度卻變慢了。

「力量－速度」曲線是一條介於最大力量與最大速度之間的光譜，如果你太過強調光譜其中一端的訓練，你的能力就會開始傾斜，甚至造成另一端能力的衰退。比方說，你只針對最大力量進行訓練，那肌肉收縮的速率會下降，接著影響動作速度。[24]

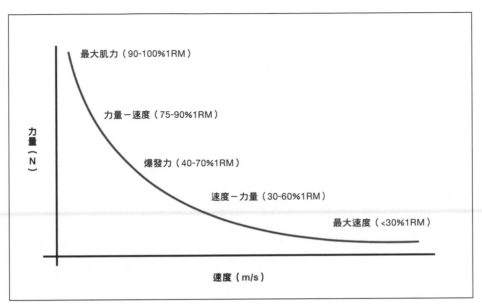

【圖表 2.6】力量－速度曲線

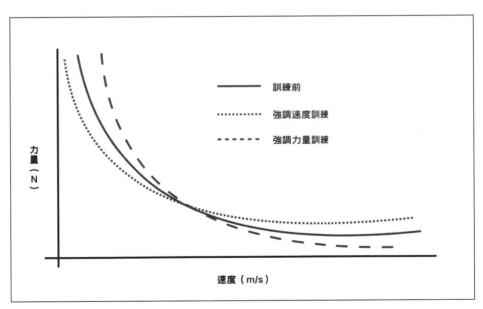

【圖表 2.7】力量－速度曲線：訓練前後對比

正如你在前一張圖表所見，只傾向一端的訓練必然會付出代價。

　　競技運動的訓練目標應是，使「力量－速度曲線」整體向右移（圖表 2.8）。也就是說，力量和速度需要同步發展。過去的研究已經一再證實，一份訓練計畫若能同時結合力量與爆發力的運用與成長，會比單獨只練力量或速度更有助於運動員的成績表現。[25,26]

阻力訓練的適應與變化過程

　　隨後我們將逐一說明蘇聯訓練法之所以能成功的各種原因，這裡先說其中一項祕訣：把主要的訓練量控制在一段窄小的強度區間裡，負荷大概介於最大力量的 70~80% 之間。在這個強度區間進行訓練，運動員的力量和爆發力可以獲得同步發展的機會。我們也發現提高「最大速度」的主要訓練強度亦介於 1RM 的 70~85% 之間，但這只是主要的訓練強度，並非代表只練這個強度，我們在訓練過程中仍會使用 70~85% 以外的強度。當我們在尋找最有效的強度區間時，主要還是根據「訓練目標」來決定。

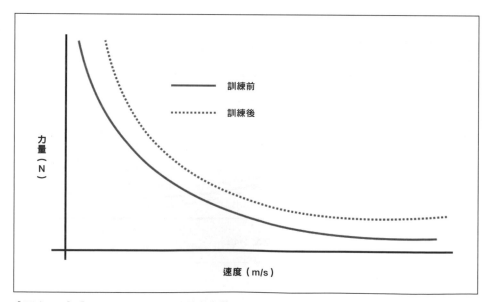

【圖表 2.8】「力量－速度曲線」整體向右移

訓練頻率

「多久訓練一次對運動表現的幫助最大？」這是個長期爭論不休的問題。在決定訓練頻率時，需要同步考慮在下次訓練前，是否有足夠的時間能從前一次的訓練量中恢復過來。為了維持高品質的訓練以及賽場上的運動表現，足夠的「恢復期」（restoration period）非常必要。

在設定訓練頻率時也跟訓練量一樣，需要考慮運動員的性別、年齡、過往的經歷、當前的訓練週期和目標，再加上運動員平時飲食中營養的分配、恢復流程、壓力水平與睡眠習慣等。以上眾多的因素使得設定訓練頻率這件事變得棘手。如果你是一位和高中運動員合作的教練，還要把青少年的人際關係、回家作業和其他非關運動的活動量一起考慮進去。

最常用來考慮訓練頻率的是運動員的個人行程與年度賽事。當所有變數都在最理想的狀況下，一週練 3~4 次被證實是週期化訓練中較佳的訓練量分配方式。

因為更多的練習和比賽都會占用到恢復時間，所以當賽季來臨，會特別減少訓練頻率，以確保有充足的時間恢復。

然而，依據我們過往的經驗，如果一週的訓練次數降到 2 次以下，訓練頻率就不足以提升運動表現了。可能有些教練會覺得這有點武斷，需要視情況而定，但我們發現一週至少得 2 練才能獲得持續性的效果。

如果你合作的運動員是頂尖的選手或是正處在季外期，把當天的課表拆成 2 次將帶來更好的訓練效益。特別是當訓練量較大或強度較高時，若能把當天的課表拆分到早上和下午，同一份課表的價值將更為顯著。

這種拆開練的方式比較有餘裕來管控疲勞，故能使兩次訓練間保持在較高水準的運動表現。排課表時，我們可以把「較高強度」與「訓練量較大」的訓練項目分離出來（一次重質，另一次重量），讓身體有較充足的恢復時間，也能確保動作的品質。但除了專業運動員之外，一般人比較難長期實踐一天多練的訓練模式，特別是還有課

業和其他活動的高中或大學運動員，就更難用這種方式操作了。然而，這邊想要強調的是，若時間允許（在不改變訓練量的情況下），增加訓練頻率的方式對運動員是有益的。

增加一週的訓練天數或是改成一天多練這種「加練不加量」的方式最令人擔心的是，它很容易讓運動員的恢復系統負擔過重（更頻繁地重啟恢復系統）。那些初期可以快速且穩定提升力量與運動表現的方法，在訓練量和頻率同時增加太快的情況下，會使運動表現很快到達高原停滯期或進入斷崖式的衰退階段。

上述的提醒對於剛入門的運動員來說尤為重要，他們至少需要穩紮穩打經過一年的訓練（兩年更為理想），先從一週練三天開始，一、兩年後才把訓練量和頻率增加到一週練四天比較恰當。因此，把高中運動員的重量訓練頻率壓在一週練三天是絕不會錯的；然而，如果太急於加量或太快把頻率提升到一週四天，將來肯定會出問題。

跟訓練頻率有關的其他常見問題還有：「在一週當中，應該要多頻繁地訓練同一肌肉或動作？」

大多數以健美為主要目標的訓練計畫，會針對同一塊肌肉或身體部位訓練一週兩練，這兩次的訓練量都會特別大，目的是刺激特定肌肉；一週兩練是為了給它足夠的恢復，肌肉才有時間長大（肌肥大）。

當主要訓練目標是肌肥大時，這種方法也許會有效；但是如果你追求的是運動場上的表現，訓練目標則應該是發展優秀的動作模式以及力量跟爆發力。在訓練動作時，若一週只練一次並不足以改善運動神經通道與技術。

愈來愈多的研究都漸漸證實，在維持相同訓練量的狀況下，增加訓練頻率不但可以獲得相似的力量，在某些情況下進步的幅度甚至會更大。我們以下面兩份訓練量相同的課表為例，他們帶來的力量增長幅度會很接近，但第二種方式會增加比較多體重。[27]

1. 一週練 1 次，每次反覆 10 次，重複 3 組。

2. 一週練 3 次，每次反覆 10 次，重複 1 組。

後面的章節我們將會談到，同一個動作在一週當中應進行多次訓練，這是專業運動員的基本訓練方向。

此外，足夠的休息也很重要。因以在安排週期化課表前，也必須了解運動員的成功取決於一開始是否就將恢復納入訓練計畫之中。

週期化訓練的模型

尤里・維爾霍山斯基教授曾經如此定義「週期化訓練」：一種具有長期與循環特性的課表結構，能使運動員在重要的目標賽事時達到最佳的運動表現。[28] 一般而言，週期化訓練是設計課表的系統，它涉及有計畫、有系統的變數調控機制，這些變數即是我們前面討論過的訓練強度、訓練量、訓練頻率和訓練動作的選擇。上述即是我們在設計一份長期的課表時會列入考量的所有元素，當你決定好訓練目標後，接著就是著手制定計畫，把你覺得能幫助運動員達成目標的訓練課表依序排進時間表中。

就競技運動的課表設計而言，最終目標絕對不出「降低受傷風險」和「提高運動表現」兩者，這兩個目標沒有商量餘地。從另一個層次來理解，設計的課表應該不只能在運動場上避免運動員受傷，也要能在訓練當下不會形成太多損傷與運動功能失常的機會。

我們在重訓室裡看過很多課表大都專注在加大肌力和提升最大力量輸出上面，這實在太常見了。這些運動員忘了最基本的道理，導致他們在踏上賽場之前就過度訓練、把身體弄垮了。近年來，有很多運動員愈練愈傷——甚至自毀前程——他們的訓練方式不像是為了進步，更像是在處罰自己。

你可以為一個特定的訓練目標建立一套週期化的訓練課表，例如為了準備 NFL 聯合測試（NFL Combine）[29]，那就要特別針對垂直跳和臥推等測驗項目進行加強訓練。然而不要忘記，我們的訓練目標多半是為了發展某一項運動所需的力量、爆發力和速度等能力，這些能力只是工具，專項運動表現的提升才是最終目的。

正如我們在第一章所見的維梅爾教練的運動員力量金字塔（圖表 1.1），運動表現包含眾多能力，所有的能力都要在一定水準之上才能整合成最終的運動表現，而不同點在於，每種運動項目所要加強的關鍵能力不同。所以你在設計週期化的課表時應該要考慮到力量金字塔中的所有元素，並在特定的週期加強特定能力，以幫助選手在他的專項中提升表現；而非只練某一能力，使該能力大幅提升，但表現卻下降或受傷風險提高，這種訓練並不是我們要的。

現在已經出版很多跟運動表現與週期化訓練有關的書籍，有些書的理論來自我們也請益過的東歐與俄羅斯教練。我們不打算重新建構理論，接下來我們要做的是站在巨人的肩膀上，先了解前人在週期化訓練上的研究成果。當今，關於週期化訓練的概念主要可分成線性、區塊和波動週期三種。

線性週期

線性週期（linear periodization）被公認為是課表設計中的傳統模型，所謂的「線性」是指在不同的週期中漸進地改變訓練量與強度。基本的設計邏輯是在一段較長的訓練期間，減少訓練量同時增加強度。理論上，線性週期的課表有助於力量和技術以漸進（也就是線性）的方式同步發展。訓練效果很全面，它通常是先從以肌肥大訓練為主的週期轉向最大肌力期，接著進入強調爆發力與速度的巔峰期，最後是減量恢復期。

由於人體適應與進步的軌跡並非線性，因此這也成了線性課表設計模式的最大問題。然而，此課表很適合剛開始接觸訓練的入門者，因為他們的進步曲線最接近線性，對於過去未經訓練的入門者來說，不管接受何種方式的力量訓練，肌肉的尺寸和力量都能獲得提升。

對於一位比較熟悉舉重的運動員來說，他在接受線性週期的課表訓練 6~8 週之後就會進入高原期（進步的停滯期），在以線性的方式持續增加強度之後，甚至會造成過度訓練，使成績退步。除此之外，如果只著重在量與強度的提升，而沒有堅持每一

下動作的技術完整度，將失去訓練的品質。這在持續加重訓練量的線性課表中很容易發生，需要特別注意。

對於一位頂尖的運動員來說，線性週期的效果特別差。有一部分原因是充分訓練過的身體對於課表壓力刺激所帶來的進步較慢。

線性週期的課表也不適合大部分的運動項目（不是一天就決定勝負的比賽模式）。

反觀田徑或部分個人運動項目有明確的比賽日期，在設計課表時可以把比賽當天定為巔峰狀態的預定時間點，所以使用線性模式來安排課表就較為合理。問題是，大部分團隊運動項目的比賽期長達數月，有些運動員要參與一整個賽季，那在設計課表時要把哪一個時間點定為他們的巔峰狀態呢？定在賽季剛開始時，還是定在賽季中段？把訓練週期延長到賽季，又以線性模式逐漸增加強度，會讓過度訓練的風險增加，對頂尖運動員構成很大的威脅。

線性週期是課表設計的模式中最簡單的一種，但它對大部分有競技需求的運動員而言是不夠的。

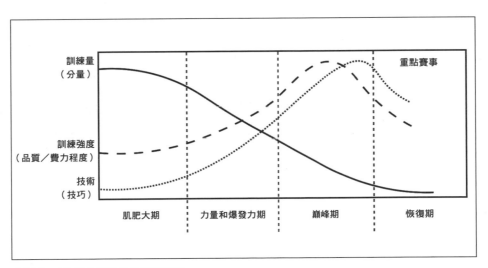

【圖表 2.9】線性週期化的典型模式

區塊週期

我們有幸曾在俄羅斯，跟區塊週期（block periodization）的創始人兼運動科學家——尤里・維爾霍山斯基[30]學習過一段時間。維爾霍山斯基教授是為了培訓奧運選手才開發出「共軛式」（conjugate）[31]的訓練計畫。他的計畫原理很複雜，我們這裡暫時無法完整說明他的概念，但使用方法不難，稍後我們會說明。

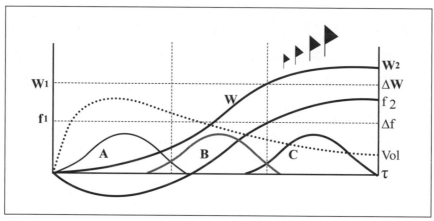

【圖表 2.10】維爾霍山斯基創建的區塊週期標準模型
W：功率／爆發力　　　Vol：訓練量　　　f：最高運動水平的功能參數

他方法中的每一個區塊都由訓練量逐步增加的「積累期」與減量恢復的「補償期」所構成。第一個區塊（圖表 2.10 中的區塊 A）主要是從運動員的神經潛能、形態與功能等方面來加強專項能力。這主要是為了打造力量基礎、促進肌肉適應性與提升做功能力，以維爾霍山斯基的說法，區塊 A 是為了「專項生理準備」（special physical preparation，簡稱 SPP）。

當運動員進入區塊 B，以 SPP 為目標的負荷將逐漸由較高強度的訓練取代，主要會專注在速度和技術方面的訓練。區塊 B 會更專注在奧林匹克式舉重動作的訓練，目的是使運動員能充分運用前一週期開發出來的能力來執行舉重動作。

最後是區塊 C，主要使用與比賽相近的訓練壓力，目的是讓運動員的爆發力和運動神經能力獲得最完整的開發。這個區塊也會包括最重要的賽事，確保運動員在比賽中發揮巔峰表現。

這些區塊的先後順序很像維梅爾教練的力量階層：先是打造做功能力和力量等基礎，才會進一步強化爆發力和速度。

一般的看法是，這種課表的設計方式先逐漸加重力量與爆發力的訓練量，這是訓練量的「積累期」，同時也須維持技術。

接著，到了「補償期」就不會再刻意增加訓練量，只要剛好足以維持之前已開發出來的力量即可，此時的訓練強度會拉高，並特別強調專項運動所需的技術水平與速度訓練。這也是為何每一個區塊都像一個小山丘，初期向上爬，後期向下滑。

每一個區塊都有「積累期」與「補償期」，這些並聯的區塊可經由設計組合成一份課表來準備比賽。而下一節所要介紹的波動週期，則是一種區塊週期的變形，主要是透過訓練量和強度的變化來調整每個區塊的波峰。

波動週期

波動週期（undulating periodization）的系統仍是使用維爾霍山斯基的週期化概念，只是在週期間加上了不同的波峰變化。在波動週期裡，訓練量和強度不斷變化，所以形成一種類似波浪的形狀。

波動週期旨在使身體的適應性達到最大化，理論是基於漢斯・賽爾耶（Hans Selye）所提出的「一般適應症候群」（general adaptation syndrome，簡稱 GAS）。[32] 他在一九四〇～五〇年代的研究，解釋了人體在面對壓力時的反應方式以及恢復到平衡之間的作用，亦被稱為「體內平衡」（homeostasis）。[33] 當身體暴露在一種外部刺激下，剛開始接觸時勢必會產生疲勞與緊繃的狀態，這是生理上的應對機制。一旦移除外部刺激，身體將開始啟動恢復與適應的機制，體內會取得新一階段的平衡。這也是一種強化

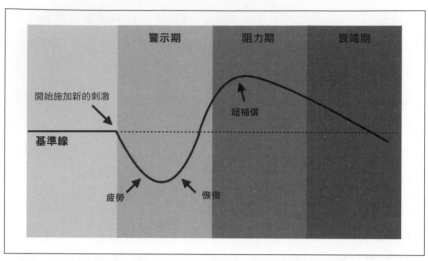

【圖表 2.11 】 一般適應症候群

或超補償的過程，目的是使身體能準備好面對下一次的刺激；如果刺激不再出現，身體也將回到之前的水平（之前的基準線）。只要能提供足夠大或持續夠久的刺激，經過成功超補償的身體將更能處理壓力，不久後圖表 2.11 中的基準線就會逐步向上提升。

當一個人開始照表操課，進行力量訓練之後，身體將產生變化，神經系統的效率和輸出都會提升，骨頭和肌腱會變強，肌肉會變壯，這等變化是為了使身體禁得起舉重訓練時反覆施加的壓力。負荷太輕、訓練量不足或頻率太低，身體就沒有變強的必要；反之，如果負荷太重、訓練量太大或頻率太高，身體會因跟不上壓力而開始垮掉。

體內的系統可能會到達一個發展的頂點，此時身體仍可承受壓力但卻不會產生新的適應，這即是大部分運動員在訓練進程中所碰到的高原期，此時需要改變刺激才能誘發新的成長。

正如我們在線性週期所提出的例子一樣，如果我們把訓練重點從肌肥大轉移到其他高強度與低量的訓練刺激，身體將逐漸失去肌肥大的效果，轉而為新的刺激產生新的適應。

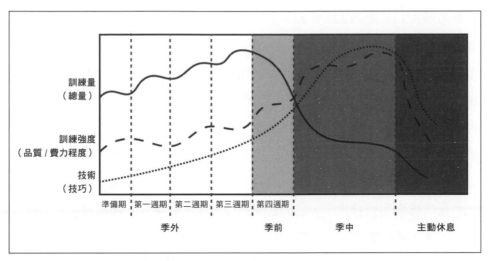

【圖表 2.12】波動週期的發展進程

　　身體會去適應外部施加其上的特定需求。已有證據顯示使用波動週期設計的課表較能取得力量的成長，並使高原期的風險降低下來。相較於經驗淺薄的運動員，訓練有素的運動員更容易遭遇高原期，因此在訓練過程中盡量避開它是課表設計的關鍵。[34]

　　在波動週期的訓練計畫中，訓練計畫是在每份課表間、每週間、每月間不斷變動，目的是使身體接受不斷變動的刺激與壓力。

　　這種變動並不是隨機的！變動方式經過設計。這種訓練方式的好處是可以同時刺激肌肥大、力量和爆發力，而不會使身體只針對單一型態的壓力進行適應。當訓練量在高低之間持續變動，也就是把休息也當作訓練的一部分排進訓練計畫中，這樣一來發生過度訓練和長久高原期的情形就不會再出現。

　　「訓練量」與「訓練強度」這兩個變數時常在波動週期的課表當中互為倒數[35]，也就是說當強度增加時，訓練量會減小，反之亦然。依我們的經驗，這兩個變數脫勾的波動週期課表，設計起來的挑戰性更高，但事實證明它的訓練效果最佳。每一個變數在整個訓練週期中都有其本身獨立的波動起伏；然而，為了盡量減低過度訓練風險與盡量提升訓練效果，兩者的起落範圍仍受到嚴格的限制。

有此教練認為波動週期的課表，對於發展單一能力來說並非最佳的模式。這種說法並沒有錯，但只需要單一能力的運動項目並不多。

舉例來說，美式足球的後衛既需要足夠的肌肉量來對抗衝擊，也要有足夠的力量來摺倒 100 公斤的跑衛，在追擊接球手時也需要爆發力和速度來快速移動。對籃球員而言也是如此，移動、衝刺、跳躍都需要速度和爆發力，在面對防守球員時則需要力量與其對抗，優異的做功能力則有助球員能在短暫的休息後仍能維持表現。

因為大部分的競技運動幾乎需要所有的能力（第一章提到的力量階層，包括做功能力、力量、爆發力與速度），它們之間互相支援，如果任一種能力不足，都會向外產生漣漪效應，進而對其他能力形成負面影響。

在美式足球中，如果一位強壯的線鋒速度太慢，那他就會無法在場上有效阻擋對手；或是一位反應如電的曲棍球選手若身形太弱小，就算速度再快也會無法對抗較大隻的防守員。

從訓練效率上來看，只要能降低過度訓練的風險，最好是針對所有能力進行全方位的訓練。而波動週期的模型最適合用來設計這類需要考慮多種能力的課表。

使用一份有系統的訓練計畫

有時離比賽日太近，運動員的準備時間不夠，就無法進行有系統的訓練，某些能力就會被迫放棄。

過去我們曾與數百位教練長年合作，在吸收他們的知識與經驗之後才發展出這套訓練系統，它如同一份打造運動員的力量藍圖。我們很高興能跟你分享這套課表設計的方法，希望你和你的運動員也能像我們一樣感受到它所帶來的價值。

----

1. 譯注：其實還要考慮到動作的「速度」，這在以前難以落實於訓練現場，但現在已很容易取得設備來量化每次反覆動作的速度、做功和功率多少，可以在手機 APP 上即時看到數據。包含速度的總量計算即為總做功（total work），它是在量化訓練總量時更為精準的計算方式。

2. 譯注：皮質醇是人類的一種腎上腺素荷爾蒙，當人承受過大壓力或血糖過低時就會分泌。

3. Roos KG, Marshall SW, Kerr ZY, et al. Epidemiology of Overuse Injuries in Collegiate and High School Athletics in the United States. *Am J Sports Med.* 2015 Jul. 43 (7):1790-7.

4. Schroeder AN, Comstock RD, Collins CL, Everhart J, Flanigan D, Best TM. Epidemiology of overuse injuries among high-school athletes in the United States. *J Pediatr.* 2015 Mar. 166 (3):600-6.

5. Laurent, CM, et al., "Sex-specific responses to self-paced, high-intensity interval training with variable recovery periods," *Journal of Strength and Conditioning Research,* 2014, 28(4), 920-927.

6. Ratamess NA, Alvar BA, Evetoch TK, Housh TJ, Kibler WB, Kraemer WJ, et al. American college of sports medicine position stand. Progression models in resistance training for healthy adults. *Med. Sci. Sports Exerc.* 2009;41:687.

譯注：本書第三版於二〇一五年二月十七日出版，該版中新增了〈能量系統訓練〉（Energy System Training）的內容。作者邦帕博士曾訓練出十一位奧運獎牌選選手（其中有四位為奧運金牌得主），也是世界各地眾多教練和選手的指導顧問。他的兩本書《訓練的理論與方法：提升運動表現的關鍵》（*Theory and Methodology of Training: The Key to Athletic Performance*）、《週期化力量訓練》（*Periodization of Training for Sports*）已被翻譯成十七國語言，超過一百三十個國家的選手採用他的理論來訓練、教學、考試與核發證照。阿根廷文化部、澳洲運動委員會、西班牙奧運委員會、國際奧運委員會都曾頒給他榮譽證書，以表彰他的貢獻。

8. Rodrigues Pereira, MI, Chagas Gomes, PS. Muscular strength and endurance tests: reliability and prediction of one repetition maximum—review and new evidences. *Rev Bras Med Esporte.* 2003, 9(5), 336-346.

9. Mayhew, JL, Johnson, BD, LaMonte, MJ, Lauber, D, and Kemmler, W. Accuracy of prediction equations for determining one repetition maximum bench press in women before and after resistance training. *J Strength Cond Res* 2008, 22(5), 1570–1577.

10. Cormie P, McGuigan MR, Newton RU. Developing maximal neuromuscular power: part 2 – training considerations for improving maximal power production. *Sports Med.* 2011;41(2):125-146.

11. Newton RU, Kraemer WJ. Developing explosive muscular power: implications for a mixed methods training strategy. *Strength Conditioning Journal* . 1994; 16: 20-31.

12. 譯注：motor unit 是指「一條運動神經元與其所支配的所有肌肉纖維」，由於骨骼肌纖維需要與運動神經元連接才能完整地接受到收縮訊息，所以運動神經元需要藉由分支的構造與一或多條肌肉纖維連接。從被支配的骨骼肌纖維的角度來看，只要神經元傳遞訊息，他們就會同時啟動，即同時收縮。

13. 譯注：Alexander Prilepin 是著名蘇聯舉重教練，在一九七五～一九八〇年間在蘇聯國家青年隊任職，一九八〇～一九八五年間擔任國家隊教練。他在任期內幫助運動員打破了二十七項世界記錄、獲得了八十五枚獎牌（包括五枚奧運金牌和三枚奧運銀牌）。

14. Prilepin, A.S., Scientific－Practical Contribution to the Intensification of the Modern Training of Weightlifters, Petr Poletayev, Sportivny Press, Andrew Charniga, Jr. translation, http://www.sportivnypress.com/documents/75.html

accessed 2/16/2018.

15. 譯注：在本書中的訓練量大都是指「反覆次數」的意思。

16. Oliver, JM, Jagim, AR, Sanchez, AC, Mardock, MA, Kelly, KA, Meredith, HJ, Smith, GL, Greenwood, M, Parker, JL, Riechman, SE, Fluckey, JD, Crouse, SF, and Kreider, RB. Greater gains in strength and power with intraset rest intervals in hypertrophic training. *J Strength Cond Res* 27(11): 3116－3131, 2013

17. Zatsiorsky V, Kraemer J., *Science and Practice of Strength Training.* Champaign, Illinois: Human Kinetics; 2006.

18. 譯注：「失敗」和「力竭」這兩個詞在力量訓練時有不同的意思。「力竭」是指完全舉不起來；「失敗」是還舉得起來，但動作已經變形。

19. 譯注：「失敗」和「力竭」這兩個詞在力量訓練時有不同的意思。「力竭」是指完全舉不起來；「失敗」是還舉得起來，但動作已經變形。

20. Pryor, RR, Sforzo, GA, and King, DL. Optimizing power output by varying repetition tempo. *J Strength Cond Res.* 2011, 25(11), 3029－3034.

21. 譯注：向心收縮是指肌肉在有負荷的情況下縮短；反之，離心收縮（eccentric）是指肌肉在有負荷的情況下拉長。

22. McLester, JR, Jr, Bishop, P, Smith, J, Wyers, L, Dale, B, Kozusko, J, Richardson, M, Nevett, M, and Lomax, R. A Series of Studies-A Practical Protocol for Testing Muscular Endurance Recovery. *J Strength Cond Res.* 17: 259-273, 2003.

23. 譯注：人體會朝著你所施加的特定要求而產生適應。例如一位只練吊單槓的軍人，不一定對他的伏地挺身表現有所幫助，雖然吊單槓和伏地挺身都是在練手臂。

24. Zatsiorsky V, Kraemer J., *Science and Practice of Strength Training.* Champaign, Illinois: Human Kinetics; 2006.

25. Stone, MH. Literature review: Explosive exercises and training. *National Strength and Conditioning Assoc Journal* 15(3), 7-15, 1993

26. Thomas, Michael H., and Steve P Burns, "Increasing Lean Mass and Strength: A Comparison of High Frequency Strength Training to Lower Frequency Strength Training." *International Journal of Exercise Science* 9.2（2016）: 159－167. Print.

27. Verkhoshansky, Y., *Special Strength Training: Manual for Coaches.* Verkhoshansky SSTM, 2011

28. http://www.verkhoshansky.com/Articles/EnglishArticles/tabid/92/Default.aspx

29. 譯注：這是 NFL 選秀之前所舉辦的聯合測試，測試項目包括：身體資料測量（身高，體重，臂長和手掌大小智商測試（wonderlic test）、傷病評估、藥檢、40 碼衝刺、立定跳遠、垂直跳、225 磅臥推，繞三錐跑。

30. Verkhoshansky, Yuir. *Organization of the Training Process.* Translated from Italian

31. 譯注：同一週期中有兩個訓練重點。

32. Selye, H. The general adaptation syndrome and the disease of adaptation. *Journal of Clinical Endocrinology*, 6, 117－231, 1945.

33. 譯注：體內動態平衡：生物、活細胞、組織等，在其外部環境變化的情況下，保持內部不變或平衡狀態的能力或趨向。

34. Rhea, MR, et al., "A Comparison of Linear and Daily Undulating Periodized Programs With Equated Volume And Intensity For Strength," *Journal of Strength and Conditioning Research*, 2002, 16(2), 250－255.

35. 譯注：指一個與 x 相乘的積為 1 的數，記為 x-1。

PART

2

系統

Chapter 3
系統

這套「系統」綜合了課表設計的原則與方法，目的是打造一個穩定、有效的課表來幫助運動員在力量和爆發力上能夠長期穩定地成長。在競技運動的世界裡，爆發力與力量的成長至關重要，這套課表設計的系統已在眾多冠軍與金牌選手身上證明了它的價值。

只要你能確實應用我們列出的原則並遵循下面的思考流程，就會發現這套系統對所有運動項目和各種水平的運動員都適用。這套課表設計的系統將能優化你的思考路徑，幫助你不再憑感覺設計課表，解決眾多「下一步該怎麼辦？」的問題。當前的世界有太多的選擇，這套系統使你能在一個狹小的框架中工作，它需要你的專注與紀律，才能選出最具效益的訓練動作以及守住系統的核心來打造訓練計畫。

我們的目標是幫你去除過多的資訊，擴展你原本的訓練方法，學習掌握課表設計的藝術與科學，減少試錯機會並變得更具系統性。就像先照著前人研發的食譜學做菜，待熟悉流程後再發揮自己的創造力。

這套系統是我們與訓練領域的同事們多年來一起實驗、研究分析的最終成果。我們化繁為簡，提煉出幾項核心原則如下。

核心原則

- 動作選擇以全身性的力量動作為主，而且該動作要能以爆發性的方式完成；動作安排的時序應由簡入繁。

- 不要設計一份完全符合專項力量的訓練課表，它並不存在。
- 訓練量是最關鍵的變數，它應是波動且提前計畫好的。
- 訓練強度主要保持在一段狹窄的波動範圍內，以進行有效的訓練刺激。
- 所有的運動能力——包括做功能力、力量、爆發力與速度——都必須放進課表裡，但各能力的訓練量應視當前需求與週期調整。

在這個領域中，大多數頂尖的力量教練在設計課表時，心中所設定的前幾項準則應該都不會跟這些核心原則相差太遠。

對許多教練來說，主要的難題不在於確認原則或訓練哲學，而在於應用時的一致性。有了實際應用，才能使上述五項原則發揮功能，讓運動員在重訓室裡穩定且持續地提升力量與爆發力。

在這本書中，我們將清楚描述課表的設計藍圖，這份藍圖我們已經用了將近三十年。書中的許多案例之所以會用美式足球選手的需求來說明，是因為這類選手是我們過去接觸最多的，但這些原則與方法不僅適用於美式足球選手，也能應用在各種運動項目與不同水準——從國高中到職業——的運動員身上。

當我們把這套系統應用到其他運動項目上，核心原則是一樣的，主要的變化發生在應用層面，所以不用整套換新。

毫無疑問，當你重新審視過去的觀點以及這些原則在課表設計中的應用方式，你會感到很痛苦，而這些痛苦是成長過程中必然會經歷的。你訓練運動員的方法可能會有一百八十度的轉變，我知道這不容易。我們剛開始學習時也不得不放下驕傲，承認自己不夠好，認清自己並沒有幫助運動員徹底開發應有的潛能。這些年來，我們犯的錯誤多得無法計算。

在學習這套系統的過程中，你一定會犯錯，還要面對許多特殊的挑戰。然而我們保證，如果你能從另一種角度了解這套系統的基本組成元素，你的教練功力與運動員都將提升到一個意想不到的新境界。

這套系統最有價值的是，它建立在一個不變的基礎框架上，它允許你因應不同情況持續修改系統內容，有助你逐年累月提升自己的教練功力。

在某些情況下，蘇聯的教練會一次就設計四到五年的訓練計畫，不是僅有框架，而是連訓練計畫裡的每一份課表都事先安排好。甚至還有些教練一次就排好十年的計畫。

可惜的是，這種長達數年的週期化訓練計畫大都是為了專業的舉重運動員而設計，他們是在嚴格控制的環境下生活與訓練。這種訓練方式並沒有考慮到大部分運動員在生活與訓練中所遭遇的各種變數，尤其是生活在西方自由世界的運動員，他們的課表必須能因應個人與環境的不同動態調整。不過，只要能更加靈活地使用他們的方法，無論運動員是十三或三十歲，我們都能用同樣的邏輯設計課表，幫助他們發展自己的潛能。除了這套系統以外，很少有其他課表設計的方法論敢宣稱自己已在西方國家取得了相同的成功。

訓練前準備

大部分的運動員都還沒準備好。

在繼續深入研究本書之前，你必須了解的是，如果沒有先仔細評估過運動員的現況，所有的理論與方法都只是紙上談兵。（經過這麼多年，我們跟不少教練合作過，訓練過的運動員有上千位，我們都得出一個共識：）「很少有運動員一開始就具備從事重訓或高強度跑跳訓練所需的身體素質和能力。」不論是第一次踏進重訓室的十幾歲孩子，或是海斯曼獎（Heisman Trophy）[1] 第一輪選拔進來的大學運動員都一樣，你不能只根據這些孩子的教練或他們自己的話來判斷他們當前的能力。雖然他們是好人，不會故意說謊，但他們對系統性的訓練不了解，也不知道身體素質的基礎是什麼，所以你在與運動員合作的第一項工作就是要對他們進行仔細地評估。

幾乎所有美國成年人的蹲舉姿勢都比高一新生差很多，我們也看過許多高三生在

蹲舉或原地蹦跳還不穩時，就不斷進行大量的短跑衝刺間歇和增強式跳躍訓練。

　　預設運動員在競賽場上的表現跟他的力量或重訓能力直接相關是很危險的，反之亦然。你所設計的課表應該基於你所見的動作或可量化的實際能力，而非他們的名聲。同樣地，一位教練的信譽並非源於運動員在重訓室的表現，而在於他們是否能幫助運動員保持健康與持續在賽場上有好的表現。

　　在這個以力量為主的訓練系統中，重點在於爆發力與全身性的訓練。早期對運動員的評估是成功的關鍵。如果在沒有基本的活動度、平衡感、優秀的運動模式與力量之前就開始大量訓練，初期的表現可能會明顯提升，看到進步後你又開始加重量上去。然而，在基礎不穩的情況下，運動員很可能會整個垮掉，就算是最好的情況也會失去訓練活力，造成成績停滯不前。

　　你需要確定運動員是否已能熟練地掌握舉重、跳躍和跑步等基本的運動模式之後，再考慮在槓鈴上加重或是盡最大努力的跑、跳訓練。

　　我們會確認運動員已練就基礎能力[2]之後才會進行較為嚴格的重訓，我們是透過「準備期」（preparation phase）來幫每一位運動員打好基礎。

- 準備期適用於不同等級的運動員，包括入門、高水平與菁英選手。
- 對於已經停練一段較長時間才重返訓練的運動員而言，準備期的訓練絕對不能跳過。
- 準備期的另一作用是教導與加強基本動作及其技巧。

　　我知道有些教練拿起這本書會說：「見鬼，我才不要把時間浪費在這些簡單的事情上。我的運動員已經夠強壯了，我希望他們成為菁英，所以我要像訓練菁英選手一樣訓練他們。」

　　我們曾訓練過一些極具天賦的職業運動員，就算是他們，也很少有人在一開始就完全準備好面對訓練。頂尖或菁英運動員之所以能展現出卓越的能力，並不是天生的，而是努力訓練的成果。

　　如果一位教練在訓練運動員時是依據是他們心裡期待的表現，而不是根據當下身

體的實際能力，運動員就很有可能因為練太多、太快而受傷，就像未組裝完善的汽車在長程或高速行駛下輪子脫落一樣。因此確實組裝／確實做好訓練前準備是絕不允許忽略的環節。

身為一名教練和老師，你必須先針對「訓練」中的三個動作元素進行評估與培養，它們分別是「舉」、「跑」、「跳」，在課表設計的過程中，這三者必須穿插安排、相互支持。如果你為了特別加強其中一項訓練而犧牲他者，或者在其他動作的品質未達標準之前加快另一項元素的發展，都是行不通的。我們在安排訓練時，要先確定每位運動員的基礎足夠穩固，而且在開始練高難度的動作之前已練熟了簡單基本動作，這種穩紮穩打的訓練策略正是取得長期成功的唯一途徑。

準備期

「準備期」的訓練應被當成一個重要的過渡階段，它不是一個選項，而是訓練的必要階段，特別是那些較年輕、訓練經驗有限、缺乏活動度與身體控制能力的運動員更要重視準備期，讓運動員有時間可以準備好進入正式的訓練階段。

這套訓練系統強調「維持訓練品質」，它的重要性高於一切。如果運動員沒有基本的力量、活動度和做功能力，就很難維持訓練的品質。所以如果跳過準備期，等於是忽視替運動員打穩基礎的機會，基礎不穩將阻礙進步，而且很有可能使他們陷入受傷的麻煩之中。

現實情況是，運動員需要長達十年的持續訓練才能開發出身體的潛能。沒有捷徑。它需要漸進式的負荷和訓練來使運動員的結締組織、肌腱力量、肌肉與骨骼、神經運作效率能發展成熟。

十二～二十一歲的運動員正值青春期，身體還在發育，速度與力量發展的頂峰要一直到二十五～三十歲左右才會出現，也就是說，如果我們對十歲的孩子進行某種形式的力量訓練，要到二十歲左右，他的身體才能獲得徹底的發展。十年是假設一切

訓練都是在最好的條件下進行，如果因生病或受傷等意外發生，可能還需要更長的時間。

許多國家都有自己的奧運培訓計畫，這些國家的力量教練可能有機會與同樣的運動員合作十年或更長時間。但對大多數教練來說，現實情況卻不是這麼回事，例如大部分的高中教練和他的運動員平均頂多一起合作三～四年，而在大學和職業隊服務的教練能合作的時間可能比這個平均值更短。

就算知道你和運動員也許只能短暫合作，然而無論情況為何都不能抄近路，你安排的訓練進路一定都要從基礎打起，以運動員一生競技生涯的表現當作整體來考量。當然，我們總是會希望在一個短期的賽季中獲得最大的訓練效益，但絕不能犧牲未來長期的潛在發展。也就是說，一份課表如果可以使運動員在短期內取得佳績，卻有可能阻礙幾年後的進步空間，此種訓練方式就不值得採用。所以當你把注意力放在運動員的成功上，你的眼界要長遠，為了長期的發展，教練的任務應是確保他們擁有穩固的基礎，這樣之後無論誰來訓練他們，他們都有更高的機會能持續進步下去。

準備期的主要訓練重點在於提高做功能力，改善關節活動度和動作品質，發展力量，學習與優化技術。當我們開始訓練一位發展中的運動員時，我們首先需要開發的是他在舉重和跑跳動作時的運動神經路徑，使運動員對身體各部位的位置與移動時機的控制力獲得強化。

對年紀較輕或經驗不足的運動員而言，應該加強訓練的是全身性動作與舉重的技術動作，訓練頻率要夠高才能打下良好基礎。我們會利用全身性的動作來訓練，目標是使正確的身體姿勢、槓鈴位置與移動時機能形成根深柢固的運動神經通道。這是在訓練神經系統，使其運作過程與效率能不斷優化。只練某一塊肌肉的單關節動作主要是用來健美和復健，其訓練效果遠不如低負荷的槓鈴訓練，而且槓鈴的大部分動作都需要全身一起用力才能完成，因此可以同時提高多種力量特性。

「準備期」這個階段一般需要 4 個星期；然而後續是否該延長，取決於「教練之眼」，視當時運動員的技術動作是否熟練到一定的程度而沒有太多代價而定。我們希

望運動員能夠在恢復足夠的情況下面對漸增的訓練量；對於入門運動員來說，打基礎的準備期可能會增加為多個四週的循環。我們在跟一些高中生或大一新生合作時，還會把準備期拉長到一年，雖然只是幫他們逐步打好基礎，實力卻還是會進步。

即使是最頂尖的運動員也需要在訓練計畫中安排準備期，使他們的基本動作和技術有時間強化。因為不管再厲害的運動員，做功能力和動作效率總有改善的空間。

如果運動員的跑步、跳躍、舉重等基本動作的技術無法達到基本要求，就不准「放行」他們到下一階段的訓練，必須繼續在準備期磨練基本功。所謂技術的基本要求是指每個動作看起來都一樣。如果他們不能處理好某個動作，就不要在課表中為這個動作加重量。一定要盡早糾正動作的瑕疵或不足之處，否則隨著訓練強度的增加，就等於是在為之後的問題設置導火線。

我們都知道，蓋房子之前必須先打地基。地基上的任何裂縫都將是限制運動員長期發展的環節。

基礎檢測

在開始任何準備工作之前，先對運動員的關節活動度和柔軟度進行全面評估至關重要。動作檢測與評估方式的選擇很多，在確認姿勢與動作是否達標的工作上，目前已有眾多理論和方法可用，這邊我們不會去廣泛討論所有的選項。

從我們的觀點來看，對於任何運動員來說，人類最基本的動作模式就是「蹲」。即使在人類早期動作的發展過程中，嬰兒也是在學會走路之前先學會「蹲」這個動作。我們的每一位運動員在正式訓練前也是先以下蹲動作進行評估，最後逐漸成為我們訓練系統中的骨幹。

儘管人類在一歲左右就已發展出下蹲與站立的動作模式，但它在訓練中往往呈現出不同的面貌。我們可以把這歸因於成年後下蹲的機會變得太少。

下蹲的動作需要每一個下肢關節參與，也需要脊椎正確移動才能使重心維持在一

個平衡的位置上，它需要運用轉移體重的技巧並適當地把體重施壓在臀部與大腿上，這幾乎也是每一種運動員的動作都需要的能力。

正因為如此，當動力鏈中有一個某個環節功能失調，都將導致一連串負面影響。如果在一個不良的動作模式下還加重訓練，將限制運動表現甚至練傷了又沒效果。

關於下蹲的檢測方式，我們用的是單腿蹲（single-leg squat）或過頭蹲（overhead squat），通常兩者會合併使用。每一個動作的檢測都提供運動員在活動度與控制力方面的不同資訊，它們同時也可以當作矯正動作排進課表裡。

過頭蹲

我們最喜歡用過頭蹲作為主要的檢測動作，因為它很容易暴露下肢、髖部、脊椎和肩膀的局限性。

格雷・庫克（Gray Cook）是過頭蹲的支持者，他花了大量時間來證實它很適合作為評估工具，所以我們就不需要重新研究。[3] 簡言之，運動員想完成優秀的蹲舉姿勢就需要最佳的活動度與姿勢控制能力，這也是我們在重訓室想看到的。

第一次進行評估時，應該要確保運動員的手掌朝上且一直保持在頭頂正上方，為了便於確認姿勢的正確性，可以手舉木棍或其他輕型工具，這樣一來，只要姿勢跑掉木釘就會掉落。有些運動員可能為了有更好的表現特地在手上加一些重量，有重量的確會比較容易正確執行，但如果運動員不能在重量很輕的情況下以手舉過頭的姿勢來完成蹲舉，就需要特別注意這個動作模式的問題了。

我們以過頭蹲替運動員進行評估時所依循的基本準則是：

● 頭部與頸部保持跟脊柱在同一直線上，而且沒有過度前傾。
● 從側面看，手肘必須保持伸直狀態且手臂落在耳際線後方。頭上的木棍或槓鈴應在雙腳中線的正上方。

- 蹲到最低位置時，運動員的軀幹和小腿骨應互相平行。
- 雙腳始終緊貼地面。
- 膝蓋不會向內塌陷，方向應該始終與腳尖保持一致。
- 從各種角度確認運動員的姿勢與轉移重量時是否仍保持一致的對稱性。

隨著更深入的評估，你可能會發現活動度限制了踝關節、髖關節、胸椎或肩關節的移動空間，致使重量轉移到左右其中一側或腳趾上[4]，使下蹲時兩邊大腿的深度不一致、或是無法保持軀幹直立和肩膀的位置。

如果你判斷活動度並非該位運動員的主要限制因素，你可先將動作倒階成靠牆蹲（為了輔助下蹲可以在牆和背部之間加上一顆球），讓身體先適應這個動作並提高動作的品質。此時，如果限制是來自動作控制或穩定度，當你拿掉輔助支撐再重新測試，有時動作就會神奇地改善了。

【照片 3.1】過頭蹲
過頭蹲的動作很快就會暴露出運動員在踝、膝、髖或肩關節的活動度或控制力的缺陷。

無論你採用何種矯正方式，目標是下蹲的深度、穩定可控的動作與對稱的姿勢。

在這個過程中，除了為了發現運動員活動度的限制，最主要的目的是動作學習。透過學習，我們希望看到高品質動作的出現頻率愈來愈高，教練在一旁著重把動作講清楚，有助於改善運動知覺以及神經學習效率。

我們在面對年輕且沒有經驗的運動員時思考角度又有所不同。

我們想的並不是加快改變的發生，而是激發運動員的潛能，成功達到他能力的邊界。我們寧願花更多時間看著運動員努力調整成正確的姿勢，認真學習動作，感受微小調整的變化，因此我們在這個階段會盡量減少負重或完全不加重量。

關於過頭蹲，可以分享一個我們從匹茲堡鋼人隊（Pittsburgh Steelers）的傳奇教練查克・諾爾（Chuck Knoll）那裡學到的重要教訓，那就是把過頭蹲當作一種柔軟度和平衡感的訓練方式。有一天，諾爾教練提到一個問題，這是他在指導線鋒球員時常遇到的問題：「要如何教他們保持低姿態？」

老一輩的人總說「重心低的人是贏家」；在足球場上，如果一位線鋒站得太直（重心太高），他將因槓桿原理而很難對抗衝擊。

當鋼人隊的訓練計畫裡開始加入更多的過頭蹲，他們注意到線鋒隊員們的臀部與重心都可以壓得更低，這使他們更容易在攻防線的對抗中取勝。在我們的運動員身上也發現了同樣的結果：在課表中穿插一些過頭蹲的動作，明顯有助於改善他們的動作控制能力。

單腿蹲

單腿蹲是我們用來進行評估與矯正的第二個動作。與過頭蹲相比，單腿蹲能夠從左右兩側的蹲姿看出腿部或臀部力量的差異。

動作是從單腳站立在箱子或長凳上開始，接著下蹲到支撐腳的後大腿碰觸小腿，再站起來。動作很簡單但很挑戰運動員的力量和穩定度。

【照片 3.2】 單腿蹲：預備姿勢
一腳懸空,只靠單腳支撐時,雙手向前伸有助下蹲時維持平衡。

　　直到運動員能在單腿蹲時腳跟維持貼地,鼻子始終在腳尖之後,而且雙腳都能重複這樣的標準動作 6 次 3 組,我們才允許負重。

　　理想情況下,當運動員可以單腿蹲 6 下並重覆 3 組時,他們就能開始進行舉重訓練了。

　　這樣的標準對某些人來說似乎太過嚴格,特別是對隨意選擇重量或第一天進重訓室的運動員來說,但時間一長就會證明我們所設定的標準是很有道理的。

　　一開始的動作無法達標並不意味所有單腿蹲的訓練都要完全停止。就算運動員單腿蹲或過頭蹲的動作評估結果不佳,我們仍會進行接下來提到的複合式訓練,只是動作會進行調整。比如我們會限制他們下蹲時的動作幅度,也會嚴格限定負重。面對這些運動員,指導動作的負擔沉重,教練的工作也將更具挑戰性。

【照片 3.3】單腿蹲：結束姿勢
蹲到底部時，支撐腿的小腿和後大腿須互相接觸。

當然，教練也可以直接取消完整的單腿蹲動作，做一些調整，下面列舉兩個較為簡單的調整方案：（1）利用箱子進行蹬階訓練（2）進行徒手的靠牆單腿蹲。這兩種調整都可以用來訓練單腿蹲的動作模式。同時，你也可把單腿蹲當作一種矯正動作，對於原本受限的關節來說，它有助於加大關節的活動度並改善身體的控制力。

當運動員在活動度已無明顯限制或代償動作的情況下表現出優秀且熟練的蹲舉動作時，我們即可開始加入複合式動作，也能在蹲舉系列動作加上負重進行訓練。

我們甚至要求那些四肢修長和體型高大的運動員進行單腿蹲時，也要能蹲到最低的位置（無論是籃球或是美式足球運動員都一樣）。記住，單腿蹲不僅是一種評估方式，也是一種矯正練習。

特別是在美式足球的運動中，運動員經常會發現自己被迫處在某個動作的極限邊緣，可能將危害到他們。透過目的性極強且循序漸進地訓練身體進入特定動作的極

限，將能強化運動員的身體組織，使他們能在危險到來時，仍能承受起極端姿勢與錯誤下所形成的外力。

亞沃雷克複合式訓練

假如運動員當前沒有重大的傷害或其他身體的問題，我們發現為運動員打好基礎的最有效方法是進行複合式訓練，更具體一點，你可以直接使用前羅馬尼亞的力量教練——伊什特萬・亞沃雷克（Istvan Javorek）所設計的課表。亞沃雷克教練設計了一系列簡單易懂的動作，主要使用槓鈴，但也可以使用啞鈴加以變化。

此種由多種動作組成的訓練方式反覆次數高，對動作技巧的挑戰也很大，若練得好，有助形塑高品質的動作。

亞沃雷克教練發展了一系列的複合式訓練課表[5]，主要是為了提高肌肉量和改善基本力量，也有些人把它用來訓練心血管功能，鍛鍊意志力和決心。下面是他所設計的複合式訓練一號課表，我們已經成功運用它來訓練運動員的身體和心志，以滿足運動員後續正式進入力量訓練的需要。

在這個課表中每個動作須重複 6 次，在不鬆開槓鈴的情況下直接進行下一個動作，直到所有五個動作都完成為止。這些動作是主要槓鈴動作的變化式，比較容易進行教學，對協調性與平衡感的要求也比較低，尤其是年輕的運動員很適合這樣練。

動作的學習過程應該從簡單到普通再到複雜，特別是在教一個新動作時，由易到難是基本原則。這和學習罰球或打棒球沒什麼區別；不論是何種技巧，學習一種新的動作模式都需要大量的反覆練習，舉重動作的技巧也一樣，它必須被教導、持續練習和改善，才能打下良好基礎。

隨著運動員對這一系列槓鈴複合式訓練動作愈發熟練，可以改用啞鈴提高動作的複雜性。雖然啞鈴的動作比較容易移轉到專項運動，也更有助於改善關節的活動範圍，但它對身體素質和控制能力的需求比較高。

亞沃雷克複合式訓練一號課表	反覆次數
直立划船	6
高拉式抓舉（High Pull Snatch）	6
背蹲舉－借力推	6
俯身划船	6
羅馬尼亞式硬舉 *	6
總反覆次數	30

【圖表 3.1】亞沃雷克複合式訓練一號課表（The Javorek Complex One）
* 原本亞沃雷克教練安排的最後一個動作是「早安體前屈」（good morning），我們替換成了羅馬尼亞式
  硬舉（RDL）。這主要是因為「早安體前屈」看似簡單，卻很難教給年輕的運動員。我們認為它的訓練成
  效不如 RDL；硬舉也是我們設計的課表中最常安排的舉重動作。

　　在增加額外的自由度與穩定度的要求之前，要先確定運動員能夠以最大的控制力完成訓練動作。你追求的是運動員的表現成功多於失敗。

　　在理想的情況下，訓練與休息的比例應該是 1：3，間歇中的休息時間應是訓練時間的 3 倍。如果完成一輪複合式訓練需要 1 分鐘，在開始下一輪之前，應該讓運動員休息 3 分鐘。如果團練時人數眾多而且器材有限，你可以先進行分組，將能力接近的運動員分在一起。例如分成 3~4 組，這樣就可以在其中一組練完的休息時間讓另外 2~3 組進行訓練，如此一來也不需嚴格設定休息時間了。

　　這些複合式訓練動作含有訓練「神經肌肉系統」與「心血管系統」的雙重目的。因為這種訓練方式在身體上施加壓力的時間延長，就算是體能狀況極佳的運動員，在連續做完 36 下之後也會覺得負擔沉重。

當負重選擇正確，此種複合式訓練方式由於持續用力，阻力變化多元，給身體施壓時間較長，故能有效發展運動員的做功能力與達到肌肥大的效果，這種練法幾乎對所有的運動員都有效。訓練時，兩組之間的呼吸應該很沉重，心率也會升高；但我們不希望兩組之間的休息時間太少而造成動作的品質下滑。

該週期（準備期）的優先順序是先教動作，後練效果。

品質優先。

教練之眼

如果運動員在複合式訓練中的某一特定動作中表現出局限性，或者在動作間的轉換上有困難，可以先將該動作移除或另外挑出來單獨練。

特別是一些重訓經驗尚淺的運動員可能會發現光完成一組連續動作的挑戰性就很高，在這種情況下，先把受到局限的動作抽離出來單獨訓練並且減輕負重，等進步到一定的程度後，再將它放進整個複合式訓練的課表中。

準備期的負重與訓練量

值得再次提醒的是準備期的訓練目的：為訓練做好準備。首要目標應該是熟練動作技術，而這需要足夠的訓練量才能錘煉出優良的動作模式。基於這一點上，我們不太關心力量與表現上的訓練效果；因此在決定負荷時更多是基於教練對動作品質評估的主觀看法。

影響能力的不僅僅是實際年齡，還包括訓練的年齡與經驗。年紀較小的孩子可能無法像其他運動員一樣很快進入正式訓練，他們需要更多時間才能正式開始訓練。

同理，一位已成年的運動員如果沒有充分的訓練經驗，準備期也需要安排更多的時間，才能為身體的做功能力與動作技術打下穩固的基礎。

訓練負荷在正常情況下應逐步遞增；然而，如果一個運動員最初不能承受設定的重量，你可以先調整的變數是休息與恢復時間，以確保每組訓練都維持相同的輸出。也就是說，一開始先設定一個相對容易的負重，如果訓練時覺得勉強，可以先增加組間的休息時長，等一、兩週適應之後，再調回原本的時間或進一步增加重量。以上只是讓你知道，你要優先調整的變數是什麼。

所有的運動員都一樣，每個動作的最低訓練量可以從 2 組 6 次反覆開始。同一組動作的最終目標可以設成 4 組。訓練頻率建議是一週 3 次，當運動員的動作愈加熟練之後，可以線性增加負荷，但每次增加量不要超過前一次的 10%。當目標強度可以連續做完 3 組後就可以加量，並朝 4 組的目標努力。

入門	高水平	菁英
下蹲功能較差的人，可以先用木棍練習	從體重的 30% 進行負重訓練	從體重的 30% 進行負重訓練
進階方式： 對已經能夠掌握該動作的人可開始以體重的 30% 進行負重訓練	進階方式： 體型較小的運動員，負荷可以加到體重的 50% 體型較大的運動員，負荷加到體重的 40%	進階方式： 體型較小的運動員，負荷可以加到體重的 50% 體型較大的運動員，負荷加到體重的 40%

【圖表 3.2】 訓練負荷的設定：以過頭蹲為例
體型小的運動員是指體重小於 200 磅（90.7 公斤），體型大是指體重大於 250 磅（113.4 公斤），介於 90.7~113.4 公斤的中型體重運動員，進階時可以把負荷加到體重的 45%。
如果是女性運動員，入門的標準跟表格中一樣；但高水平和菁英選手要做一點調整，高水平運動員若體型較小，負荷下修到體重的 40-45%；大體型運動員則一樣維持在 40%。

在理想的情況下，賽季後訓練剛開始的「準備期」最好能持續一個 4 週的週期。然而，這種理想只屬於美好舊時光，過去我們比今天有更多的時間來訓練運動員。

準備期總共要花多少時間，取決於運動員能以多快的速度達到目標的體重百分比並進步到 4 組。增加訓練量時，必須確保每一次動作的完整性與速度都能維持。

雖然高水平和菁英運動員在準備期的負重標準看起來似乎很高，那是因為我們過去發現如果一位 275~300 磅（124.7~136.1 公斤）的線鋒球員連低於體重 40% 的重量都無法完成，那他也無法準備好面對主課表的負荷。

談到練強度，第一週就要先決定出一個固定的重量或體重百分比。教練必須透過之前運動員的訓練情形進行判斷。要小心，別在重量選擇上出錯。永遠不要讓你的運動員剛開始訓練就一直做不到或做不好。選一個他們可完成的重量；如果你認為這需要在第五週才能達到目標負荷，那你就把第一週期的長度改成五週。

另一方面，如果高水平或菁英運動員已經能用設定好的負荷完成複合式訓練，而且還能達到目標重量和強度，你就能縮短準備期開始將注意力轉移到其他能力上。

「增肌困難者」準備計畫

運動員有可能在面對預設重量時無法撐到第四組。如果你在訓練初期就發現這點，你可以直接在準備期的訓練計畫中使用波動模式。

在安排第一週的課表時，對適應最有幫助是一天練 2 組，一週 3 練，分別排在週一、週三和週五，每次訓練的強度皆維持不變。

到了第二週，訓練強度可以稍微增加，週一練 3 組，週三練 2 組，週五練 2 組或 3 組皆可，取決於運動員的適應速度，而這就要用你的教練之眼來判斷了。

到了第三週，星期一練 4 組，星期三練 2 組，星期五練 3 組或 4 組。接著第四週，星期一、三、五都練 3 組，但把動作的反覆次數減少到 3 或 4 次。

顯然，對於新手或增肌困難者（hardgainer）[6]，最好能花時間把「準備期」重複

數個循環，即使運動員達到了設定目標，加長準備期也會對他們有很多好處。

　　我們甚至鼓勵許多時常跟入門運動員合作的教練，至少在第一年的力量訓練中只進行徒手和複合式訓練，以便同時發展力量、爆發力、肌肥大和做功能力。依我們過去的經驗，如果一支典型的高中新生足球隊能在賽季外的準備期訓練中表現出色，他們的身體發展與運動表現可能就已領先對手百分之七十。

　　準備期很重要，就算是訓練時間緊迫或面對訓練經驗豐富的運動員，也絕不應該跳過它。一般情況下，如果運動員之前未曾接受過奧林匹克式舉重的良好指導，那麼他們通常在這些動作的表現上會出現明顯的缺陷。

　　同樣地，面對停練後要重新開始訓練的運動員，首先要考慮的也是他們的做功能力。重建基礎比什麼都重要，基本的運動能力是避免過度訓練與造成運動傷害的必要條件。如果在重新投入訓練後立刻把負重調高到 1RM 的 70%，在技術不良的情況下，很可能會帶來災難。

　　除此之外，複合式訓練對所有的運動員來說都可以當作熱身或體能訓練的工具。無論主課表為何，在熱身時安排 1~2 組複合式訓練來啟動肌肉和神經系統，也有助於為接下來的高強度訓練做好準備。

	星期一	星期三	星期五
第一週	2 組	2 組	2 組
第二週	3 組	2 組	2 或 3 組
第三週	4 組	3 組	3 或 4 組
第四週	3 組 反覆次數降到 3 或 4 次	3 組 反覆次數降到 3 或 4 次	3 組 反覆次數降到 3 或 4 次

【圖表 3.3】入門或增肌困難者的準備期課表範例

跑步與跳躍訓練

當我們用複合式訓練的方式來打造力量與做功能力的基礎時，也應該投入時間改善衝刺與跳躍的動作品質。但除了少數世界級短跑與跳高選手之外，幾乎沒有人認為跑步和跳躍是一項需要高度技巧的運動。

然而，只要你坐下來看著一群中學生在球場上蹣跚的跑跳動作，你就會很快意識到跑步並不是一種只憑直覺就會的技巧。

你必須教你的運動員如何跑步。

然而在訓練計畫中加入增強式訓練、衝刺和跳躍，通常是發現問題後才想到要加進課表裡。當然也有很多教練會安排繩梯、跳箱或衝刺跑來當作體能訓練，有些教練則會在不定時的空檔進行有氧運動，但你問這些教練什麼這樣安排，他們大都說不出明確的理由。

當你期待能設計出一份有效率的課表，你始終要知道「為何要這樣練」，並且能對課表的具體細節進行解釋。每一位運動員的忍受力和恢復力都是有限的，我們希望能因應不同程度的需求盡量提高訓練成效，因此不容許有多餘的動作或沒有特定目的的訓練，那只會使進步變慢或導致過度使用的傷害。

衝刺和跳躍都需要肌肉快速地收縮，而要完成這兩種任務則需要「運動神經系統」與「肌肉肌腱彈性」兩者合力貢獻。

牽張反射是一種純硬體的運動機制，在這種機制下，身體能在最小的努力或能量消耗下快速傳遞力量。當一塊肌肉被離心動作快速拉長時，有彈性的肌腱與肌肉會因外力的拉伸而產生「勢能」（potential energy）。此時在肌腱連接處的肌梭纖維（muscle spindle fiber）會對組織的快速拉伸作出反應，使得附近的纖維迅速收縮。正常的運動神經通路上至大腦下至肌肉，而這一系列的快速反應會繞過正常的神經末梢通路，構成反應極快的「伸展－收縮循環」（stretch-shortening cycle，簡稱 SSC）。

「伸展－收縮循環」的機制使得運動員能夠輸出更大功率，它的能量來自於肌腱

儲存的（被動）彈性勢能加上肌肉的（主動）收縮。為了加大功率輸出，肌肉離心收縮與向心收縮的循環週期需要在 250 毫秒內發生。離心與向心作用之間的這段停頓時間稱為「攤還期」（amortization phase）。「伸展－收縮循環」的效率構成了我們之前在力量發展階層中提到的彈力與反射力。

　　過去在蘇聯的訓練系統中，他們會把六歲孩子的腳趾固定在一個小機器裡，腳跟貼地，接著請他們以最快的速度推動腳掌使其上下移動。計時十秒，看他們在動作確實連貫的情況下可以多快。他們是透過腳掌與腳踝的反應速度去找尋那些天生就具有極佳反應神經系統的孩子。這些孩子將有別於那些待在家裡、去礦場或工廠工作的孩子，他們將被選進國家體育訓練中心。

　　有許多在籃球或田徑比賽中表現出色的運動員能夠跳得很高或跑得很快，但他們在重訓室裡卻無法舉起太大的重量，這種現象並不罕見。他們擁有高效率的運動神經系統以及極具彈力與反射力的強壯肌腱與肌肉，能夠快速儲存與釋放能量，這是天生的能力，無法習得。毫無疑問，有許多短跑選手比博爾特（Usain Bolt）[7]「強壯」；然而，他的基因潛能與神經系統的效能顯然為他提供了絕佳優勢。

　　對於天賦較差的運動員，我們可以透過訓練來改善神經系統與肌肉的輸出，因此當牽張反射開始運作時，攤還期會縮短一點，肌肉的收縮力道也會更大。所以無論是任何運動員，只要能特別訓練腿部的爆發力和力量並改善技術，運動表現都能得到提升。

　　在週期化訓練的準備期，我們最關心的是做功能力的持續發展以及跑跳技術與動作效率的優化。請依循我們第三章開頭時提到的第一條核心原則，動作安排的時序上應由簡入繁，隨著協調、反應和力量的提高，逐漸進階到更複雜的組合動作。

跑步訓練

　　每個值得一練的跑步課表都是從熱身開始，這些熱身運動旨在改善技術，使身體為跑步的需求做好準備。長久以來，同樣的彈跳、踢臀與各種刻意加大動作幅度的訓

練反覆被用於短跑訓練中。儘管這些訓練動作在歷來的訓練文獻中幾乎沒變，但我們發現許多教練認為它們不重要，很多課表中也找不到它們，而且這種情況並不罕見。

這些訓練動作經得起時間的考驗，它們到現在仍是跑姿指導與動作模式強化訓練中最有效的工具，對跑步與衝刺效率幫助很大。然而，跟所有其他技術動作一樣，跑步也需要接受教導與提示。提升跑步效率的關鍵在於盡可能減少腳掌與地面的接觸時間，將最大的力量傳遞到地面，並在消除多餘動作的同時維持前進動力。

無論你是在訓練中學生或是 NFL 的近端鋒（tight end），原則都是一樣的，技術永遠都有進步的空間。如果腳掌沒有在觸地後的 90 毫秒內離地，能量和功率就會從雙腳上流失，導致速度變慢。不過還是有許多教練和運動員懶得練這些簡單的技術動作，人數甚至遠超過那些知道其重要性的人。

我們在準備期時，會先把精力用在指導技術，再來是提高做功能力。一旦運動員的技術動作表現得愈發純熟，而且當前的訓練量並不會使他們感到過度疲勞，訓練量就可以增加。[8]

在準備期期間，我們對最大速度的訓練不感興趣，因為運動員的身體還沒有準備好面對這種強度的訓練。但別擔心，此時就算沒有直接進行高強度的訓練，我們也可能看到速度的進步，因為跑步技術在移動速度中占有重要的地位。

馬克操

A-SKIPS

馬克操（mach running drills）中的 A-skip [9]是下肢力量的基本訓練動作，它亦能同時提升膝蓋上抬與腳掌落地的效率。練習 A-skip 的目的包括改善跑步協調性、加強小腿和臀部肌群的伸展力量、加強控制與訓練髖屈肌。它可能是最具挑戰性的跑步訓練動作之一，因為這個動作需要極佳的協調性，然而它也可能是改善跑姿中效益最高的訓練動作之一。

練習 A-skip 時，運動員的身體要有一點向前傾，抬高膝蓋的同時，對側的手臂擺到身體前方，後腿以快速的「小彈跳」點擊地面。後腿點地時，膝蓋應該打直，利用小腿和臀部肌肉把身體向前推，使得前腳掌和腳趾能盡快離開地面，離地後快速抬起後腳的膝蓋並向前擺動對側的手臂。重複上述步驟，持續向前移動。在換腳的小彈跳過程中以前腳掌觸地，觸地時間要短。想像整個動作如同一支瑞士錶，雙腳落地間毫不停頓，流暢地保持動作的節奏。

指導的重點是盡量減少上下振幅，使推進力主要發生在水平方向上，手腳的動作要保持同步，當手臂向前擺，另一側的膝蓋同時向上抬起。這邊可以分享一個有用的提示語來幫助手臂保持在正確的運動軌道上：「挖鼻孔，掏口袋。」

【照片 3.4】A-Skip
注意軀幹保直立與平衡，照片中此時運動員的體重主要落在左腳的蹠球部上。換腳時要像時鐘一樣保持節奏。

當你第一次做這項練習時，最好不要讓運動員用跳的，先以對動作協調性要求較低的行走來練習，動作熟悉後再開始加入彈跳動作，接著才逐漸提高前進的速度。

【照片 3.5a~b】A-Run

注意這兩張照片的差異。

照片 a 的姿勢是正確且優秀的，軀幹打直且以強而有力的臀部軀動。

照片 b 的姿勢是錯誤示範，因為膝蓋抬太高而改變了軀幹的姿勢，並減弱了前進的動力。

A-RUNS

A-run [10] 這項練習是 A-skip 的進階動作，它也更接近實際的跑步動作。A-run 這個動作能教你更有效率的短跑姿勢和擺手動作，並在更快的換腳動作中訓練出正確的腳掌落地位置。

它也是傳統「高抬膝」練習的替代動作，因為傳統的練習方式膝蓋抬得太高，會造成身體向後仰的不良姿勢，相反地，A-run 不強調膝蓋抬起的高度，而是強調速度與跑姿。

運動員在練 A-run 時很容易上下彈跳，使得身體的垂直振幅過大。A-run 這項練習有助於讓運動員的每一步都感覺到力量傳遞到地面並產生向前的推進力。

A-run 的動作模式跟 A-skip 很像，開始練習時身體微向前傾。抬起前腿的膝蓋後，對側手在身體前方向上擺動，同時後腿以前腳掌著地。

跟 A-skip 不同的是，A-run 在後腳落地後不進行小彈跳，而是一落地就立即加速向上抬，上抬的同時腳掌背屈——腳趾朝向小腿。腳掌的落地點應該在臀部正下方。

這項練習的重點是快速把力量傳遞到地面上並加快換腳與抬腿的速度。

團體訓練時，可以將運動員進行分組，6~8 個一列，設定好起點，列隊出發後向移動 10 碼（9.1 公尺），完成後再慢慢走回起點，這是一種能有效進行團隊指導的方式。當運動員能以優秀的姿勢完成訓練後，再讓下一排開始前進。這樣你就可以一次觀察與指導多位運動員，並為每一列分別設定前進的速度。

踢臀跑

踢臀跑（butt kicks）[11] 這項練習的目的是改善整體的協調性與觸地時的爆發力，但比之前的動作更加強調後大腿肌群的使用。腳掌離地後，跑步動作進入騰空期，此時由體後側力學機制主導，而這項訓練最重要的功能是改善換腿的效率。

【照片 3.6】踢臀跑練習
身體維持前傾的同時，腳跟直接朝著臀部向上拉。目標是換腳的速度要快。

跟 A-run 一樣，膝蓋上抬時腳掌同步背屈。這項訓練中最關鍵的要點是在維持高抬膝的動作時，腳跟要迅速拉向臀部「下方」並與之碰觸。注意，這裡是臀部「下方」而非「後方」。A-run 練習的腳掌會在身體前方，但踢臀跑練習的腳掌始終在臀部的正下方，這也是它跟 A-run 最大的不同。

　　指導運動員時，要請他們維持軀幹前傾以及確實的擺臂動作，這將有助於保持向前的動力，也才不會產生太大的垂直振幅。有很多教練在指導這個動作時強調用腳跟踢臀部「後側」，但應該強調的是臀部「下方」才對。

推牆跑

　　推牆跑（wall marches）[12] 是另一項有助於運動員學習如何維持身體前傾與高步頻的練習，只是這個動作多了牆面當作支撐，這有助於改善動作的品質。

【照片 3.7a~b】推牆跑
換腳時，身體在垂直方向不應該有任何移動。

這項練習是在幫助運動員學習理想的加速姿勢。首先雙腳站立，雙手撐在牆上。確認手撐牆時視線朝前，腳後跟離地。接著抬起右腿並保持相同的姿勢。

教練可以用哨聲或口令指示換腿的時機，聽到指令後，運動員應以最快的速度換腳，並試著把最大的力量傳遞給地面。當一隻腳向下踩地時，另一隻腿同時向上抬起膝蓋。

腳掌每觸地一次算一下。這項練習也可以當作檢測動作，你可以從運動員的姿勢來評估雙腿動作是否對稱，或藉由腳步聲來判斷雙腳的落地節奏是否平衡。

這項練習的進階方式是先從中間會暫停的單一動作，再到不間斷的連續動作。在我們後面所設計的課表中，你會看到推牆跑的三階段訓練，這有助於進一步加強身體的控制力和協調性，並縮短腳掌與地面的接觸時間。

教練之眼

運動員需要對地用力。你不應該看到他們的頭部或臀部向上抬起，任何垂直方向的移動都是不可接受的。推牆跑的動作應該快速又穩定。

節奏跑

以上所有的技術訓練動作都不應跑太長，一般來說是 15~40 碼（13.7~36.6 公尺），指導的重點在於透過逐漸提高速度來培養優秀的動作機制，使跑步動作的效率不斷提升。我們發現有速度的節奏跑（tempo runs）可達到一石二鳥的效果，既能有效改善跑姿，又能強化做功能力。

由於節奏跑的動作反覆次數較高，所以可以進一步強化前幾種技術練習所培養出的正確動作模式。節奏跑除了使教練有更多的機會提供指導和矯正，也有助運動員摸索、學習正確的跑步動作模式與感覺。

進行節奏跑時，你應該注意運動員的是：腳掌如何落地、是否前腳掌先著地、擺臂是否超過中線、軀幹是否過度挺直。除了用眼睛觀察，也可以仔細聽腳掌與地面接觸的聲音，留意他們跑起來是否夠「安靜」。

建議節奏跑的每一趟先從 100 碼（91.44 公尺）開始，每次跑完步行 50 碼後再開始下一趟。若在美式足球場上訓練，因為兩得分線之間的距離剛好為 100 碼，所以比較簡單的方法是讓運動員延著邊線練跑，跑到得分線後再延著底線走到另一側的邊線，再跑下一趟。簡單來說，就是來回跑向兩側的達陣區。

如果是訓練的入門者，在進行速度訓練時 100 碼的完成時間建議如下：

● 17 秒：適合美式足球中進攻或防守的線鋒球員（大於 250 磅）。
● 16 秒：適合有一定跑步技術的人，例如美式足球中的跑衛、邊鋒、線衛、四分衛（200~250 磅）。
● 15 秒：適合跑步技術較佳的人，例如美式足球中的射門員、棄踢員、接球員、防守線鋒（小於 200 磅）。

如果是菁英等級的運動員，在進行速度訓練時，100 碼的完成時間建議如下：

● 16 秒：適合美式足球中進攻或防守的線鋒球員（大於 250 磅）。
● 15 秒：適合有一定跑步技術的人，例如美式足球中的跑衛、邊鋒、線衛、四分衛（200~250 磅）。
● 14 秒：適合跑步技術較佳的人，例如美式足球中的射門員、棄踢員、接球員、防守線鋒（小於 200 磅）。

你可以因應不同的運動項目來調整這些秒數，這些數字通常是根據體重來計算的。以入門運動員來說，大於 250 磅（大於 113.4 公斤）跑 17 秒、200~250 磅（90.7~113.4

公斤）跑 16 秒、小於 200 磅（小於 90.7 公斤）跑 15 秒，這跟用美式足球員所打的位置來分類的結果相近。對於不同程度的運動員來說，我們發現目標時間似乎沒有明顯的差別。這邊要再次提醒，這不是在練最大速度，此時的速度訓練仍然是在改善運動員的跑姿與做功能力。

設定訓練的時間時，也可以用運動員 100 碼全力衝刺速度的 70~75% 當作基準。[13]

蘇聯教練時常使用大量的節奏跑訓練。但他們很少一次訓練超過 8 名運動員，所以比較能監控速度和顧好每一位運動員的動作品質。當你在指導大型團體或球隊時，使用上面的建議時間會讓你比較方便一次評估多名運動員，也比較容易調整到適當的強度，使他們的恢復在不受到太多影響的情況下，達到最佳的訓練效果。

目標是讓運動員學習高經濟性跑步動作的感覺為何，從技術訓練中學習優秀的跑姿，然後再透過速度訓練反覆加以練習。

很多年輕運動員都會以腳跟先著地的方式進行速度訓練。但教練和運動員都要明白，如果腳跟先著地，腳掌的落地點就會跑到臀部前方，這樣每一步就會產生顯著的剎車效應。

我們需要指導運動員的跑步技術，確保他們在跑道上把臀部向前彈射出去時雙腿能快速回到臀部下方。我們要像是在教蹲舉或抓舉一樣細心地調整他們的動作，藉此提高他們的跑步經濟性，使他看們的動作看起來像一位專業的運動員，而不是像一位普通的休閒跑者。一旦運動員的跑步技術達一定的程度，接下來就是加大訓練量來使跑姿與做功能力變得更加穩定。

速度訓練以「100 碼跑 ＋ 50 碼走」為一趟，重複 4 趟之後能加入一個較長的休息時間，延長到 100 碼的步行。訓練量應該從 4 趟開始比較合理，跟著實力的提升，可以一直累加到總計 24 趟；但世界級的短跑運動員才會練到那麼大的量，例如博爾特。我們過去曾經讓一些運動表現極佳的人練到 18 趟，但這已是很少見的情況了。如果運動員能跑那麼大的量，還能達到設定的時間，那就代表他們的狀態極佳，並已學會與記住了優化後的跑姿。

節奏跑訓練的八趟課表範例

四趟：跑（走）──100（50）＋ 100（50）＋ 100（50）＋ 100 碼

長休息：走──100 碼

四趟：跑（走）──100（50）＋ 100（50）＋ 100（50）＋ 100 碼

長休息：走──100 碼

跳躍訓練

　　跳躍是利用彈力的第二個動作，雖然跳躍所需的協調性比跑步少，但對平衡與力量的要求更高。跳躍訓練的進階過程雖不像跑步要考慮那麼多，然而它的進階過程卻比跑步更為重要。以垂直跳來說，落地時的衝擊力至少是體重的 3 ～ 4 倍。[14] 所以如果在力量基礎未穩固的情況下就開始增加阻力或跳箱次數，等同是在增加對骨骼的衝擊力以及肌肉肌腱的離心張力，災難可能近在咫尺。

　　由於跳躍對膝蓋的衝擊很大，而且剛入門的運動員可能缺乏足夠的下肢力量與控制力，動作效率較差，因此一開始最好先從單次的水平跳開始，待力量與動作效率提升後再逐漸加入垂直跳。高水平和菁英級運動員的確會有更大的進步空間，但在準備期進步慢一點，把基礎打得更穩也不會有壞處。事實上，在準備期時維持在同樣的進度有時是最好的選擇。

　　當我們在考慮跳躍動作的訓練進程時，想要強調的是爆發力、落地時的離心控制力以及腳掌的反射力。這些都是高品質的動作所該具有的能力，它們將持續轉化成賽場上的運動表現。

　　同時，隨著跳躍訓練的負荷與訓練量的逐漸增加，它有助於提升牽張反射的反應速度以及強化肌腱與骨骼周邊的結締組織。跳躍訓練還可以在小腿肌肉量不增加的情況下提升力量，因為不少奧運短跑教練認為小腿的肌肥大會對腳掌擺動期的力學效益產生負面影響。

立定跳遠

立定跳遠（standing long jump，簡稱 SLJ）很適合用來進行不同能力的教學，像是「起跳前把體重轉移到後側的起始姿勢」、「起跳過程中的爆發力動作」和「落地時離心肌群的控制力」。關於立定跳遠還有一點很重要：落地時，要提醒運動員學習「接受」地面的到來，而不是主動去衝擊地面。

剛開始練這個動作時最合適的方式是一次一次來，先讓運動員在落地時「定住」，確定回到起始姿勢後再重複跳下一次，要特別注意運動員的起跳與落地姿勢。雖然與垂直跳相比，水平向前跳的衝擊力較小，但落地時會中止垂直與水平方向的動量，所以會對膝蓋施加額外的壓力和剪應力。

只要運動員的起跳與落地姿勢能持續表現出穩定的品質，你就可以開始增加跳躍的距離與速度了。

【照片 3.8a~d】立定跳遠
落地時運動員的身體應前傾並保持平衡。

剛接受訓練的美式足球入門運動員進行立定跳遠訓練時的建議目標距離如下：

- 8 英尺（約 2.4 公尺）：適合防守與進攻的線鋒球員。
- 8.5 英尺（約 2.6 公尺）：適合已經掌握一定程度技巧的跑衛、邊鋒、線衛、四分衛。
- 9 英尺（約 2.7 公尺）：適合跳遠動作技巧較佳的射門員、棄踢員、接球員、防守線鋒。

同樣地，針對不同運動項目的運動員，目標距離的設定基準跟體重有關，體重較輕的運動員可預期跳出較遠的距離。

對於美式足球的進階或菁英運動員，如果單次立定跳遠的距離已達 9 英尺（約 2.7 公尺），此時可以把訓練重點轉向「連續跳」，進一步強化下肢在連續動作中的反射力與爆發力。

所謂的連續跳可以是連續三次立定跳遠，也可以更進一步採用類似「三級跳」的動作模式──仍是雙腳起跳，只不過在落地後以單腳向前擺帶動身體前進。此時訓練的重點不是距離，而是動作品質與反射力，有時當運動員訓練出良好的足踝反射力與下肢爆發力，每次跳躍的距離也不會有顯著變化，所以跳遠的距離並無法代表什麼。

如果訓練的是進階或菁英運動員，三次連續跳的距離應該能長達 10 碼（9.1 公尺）。

雙腳蹦跳／單腳蹦跳

蹦跳被我們加進訓練課表中時，主要是為了改善腳掌的反射力、腳踝的力量與穩定度。刻意要求運動員在蹦跳時略微前傾與伸直膝蓋，小腿與足背屈的肌群就必須反應加快，使得向前的推進力只會動用到腳踝與腳掌的力量。指導運動員時應該引導他們「向前移動」而非向上，所以他們的動作看起來是輕快的水平跳，而非垂直方向的「豚跳」動作。

【照片 3.9a-b】雙腳側向蹦跳
【照片 3.9c~d】單腳側向蹦跳
這種側向蹦跳對足踝的穩定度與反應能力都有極佳的訓練效果。

　　當雙腳蹦跳（two-leg hop）的動作已經熟練之後，可以開始進階到單腳蹦跳（one-leg hop），同樣強調快速的腳踝動作而非跳躍的動作。

　　若是在美式足球場上，最有效的方法是使用邊線和碼標來訓練。[15] 訓練時，手臂

應靠近身體兩側，並控制跳動的距離使每次落地時的體重都能落在前腳掌的蹠球部，不能用全腳掌落地。

指導時可以請運動員想像「在熱煤炭上小步跳」的動作，這有助於改善腳踝的力量和反射力。這項訓練的變化式是改變移動方向，有助他們強化踝關節在多平面上的控制力。

垂直跳

當你的運動員在水平跳中不斷表現出更好的控制能力時，就應該開始加入垂直跳，比如說門柱觸碰就是很好的訓練方式。在垂直跳的訓練中，運動員的預備姿勢是雙腿下蹲、雙手放在比膝蓋低的位置、背部打直、頭朝上，接著垂直向上跳，試著以雙手觸碰球門柱的橫杆。

如果訓練的是較年輕的運動員，你可能需要把毛巾掛在球門的橫杆上，這樣可以提高他們成功的機會。使用門柱來訓練會比一般的垂直跳更好，因為它的目標明確，運動員會比較容易專注。先從單次跳開始，每跳完一次都要重新準備一次，等動作熟悉後可以把目標轉向連續跳，使身體每次在落地與起跳之間有一定的節奏，好比運球一樣，此時應盡量減少雙腳與地面的接觸時間。

火箭跳躍

火箭跳躍（rockets）與門柱觸碰的垂直跳動作很像，但設計這個動作的目的是透過更大範圍的動作幅度來訓練較大的力量輸出。不像前一項門柱觸碰的訓練會以「半蹲姿勢」起跳，火箭跳躍會蹲得更低，下蹲時手指應該可以碰到雙腳之間的地面。

起跳時，運動員的背打平，頭朝上，盡可能往上跳並向上伸直雙手。落地後，重新回到深蹲姿勢，也就是從起始的最低位置開始重複練習。

【照片 3.10a~c】垂直跳

在垂直跳的連續動作中，運動員一落地就應盡快起跳。保持前腳掌著地，儘量減少腳掌與地面的接觸時間是關鍵。

　　這種加大活動範圍的訓練動作對運動員在吸收落地衝擊能力後要維持重心不跌倒並立刻反轉動力方向，帶來了更大的挑戰。

跳箱訓練

　　對爆發力、起跳和落地技巧的發展來說，跳箱訓練（box jumps）是一種非常有效的工具。如果練得對，跳箱訓練的確對神經系統、力量和肌肉增長都很有幫助。然而，這項訓練無疑是許多教練用得最差的工具。每次看到運動員（或是 CrossFit® 場館中的健身人群）連續進行二、三十次跳箱訓練，或是在大量的下肢訓練之間在那邊練高強度的跳箱動作，真的讓人覺得很痛苦。

跳箱訓練的主要好處是發展瞬間爆發力與落地動作機制的同時還能減輕關節的壓力。與垂直跳遠相比，跳箱的落地高度降低；與跳遠相比，跳箱訓練對膝關節的壓力與剪應力明顯也少很多。而且這種訓練方式很容易量化，你可以隨著表現的提升逐漸增加箱子的高度和訓練量。

　　跳箱訓練的品質比次數更重要。確認運動員落地技術完善並且利用髖伸肌群來完成動作。設定箱子高度的標準時，先看運動員在較低高度時的腳掌落點是否跟增加跳箱高度後的落點一致，如果無法落在同一點上，就代表目前的高度不適合運動員。

　　訓練時請提醒運動員將重點放在「跳上跳箱」，且不要跳回地面，而是以走下來的方式回到地面。當他們整體的動作與控制力都很不錯時，就可以增加高度、改變方向、加上阻力或是改成快速上下跳箱來訓練反射力，以上變化方式都能幫助運動員發展出更優秀的身體素質。

【照片 3.11a~b】跳箱訓練的起跳與落地
在正確的跳箱動作中，起始位置和落地姿勢應該看起來幾乎一樣。

衝刺訓練

　　在美式足球界，40 碼衝刺（40 yard dash）的成績已經成為球員的速度衡量標準。一般的粉絲都能背得出他支持球隊裡外接員（wide receiver）的 40 碼成績，這也是 NFL 聯合訓練營（NFL combine）的測驗項目，所以許多球員為了提升成績，也會特別針對 40 碼衝刺安排力量訓練計畫。

　　雖然 40 碼衝刺已成為測試的標準，但談到專項運動的速度需求，這項測試還遠不足以達到理想的測試距離。而且在大部分的體育運動中，很少有運動員能不受阻礙地在直線距離跑 40 碼。若以田徑賽為例，短跑比賽的勝負在前 20 碼就決定大半，正因為如此，大部分的訓練都應該著重在這個區間進行。

　　衝刺的起跑加速能力十分重要，透過持續對它訓練，運動員將在賽場上展現出深遠的效益。教練的觀察與指導重點應著重於改善運動員前 10 碼的起跑動作。

　　還有兩種起跑和加速的訓練方式我們也很喜歡，分別是鬼抓人訓練（hurry go get em）和 20 碼衝刺。

鬼抓人訓練

　　這項訓練除了能訓練起跑技巧，也有助於建立競爭意識。開始時先由兩名運動員以雙手撐在胸口邊的姿勢趴在地上（見照片 3.12a），一人的頭緊臨著另一人的腳排成一行。聽到哨聲或指令後，兩名運動員立即快速站起來衝刺 10 碼。前面的人要努力在 10 碼內不被碰到，而後面的人則要努力抓到（或碰觸到）前方的訓練伙伴。

　　你可以注意觀察運動員是如何離地的，從動作中你可以看到脊椎或髖關節活動度的限制，以及快速推蹬地面的能力。你可以跟運動員一起練，但我們發現，如果可能的話，找其他運動員會更好，團練不只有助於激發運動員的訓練熱情，也有助於打破訓練的單調。

【照片 3.12a-b】鬼抓人訓練
理想情況下，你要看到運動員起在跑時，其中一腿快速回到身體正下方，而且此時的軀幹與後腿成一直線，全身處於穩定的平衡狀態，這是一個強而有力的起跑姿勢。

20 碼衝刺跑

　教導短跑技巧時，我們更喜歡用 20 碼的距離，因為這樣運動員比較容易專注在衝刺時的前 10 碼，教練也有更多機會觀察和完善他的起跑技術。起跑姿勢可以依不同運動項目的需求自行調整，對大部分的運動項目來說，站立起跑的應用性最廣；但如果要訓練推蹬離地時身體的協調性與平衡感，田徑短跑比賽中所用的起跑姿勢效果最佳。

　因為該項訓練的重點是技巧，所以趟數要少。兩趟之間的休息時間也最好加長一些。間歇換算的方式是每衝刺跑 1 秒，就增加 1 分鐘的休息時間（例如 20 碼跑 3 秒就休息 3 分鐘）。

　我們要把訓練運動員的重點放在學習對地用力時的感覺上，而且還能在加速前進時維持跑姿。在進行這項練習時，練到很累或動作愈練愈差都表示已經適得其反。那些認為衝刺訓練到最後就是要練到嘔吐或昏倒的教練，完全誤解了加速訓練的目的。

謹記你的目標

上述介紹的這些訓練項目，將是你跑步和跳躍課表的骨幹，尤其是在幫助運動員重新開始訓練時這些訓練特別有用。

記住在整個賽季都要考慮到運動員的實際需求。在你所有的決定背後都應有一個明確的目標，而訓練量、強度、頻率等所有的訓練變數都應基於該目標來設定。

打造金字塔的基礎

當我們重新回顧運動員的發展階層時，不要忘記做功能力與移動效率是構成金字塔的基礎。在訓練剛開始的準備期，你應該把大部分的訓練時間都花在基礎的建設上，其他較高階層的訓練雖不是重點，但也要能維持運動員已有的能力。

當我們從舉重、跑步和跳躍三個大方向展開訓練時，準備期的訓練首重做功能力，接著才是力量、爆發力與速度。

當我們更深入研究典型的課表設計進程時，這個主題將重複出現。

運動員進步時，訓練重點就會轉向更高水平的動作與技巧，初期所強調的能力會減少訓練量；但原則是一樣的，減少並非完全取消，每一項能力在任何階段都要照顧到，差別只在於訓練量的不同。

就算是正處在金字塔頂端為了提升爆發力和速度而訓練的菁英運動員，還是會把複合式訓練或節奏跑當作熱身或維持做功能力的一種方式，也就是說，基礎訓練還是要有，只是訓練量會比入門或進階的運動員來得少。

考慮到這些原則，我們設計了一個包括舉重、跑步和跳躍的「準備期」課表範例。

準備期的四週課表範例

熱身

所有的跑步或跳躍訓練之前都要進行充分熱身，例如以不同的動作移動 30 碼（約 27 公尺），中間穿插有助肌肉啟動的伸展動作約 8 秒。至於熱身的動作與流程有無數種選擇，沒有一定要選哪一種動作，只要能確定運動員在熱身時的動作不局限在單一平面的動作即可，最好矢狀面（sagittal plane）、額狀面（frontal plane）與橫狀面（transverse plane）三個平面的動作都能訓練到。此外，熱身時可以特別注意脊椎、臀部、後大腿和腳踝等常發生問題的部位。

若要提高熱身強度，可以加入 30 碼間歇跑，但速度設定在最高速度的 80% 即可。回程時可以改成倒退跑。不要忘記熱身的目標不僅是啟動與放鬆，也是訓練運動功能、身體意識與控制能力的機會，所以熱身動作的教學也要夠嚴謹。

你可以自行設計跑與跳的組合動作來當作熱身。我們甚至看過有些教練把翻筋斗當作為熱身項目，這需要較佳的身體平衡感與協調性，的確有蠻好的熱身效果，對一些孩子來說並不難。然而，翻筋斗對成年運動員來說可能會很費力，因此不太適合當作熱身。

熱身很重要。你可以這樣想：一週練 4 次，若持續 12 週，每次訓練前都熱身 15 分鐘，總計花了 12 小時熱身。不要浪費改善動作品質的機會。

以下是準備期的四週課表範例：

第一週

第一天（星期一）	第二天（星期二）
(1) 熱身	(1) 熱身
(2) 跳箱訓練：×5	(2) 立定跳遠：×6
(3) 單腿蹲舉：2×6	(3) 馬克操：4×10 碼，由臀踢跑、A-Skip、A-Run 依序進行，這裡是指每個動作都練 10 碼 4 趟。
(4) 複合式訓練：2-3×6	(4) 雙腳蹦跳：3×10 碼
(5) 蹬階：3×5，左腳加右腳；強度：體重的 20%	(5) 鬼抓人：5×10 碼
(6) 肩推：3×6，強度：體重的 45%	(6)20 碼衝刺計時：5×20 碼
(7) 腹部肌群	● 在練衝刺跑時，休息時間的計算方式是：衝刺訓練時間的每 1 秒，都多增加 1 分鐘的休息時間。這會讓運動員有充足的時間恢復衝刺跑所需的身體機能。
(8) 節奏跑：4×100 碼	● 休息時可以先走20 碼，再沿著跑道慢跑20 碼。這有助於降低心率與防止血液匯集一處。
● 根據運動員的體型設定 17、16 或 15 秒。	(7) 伸展
(9) 伸展	

第三天（星期三）	第四天（星期四）
(1) 熱身	(1) 熱身（不定期換動作有助於讓運動員保持新鮮感）
(2) 跳箱訓練：×5	(2) 門柱觸碰：2×10
(3) 單腿蹲舉：2×6	(3) 馬克操：4×10 碼，每個動作都練 4 趟
(4) 複合式訓練：3×6	(4) 雙腳蹦跳：3×10 碼
(5) 蹬階：3×5+5，強度：體重的 20%	(5) 推牆跑：3×7-10 次，每次哨音換腳一次
(6) 臥推：3×6，強度：1RM 的 45%	(6) 節奏跑：8×100 碼
(7) 腹部肌群	● 根據運動員的體型設定 17、16 或 15 秒。
(8) 節奏跑：4×100 碼	● 四趟之後先步行 100 碼再練最後 4 趟
● 根據運動員的體型設定 17、16 或 15 秒。	(7) 走路和慢跑
(9) 伸展	(8) 伸展

第五天（星期五）
(1) 熱身
(2) 跳箱訓練：×5
(3) 單腿蹲舉：2×6
(4) 複合式訓練：2×6
(5) 蹬階：3×5，左腳加右腳，強度：體重的 20%
(6) 肩推：3×6，強度：體重的 45%
(7) 節奏跑：4×100 碼
● 根據運動員的體型設定 17、16 或 15 秒。
(8) 伸展

第二週

第一天（星期一）	第二天（星期二）
(1) 熱身 (2) 跳箱訓練：×5 (3) 單腿蹲舉：2×6 (4) 複合式訓練：3×6 (5) 蹬階：3×5，左腳加右腳；強度：體重的 25% (6) 肩推：3×6，強度：體重的 50% (7) 腹部肌群 (8) 節奏跑：5×100 碼 　● 根據運動員的體型設定 17、16 或 15 秒。 (9) 伸展	(1) 熱身（可以再重新調整動作） (2) 立定跳遠：×7 (3) 馬克操：5×10 碼，每個動作都練 5 趟 (4) 雙腳蹦跳：5×10 碼 (5) 鬼抓人：7×10 碼 (6) 二十碼衝刺計時：6×20 碼 (7) 走路和慢跑 (8) 伸展
第三天（星期三）	**第四天（星期四）**
(1) 熱身 (2) 跳箱訓練：×5 (3) 單腿蹲舉：2×6 (4) 複合式訓練：2×6 (5) 蹬階：3×5，左腳加右腳，強度：體重的 25% (6) 臥推：3×6，強度：1RM 的 50% (7) 腹部肌群 (8) 節奏跑：4×100 碼 　● 根據運動員的體型設定 16、15 或 14 秒（注意：此時的配速已比第一週快 1 秒） (9) 伸展	(1) 熱身（不定期換動作有助於讓運動員保持新鮮感） (2) 門柱觸碰：3×8 (3) 馬克操：5×10 碼，每個動作都練 5 趟 (4) 雙腳蹦跳：4×15 碼 (5) 推牆跑：3×8-10 次 (6) 節奏跑：5×100 碼＋步行 100 碼＋5×100 碼 　● 根據運動員的體型設定 17、16 或 15 秒。 (7) 走路和慢跑 (8) 伸展
第五天（星期五）	
(1) 熱身 (2) 跳箱訓練：×5 (3) 單腿蹲舉：2×6 (4) 複合式訓練：3×6 (5) 蹬階：3×5，左腳加右腳，強度：體重的 25% (6) 肩推：3×6，強度：體重的 50% (7) 腹部肌群 (8) 節奏跑：5×100 碼 　● 根據運動員的體型設定 17、16 或 15 秒 (9) 走路和慢跑 (10) 伸展	

第三週

第一天（星期一）	第二天（星期二）
(1) 熱身	(1) 熱身（可以再重新調整動作）
(2) 跳箱訓練：×5	(2) 立定跳遠：×7
(3) 單腿蹲舉：2×6	(3) 馬克操：5×10 碼，每個動作都練 5 趟
(4) 複合式訓練：4×6	(4) 雙腳蹦跳：5×15 碼
(5) 背蹲舉：3×5，強度：1RM 的 55%	(5) 鬼抓人：7×10 碼
(6) 肩推：3×6，強度：體重的 55%	(6) 十碼衝刺計時：5×10 碼
(7) 腹部肌群	(7) 休息 6-8 分鐘，可以走路、慢跑、伸展或喝水
(8) 節奏跑：5×100 碼	(8) 二十碼衝刺計時：5×20 碼
● 根據運動員的體型設定 17、16 或 15 秒	(9) 走路和慢跑
(9) 走路和慢跑	(10) 伸展
(10) 伸展	

第三天（星期三）	第四天（星期四）
(1) 熱身	(1) 熱身
(2) 跳箱訓練：×5	(2) 火箭跳躍：3×8
(3) 單腿蹲舉：2×6	(3) 馬克操：5×15 碼，每個動作都練 5 趟
(4) 複合式訓練：2×6	(4) 雙腳蹦跳：5×15 碼
(5) 背蹲舉：3×5，強度：1RM 的 55%	(5) 推牆跑：3×8-10 次
(6) 臥推：3×6，強度：1RM 的 55%	(6) 節奏跑：5×100 碼＋步行 100 碼＋5×100 碼
(7) 腹部肌群	● 根據運動員的體型設定 17、16 或 15 秒。
(8) 節奏跑：5×100 碼	(7) 走路和慢跑
● 根據運動員的體型設定 16、15 或 14 秒	(8) 伸展
(9) 走路和慢跑	
(10) 伸展	

第五天（星期五）
(1) 熱身
(2) 跳箱訓練：×5
(3) 單腿蹲舉：2×6
(4) 複合式訓練：3×6
(5) 背蹲舉：3×5，強度：1RM 的 55%
(6) 肩推：3×6，強度：體重的 55%
(7) 腹部肌群
(8) 節奏跑：5×100 碼
● 根據運動員的體型設定 17、16 或 15 秒。
(9) 走路和慢跑
(10) 伸展

第四週

第一天（星期一）	第二天（星期二）
(1) 熱身	(1) 熱身（可以再重新調整動作）
(2) 跳箱訓練：×5	(2) 立定跳遠：×5
(3) 單腿蹲舉：2×6	(3) 馬克操：4×10 碼，每個動作都練 4 趟
(4) 複合式訓練：2×6	(4) 單腳蹦跳：3×10 碼
(5) 背蹲舉：3×5，強度：1RM 的 50%	(5) 鬼抓人：5×10 碼
(6) 肩推：3×6，強度：體重的 45%	(6) 十碼衝刺計時：4×10 碼
(7) 腹部肌群	(7) 休息 5 分鐘
(8) 節奏跑：4×100 碼	(8) 二十碼衝刺計時：4×20 碼
● 根據運動員的體型設定 16、15 或 14 秒。	(9) 走路和慢跑
(9) 走路和慢跑	(10) 伸展
(10) 伸展	

第三天（星期三）	第四天（星期四）
(1) 熱身	(1) 熱身
(2) 跳箱訓練：×5	(2) 火箭跳躍：2×10
(3) 單腿蹲舉：2×6	(3) 單腳蹦跳：3×10 碼
(4) 複合式訓練：2×6	(4) 馬克操：4×10 碼，每個動作都練 4 趟
(5) 背蹲舉：3×5，強度：1RM 的 50%	(5) 推牆跑：3×6，每聲哨音換腳 3 次
(6) 臥推：3×6，強度：1RM 的 45%	(6) 節奏跑：4×100 碼＋步行 100 碼＋ 4×100 碼
(7) 腹部肌群	● 根據運動員的體型設定 16、15 或 14 秒。
(8) 節奏跑：5×60 碼	(7) 走路和慢跑
● 根據運動員的體型設定 7.5-8 秒	(8) 伸展
(9) 走路和慢跑	
(10) 伸展	

第五天（星期五）	
(1) 熱身	
(2) 跳箱訓練：×5	
(3) 單腿蹲舉：2×6	
(4) 複合式訓練：2×6	
(5) 背蹲舉：3×5，強度：1RM 的 50%	
(6) 肩推：3×6，強度：體重的 40%	
(7) 腹部肌群	
(8) 節奏跑：4×100 碼	
● 根據運動員的體型設定 16、15 或 14 秒。	
(9) 走路和慢跑	
(10) 伸展	

符合準備期的目標

如果你的運動員在這四星期的週期結束後已能完成所有的複合式訓練課表並能達到目標的重量與強度（圖表 3.2），那代表他們的身體應該已經準備好進入下個訓練週期了。

如果無法符合準備期的目標負重或反覆次數，該週期的課表可以重複練。再重申一遍：完成並符合準備期的目標是不可妥協的。如果運動員還需要再一週或再一個月才能達標，那就要等到他們達標後才能進入較高強度的主課表中。

剛開始從事力量訓練的年輕運動員，需要長達六個月的時間才能累積足夠的力量基礎。我們曾帶著中學生在季外期完成準備期的訓練後就取得了驚人的成果。反之，如果力量和做功能力的基礎不穩固，造成過度訓練或受傷的風險就會增加。

正如你將看到的，儘管這套訓練系統裡頭已設計了主動恢復與進階流程，但訓練要求還是會對運動員的能力形成負擔，若基礎薄弱將會導致運動員的實力產生裂痕。

----

1. 譯注：海斯曼獎是頒發給美國大學美式足球最佳球員的獎項，於每年 12 月頒發。
2. 譯注：這裡指的「基礎能力」是指上文中提到的活動度、平衡感、力量與人類基本的運動模式，像是舉重、跑步、跳躍等動作。
3. Gray Cook，*Movement: Functional Movement Systems*, pp 90－91, 191－201, 2010, On Target Publications, Aptos, CA
4. 譯注：由此作者簡單說明了所謂的「重量轉移」（weight shift），是指支撐點的轉移，例如在做過頭蹲時，起始動作的體重主要支撐在腳跟，下蹲到照片 3.1 的姿勢時，大部分的體重由後往前轉移到了前腳掌與腳趾。
5. 譯注：相關資訊可參考 http://www.istvanjavorek.com/page2.html
6. 譯注：「hardgainer」是指一個人努力進行健身訓練卻很難長出肌肉；反之，容易長肌肉的健身者就稱為「easygainer」。
7. 譯注：博爾特是目前一百與兩百公尺賽跑的世界紀錄保持人。
8. 譯注：準備期的進階原則整理：1、技術 → 2、做功能力 → 3、技術熟練且不會太累 → 4、增加訓練量。

9. 譯注：A-SKIP 的參考影片 https://www.youtube.com/watch?v=RKmVZe45CJI

10. 譯注：A-RUNS 的參考影片 https://www.youtube.com/watch?v=KpZYyowGxeo

11. 踢臀跑練習的參考影片 https://www.youtube.com/watch?v=rzt1GeT2fDM

12. 推牆跑練習的參考影片：https://youtu.be/bp×3wT2oo0E

13. 譯注：例如你要求運動員 100 碼跑 15 秒，速度是 1.67 碼／秒，那他全力衝刺的速度至少需要再加上 25-30%，也就 100 碼全力衝刺的速度要能跑到 8.33~8.67 碼／秒，換算成時間是 11.5~12 秒之間。如果跑不到，就要把速度訓練的時間再加長。

14. Ortega, DR, et al. Analysis of the vertical ground reaction forces and temporal factors in the landing phase of a countermovement jump. *Journal of Sports Science and Medicine* (2010) 9, 282–287.

15. 譯注：碼標是指美式足球場上的邊線和中間區域都有短線標明每一碼的距離。

Chapter 4
系統化的課表設計

訓練週期的原則

　　這套系統存在連續性。因此不論是替何種年齡、經驗或實力的重訓者調整課表變數，基本的原則仍然適用。你可以在數週、數月、數季或至數年中持續推動這些原則或是回歸到基本，以滿足不同項目、不同實力的運動員需求。

　　一旦我們確立了核心原則以及調整訓練變數的應用方式，就可以了解如何轉移課表重心，使所有不同訓練階段的運動員都能獲得最佳的進步。

　　然而，訓練計畫就好比一本書，在為運動員「寫訓練書」之前，我們要先來學習這本書裡的「句子」該如何寫。

　　在不同運動員群體中應用週期化的模型或訓練系統時，我們看到最關鍵的錯誤是目標沒有個人化，大部分的教練沒有根據運動員的經驗、訓練年齡或能力設定不同的目標。因此我們在設計課表前，首先要設定個人化目標，接著要學習如何有效地操控變數以達到特定的目標。有太多年輕運動員在身體還沒準備好或尚未學會舉重動作（特別是奧林匹克舉重動作）之前，就被要求開始在槓鈴下負重訓練。

　　世上並不存在隨插即用又可持續進步的課表；在較長的時間段裡（像是 8 或 12 週以上），也不存在一種增加強度與訓練量的固定漸進模式。沒有課表可以一套用到底，然而蘇聯的這套方法與原則可以做得到，因為我們分享的不是固定的訓練模式或課表，而是一套具有應變能力的系統。你可以用這套系統把運動員從最初級的徒手訓練一直帶到大學或職業等級，而無須大幅改動整個訓練計畫。

本系統採用以四週為單位的訓練週期，並遵循波動模式來調整週期的訓練量和強度。波動模式提供不斷變化的訓練刺激以及主動恢復機制，故能幫助運動員持續取得訓練成效。採用線性或區塊模型的重量訓練主要是針對特定目的進行激烈且持續性的施壓，所以與其用這類模型，不如採用波動的訓練量和強度，同時刺激高水平運動員所需的各種身體素質。

　　描述我們這套系統最好的方法是把它看成一種制衡系統，在它幫助你發展力量、爆發力與速度的同時，也能滿足高強度訓練的恢復需求。如果每四週的訓練課表都是在前一個月的基礎上設計出來的，那麼運動員就有能力將訓練時長延伸到整個賽季，而不會出現其他方法經常造成的體力崩潰或過度訓練等問題。

　　從宏觀的角度來看，我們的系統看起來跟大多數週期化訓練模式稍有不同，我們在季外期間的訓練量和強度是漸進式增加的，其他大多數課表則剛好相反。

　　這種方式讓運動員能在季外期逐步建立做功能力和對強度的適應性，並使他們能在緊接而來的賽季中繼續提高訓練強度。

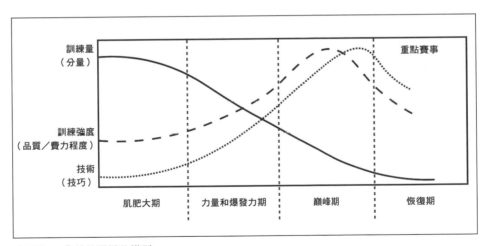

【圖表 4.1】線性週期化模型

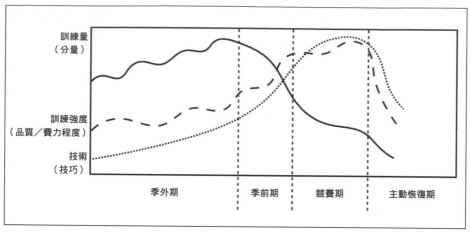

【圖表 4.2】本系統的波動週期化模型

　　若每個中週期為四週，季外期（off-season）最好由三個中週期組成，季前期（preseason）只需一個中週期。在每個為期 4 週的訓練週期中，訓練量每週都會波動，訓練強度也會在這一個月內以波動方式調整。

　　隨著運動員的成長，最終的目標是逐漸加重負荷，使他們能應付更高的訓練量與強度。系統中的每個週期都會內建減量期，即減輕訓練強度和訓練量讓身體有時間恢復。

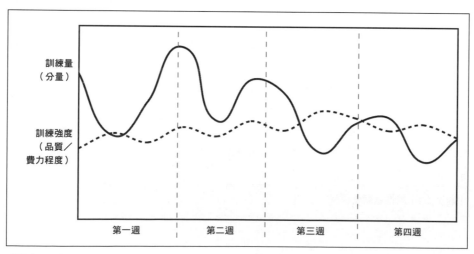

【圖表 4.3】四週課表範例

做功能力、爆發力、力量和速度這每一種身體能力，都要在整個訓練季度中（包括季外期、季前期和賽季中）進行訓練。至於何時該練哪一種能力，我們是根據賽季的時間、運動項目或運動員個人重視程度的差異來調整，不同的能力在不同時期受到重視的程度也一直在變化。

　　正如圖表 1.1 維梅爾教練力量階層談到的所有能力，它們都要練，只是每一種能力所需的訓練量和時間要根據現實情況來拿捏。在每個特定的訓練週期中，應該會選定某一個能力當作最優先的訓練重點，其他的能力也會練，但相對是次要的。

　　問題是如何為每個運動員分配時間。你可以想像在每個訓練週期中要分配一百個點數，再把這些點數分配到做功能力、力量、爆發力與速度上，而且訓練的動作不只有舉重，還要包括跑步與跳躍。你要決定把主要的訓練時數花在哪裡，以及這一年當中最重要的是什麼。

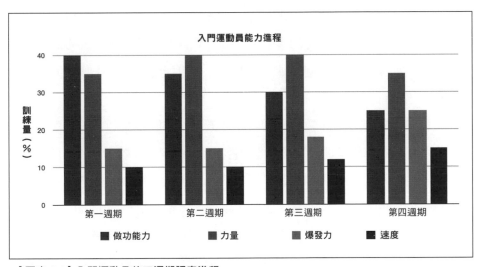

【圖表 4.4】入門運動員的四週期課表進程

對入門運動員來說，訓練剛開始時也許可以分配四十點給做功能力，三十五點給力量訓練，十五點給爆發力訓練，十點給速度訓練。當訓練來到中後期，某些做功能力的點數可以轉移給力量、爆發力或速度（看當時哪種能力比較重要）。

你仍須限制總訓練量（總點數），使課表能夠符合運動員當前的水準。

很多選擇都是通過教練之眼來決定，關於這點我們會再深入討論。

在整個過程中，你要明白力量教練所做的是一種結合科學與藝術的工作。科學要求的是認識事物運作的原理。如果你知道訓練背後的原理，就會知道如何進步。

如果你選擇使用這份課表卻不知道為什麼這樣練會有效，那只是你運氣好。當你想著「太棒了，我的運動員一直進步！」時，你要捫心自問「接下來我要怎麼做？」如果你不知道之前是怎麼進步的，也不知道這樣的課表為什麼會有用，你也不會知道怎麼調整課表才能讓運動員繼續進步下去。這就是科學的重要性。

至於訓練的藝術是指一些需要考慮不同現實情況的問題，以蹲舉這個動作為例，我們都知道蹲舉很重要，所以要練習蹲舉。但現在問題是我們應該先練前蹲舉、背蹲舉還是分腿蹲？該從多少重量開始蹲？每組蹲幾下？蹲幾組？該怎麼教好這個動作？

這些問題很少有清楚、明確的答案，你的思考過程必須考慮到許多因數。這就是訓練的藝術性。如果你問五十個教練這些問題，你可能會得到五十種不同的答案，而且並非所有的答案都適合你當前的情況。

在力量與體能訓練領域，教練最需要在藝術上花時間和精力去培養與完善。要分辨普通教練和菁英教練的差別，就是看他能否在訓練的科學與藝術素養之間取得平衡。

比較保險的做法是先為動作規劃好固定的反覆次數、組數，並把各週期的長度都定好，不論該週期的目標是練力量、肌肥大或速度，都先把相應的強度和訓練量以科學化的原則計算出來。乍看之下，這種課表的設計方式似乎很科學。當大多數教練都不熟悉波動週期化模型的強度和訓練量該如何調整時，給定標準答案的方法看起來很有效率。

這是可以理解的，標準化的做法肯定能帶來某種程度的正面效果，但它也將限制

你未來的決定與進步空間。短時間內，你也許可以選擇這種比較安全的道路，但如果不知變通，將來問題可就大了。

我們接下來將一一說明，首先我們要從本書第一章「本訓練系統的基礎」中提到的每一個訓練變數談起。只要你能理解並體會到週期化力量與爆發力訓練計畫的核心設計原則及其應用基礎，你會發現這套系統是有機的，它將持續成長與發展，不只如此，它還能幫助你持續產出新的內容，比你從這本書學到的還多。

關鍵訓練動作及其變化式

在動作選擇上最重要的是，以能夠產生爆發力的全身性動作為主。

我們在重訓室的幾十年中已經見識過近千種不同的訓練動作和變化式，這些不同的變化是為了訓練不同的肌肉、改善失衡的體態、強化身體的控制或解決其他問題。

無論是在過去或現在，最強壯與最有實力的運動員透過飲食控制與相同的舉重基本動作達到了他們體能的巔峰。他們做的動作不外乎是「蹲」、「推」、「拉」與其他「奧林匹克式舉重動作」的變化式。

這些動作簡單有效，經得起時間的考驗。

問題是，現在有許多訓練課表卻犧牲了這些基本動作，而用更多標新立異的動作取代，使得課表沒有重點。現在，你在重訓室裡只能找到極少數人可以正確地完成這些基本動作，更令人感到遺憾的是，這樣的情形愈來愈多。

下面是重量訓練基本動作的簡單分類與整理：

● **蹲舉—**

背蹲舉（back squat）、前蹲舉（front squat）……

● **爆發力動作—**

上膊（clean）、挺舉（jerks）、抓舉（snatch）……

- **推舉動作—**

  臥推（bench press）、肩推（military press）、借力推（push-press）……

- **高拉動作—**

  上膊或抓舉的高拉動作……

- **後側動力鏈的訓練動作—**

  羅馬尼亞硬舉、俯臥挺身（hyperextension）、俯臥直腿上擺（reverse hyperextension）、早安體前屈（good morning）、六角槓硬舉（Trap Bar Deadlift）……

那麼簡單的動作可能會讓你感到選擇嚴重受限——這也許會引發焦慮——然而你必須了解，學習如何為運動員設計課表跟學習如何閱讀沒什麼不同。學習閱讀英文時，你會從字母開始，然後學單字，最後學習句子，此後你才開始起飛。所有的文章都是從最簡單的二十六個字母組成的。因此，我們的目標是先把單字學好，而上述五大類動作就是力量訓練最基本的元素。

你可以把上述的分類與動作視為「關鍵少數」，其中當然還有空間可以新增其他動作，像是划船、引體向上或腹部訓練；然而，這些訓練只能占整份課表的一小部分。先把動作的選擇限制在狹小的範圍內，能提高運動員的動作品質以及教練之眼的敏銳度。這並不是要你犧牲動作的多樣性，但你得知道訓練應該是先用簡單的動作變強，再用複雜的動作變強。

我們用舉重的原則來增強運動能力並培養出更好的運動員，並不是因為我們想讓全部的運動員都變成頂尖的舉重選手，而是透過槓鈴、奧林匹克式舉重動作和全身性爆發力訓練來創造出強大的運動員。

我們向高斯汀教練學到最重要的一課是：「在把訓練內容轉移到爆發力與運動表現上，動作選擇扮演了相對重要的角色。」所以當他問我們什麼動作對爆發力的輸出最有幫助時，我們都一致同意是蹲舉和上膊，只要談及下半身和軀幹的力量與爆發力

訓練，這兩個動作是我們心中最優先的選項。

如果你是一個拳擊手，那就試試坐在地上揮拳，看你的拳頭能產生多大的力量；如果你是鉛球選手，坐在地上試看看你能把鉛球擲多遠；如果你是棒球投手，看看你在沒有腿部參與的情況下能投出多快的球速。所有陸上運動的動作肯定都要把力量從身體傳進地面。當運動員的下半身缺乏力量或是向地面傳遞力量的能力不足時，運動表現一定好不到哪去。

高斯汀教練建議：如果蹲舉和上膊對運動員的表現如此重要，絕大部分的訓練量都應該投入這兩個動作。我們彼此都很認同。顯然，我們應該把大部分的訓練時間花在對表現有最大效益的動作上。

不幸的是，當他第一次分析我們的課表時，「推舉」的相關動作就占了我們總訓練量的百分之四十以上，上膊和蹲舉則練得很少。那時我們才認清自己的決定與現實脫節，也成為我們重新檢討的機會。

我們記取教訓，並針對全身性力量和爆發力訓練的相對重要性，排定動作選擇的優先順序如下：

蹲舉→上膊→推舉→高拉→抓舉→挺舉→後側動力鏈訓練動作

這樣的排序同樣是基於相對重要性，而非絕對。正如我們隨後在課表設計中會看到的，不同等級的運動員以及不同時期的訓練，都會改變動作的優先順序。總之，最重要的訓練動作是蹲舉跟上膊，它們是發展全身性力量與爆發力的關鍵動作，至於推、拉、硬舉與奧林匹克式舉重也要練，但它們是「相對」次要的。

現在，你可能會想到其他的訓練動作比我們建議的還來得重要，在爭議開始之前，請先了解我們建議的動作選擇順序是基於我們過去的經驗，當然會有例外，尤其是剛接觸訓練的新手就需要視情況調整。

新手的信心和基礎力量必須先在蹲舉、推舉與後側動力鏈的力量訓練動作之中建立起來，先把全身力量與穩定度的基礎打好，運動員的身體才能準備好面對更高強度的奧林匹克式舉重訓練。

蹲舉、推舉與髖鉸鍊動作是最先要加強的，如果運動員無法控制這些簡單的動作，技術難度與複雜度更高的動作一定會做不好，尤其在加上重量後就會立即垮掉。

你仍然可以用上膊、上拉與抓舉來訓練爆發力與技術。然而，在許多情況下，新手的課表中不會安排挺舉，因為挺舉對穩定性的要求很高，且需要全身互相協調、一起加速，要將動作做得正確需要非常高的技術。

在過頭負重的姿勢下訓練對力量和協調性的發展幫助很大，但因為重量在頭頂，所以訓練風險較高，一開始可以先選擇較簡單的動作盡量減少意外發生，像是肩推和借力推。你會看到很多教練在準備期之初都會安排輕負荷的複合式訓練，主要就是為了發展技術和全身性力量。

奧林匹克式舉重動作的爭議

近年來，隨著人們愈來愈重視力量訓練中的安全性以及所謂的「專項力量」訓練，奧林匹克式舉重動作已不再受到許多力量教練的青睞。主要的理由是，如果運動員不是要參加奧林匹克舉重比賽，還有其他更好的爆發力訓練動作可以選，不僅更容易轉化為運動賽場上的成績，也不用移動那麼大的重量，所以對身體的壓力與風險會低很多。

為了避開風險，許多擲藥球或更有創意的動作已經在許多運動團隊的力量課表中取代了上膊、抓舉和挺舉。這在我們看來有點本末倒置，原本的動作向來都能培養出世界上最強、最具爆發力運動員，現在卻要將它們完全捨棄，實在太過極端。

我們要了解，奧林匹克式舉重動作的主要目的是藉由「大範圍的動作」（特別是下肢）在全身產生最大的爆發力。

分別從專攻奧林匹克式舉重的選手和特別注重專項力量訓練的選手的訓練課表來看，最常發現的不同是，舉重選手是透過大範圍且快速的動作來訓練下肢；換言之，後者的動作幅度通常比較小。很多教練出於善意，使用了許多替代舉重的練習動作，但這些練習並沒有辦法達到舉重動作所需的柔韌性、協調性與力量輸出。

【照片 4.1】使用奧林匹克式舉重

使用奧林匹克式舉重動作可以訓練到關節在較大屈曲幅度時的爆發力和穩定度，那也是身體在賽場上可能會碰到的幅度。[1]

　　一位運動員在進行完整的抓舉、挺舉時，如果進步太快或是沒有經過正確的指導义加上大重量，的確會導致受傷。但所有的訓練動作都是這樣，只要進階太快、操作不當或重量太重都會受傷，所以問題不在動作，而是教練沒讓運動員準備好。

　　像美式足球或籃球等運動的動作幅度很大，執行時需要高度的柔軟度與力量；在提升這些能力的效率上，奧林匹克式舉重動作會比擲藥球的訓練更高。這些動作並不危險，只要你能先評估運動員的身體是否有能力安全完成，事先對舉重動作進行規劃與指導，以及循序漸近地增加重量和動作難度，很多顧慮就會自然消失。

　　當你能有效且適當地進行奧林匹克式舉重訓練，你會發現它的好處遠遠大於缺點。

爆發力的重要性

一開始先別進行大量且高強度的奧林匹克式舉重訓練，最好先等到運動員至少已經練了幾年之後才能大量地練。如果他們在早期要發展爆發力，可在運動員學習和改善舉重動作時先進行「跳躍」與「增強式訓練」。

無論什麼動作，練熟了動作的技術之後，接下來要提升的就是「速度」。雖然體育界很重視力量和肌肥大，但力量所表現出來的速度才是真正分出運動員實力差異的關鍵所在。

在健力比賽中，目標並不是動作的速度，而是舉得更重，不管花多長時間，比賽結果只看重量。但在美式足球場上，最強壯的線鋒球員若不能迅速將力量轉化為控制對手防守球員的能力，就不能算是成功的進攻組球員。同理，一位能肩推數百磅重的鉛球選手如果不能用全身的力量加速擲出鉛球，他也將無法把獎牌帶回家。

爆發力和速度位於運動員能力金字塔的頂端，教練應善加利用每一個機會來訓練運動員的速度和加速度。

當運動員以他最快的速度移動槓鈴時，有部分的肌肉處在可控的離心收縮期，也有部分肌肉進行向心收縮，這種訓練方式能徵召到最大、最強的肌纖維和運動神經元，故可同時訓練到肌肉與神經系統。

想要最大的運動神經元參與動作，舉起的重量或速度至少要達到一定的強度，那大約是肌肉收縮最大力量的 50%。我們無法設定一個標準的負重，不同的負重都有可能在更高的速度下加大功率輸出並形成上述的效應。

抓舉與上膊的最大功率輸出通常發生在 1RM 的 70~85% 之間，這是蘇聯教練在幾十年的經驗中學到的。刺激那些較大的運動神經元能使身體快速輸出力量，是運動員在賽場上致勝所需的能力。

柏林圍牆倒塌前，我們在科羅拉多泉（Colorado Springs）的奧林匹克訓練中心看著蘇聯的運動員打敗美國選手，實在令人難以置信。他們展現了極為高超的舉重速度

與技巧，槓鈴就像是從地面直接跳到他們的頭頂，加速時看不到任何多餘的動作。

透過觀察他們在其他活動中所展現出的爆發力與流暢性，我們都很明白他們的力量已確實轉換成實際的運動表現。從那時開始，要求運動員在他能力所及之內加快槓鈴的移動速度成為我們訓練時強調的重點，

如果訓練時選手的速度是慢的，上場後就會是慢的；如果訓練時是快的，場上的速度才會快。

力量動作

蹲舉變化式：背蹲舉、前蹲舉、分腿蹲

把下蹲當作人類最基本的動作模式應該沒什麼爭議。在體能與力量訓練的領域裡，蹲舉向來是很重要的訓練，它不僅可以訓練到整個身體的力量和穩定度，也有刺激肌肥大的效果，應該沒有任何動作的訓練效益比蹲舉更好。

談到蹲舉的價值，就像把石頭扔進池塘裡，入水處激起水花，接著形成漣漪向外延伸到整個水面。

很相似地，雖然蹲舉主要訓練的是腿部和臀部的力量，但由下向上延伸到整個軀幹甚至到手臂，幾乎全身都要參與穩定與舉起負重的工作。一九七〇年代一直備受爭議的亞瑟・瓊斯（Arthur Jones）聲稱，他並沒有特別加強學員上肢力量，他們的手臂肌肉變大和力量進步，只是大重量蹲舉後的附加效果而已。

除了少數特別強調肌肉力量和穩定度的運動項目之外，幾乎每一種團隊運動都是以下半身為主。匹茲堡鋼人隊前總教練查克・諾爾（Chuck Knoll）曾將他的球員依照強壯的部位不同，分為「上半身」球員和「下半身」球員。最好的選手幾乎總是來自「下半身」球員。

再者，負重蹲舉能提高軀幹、骨盆和臀部之間的穩定性，也就能明白為什麼蹲舉

【照片 4.2】背蹲舉
具有不同的身體結構的運動員在進行背蹲舉時，腳掌的位置也需要調整。蹲舉時，雙腳站立的
寬度應該要調整到可以在維持姿勢的情況下蹲到最大深度。所以沒有一體適用的標準蹲舉姿勢。

會被當作所有競技運動項目的基礎訓練。

　　在準備期階段，我們特別強調單腿蹲和過頭蹲的重要性，這兩個動作是重要的檢測工具，此外這些動作將繼續被我們用在熱身和訓練上。

　　然而，哪種「蹲」最好？我們可以選擇背蹲舉、前蹲舉、分腿蹲以及多種蘇聯或保加利亞的下蹲變化式。每種動作都有自己的支持者和反對者，有優點也有缺點，它們在全方位的訓練計畫中也都有自己的一席之地。

　　實際上，最好的訓練動作是指運動員有能力執行又能有效滿足當前需求的動作。在選擇特定的訓練動作時，之前用來評估運動員實力的所有指標以及教練的感受與教學能力都要考慮進去。

　　就本書提及的所有能力來說，我們認為背蹲舉排在第一位。背蹲舉在力量開發與肌肉成長方面的效果很卓越，主要是因為雙腳都撐地且重量壓在背上，所以這個動作可以承受更大的負重。訓練初期在選擇基本動作時，背蹲舉一直是我們的預設選項。

首先，在運動員的扛起槓鈴之前，我們需要先考慮這個人是否已能在無負重的情況下順利完成背蹲舉，以及是否有什麼健康上的理由需要換一個更加適合他的動作。如果沒有，徒手深蹲也做得很好，背蹲舉絕對是基礎力量訓練動作中的最佳選擇。

　　在選擇背蹲舉之前，還要先了解這個動作可能的風險。它對腰椎的壓力比較大，若運動員的身體狀況不佳或活動度不足，則會在他們的椎間盤形成剪應力。我們的目標是訓練出「無痛」與「更強」的運動員。如果一個運動員曾因椎間盤突出而引起下背問題，背蹲舉可能會跟我們的目標背道而馳。在這種情況下，「前蹲舉」或「分腿蹲」可能會是更好的選項，因為這兩個動作在下蹲時可使軀幹保持在更為直立的姿勢，雖然這樣的調整仍有爭議（有些人認為只要指導正確並加強背部訓練，幾乎每位運動員都可以練背蹲舉）。

　　幫助我們的運動員打造力量與建立信心，一直是我們始終不變的訓練重點。對於一位成長中的運動員來說，沒有什麼比在槓鈴上穩定增加槓片能更快建立信心了。

【照片 4.3】前蹲舉
在蹲到最低位時，前蹲舉的上半身跟背蹲舉比起來更為挺立，所以特別能夠減少腰椎的剪應力。

前蹲舉是我們最常使用的第二種蹲舉變化式，因為它與跟奧林匹克式舉重很速配，也能提供股四頭肌更好的訓練效果。雖然這個動作是減少腰椎壓力的更好選擇，但前蹲舉對肩膀和脊椎活動度的需求更高，如果活動度不足，就無法練好這個動作。

如果運動員有髕骨痛或髕骨肌腱炎（patellar tendonitis）的病史，由於前蹲舉會對股四頭肌和膝關節造成更大的壓力，可能會對關節或肌腱造成刺激，因此最好改用小腿姿勢更垂直的背蹲舉，對這類運動員比較有幫助。

在過去十年，單腿訓練在體能與力量訓練領域愈來愈流行，尤其在「運動專項力量」的訓練中更是受到重視。因為單腿訓練既可以減輕下背的壓力，亦能矯正左右力量不平衡的情況，又能挑戰運動員的平衡感和協調性，某些力量訓練的課表已經完全捨棄標準的槓鈴蹲舉動作。

單腿訓練在長期規劃的課表中肯定占有一席之地，但也並非沒有缺點。在進行分腿蹲或單腿訓練時，旋轉的骨盆會增加剪應力，所以有薦髂關節問題的運動員通常不會在這類的訓練反應太好。

除此之外，因為分腿或單腿動作對協調性和平衡感的要求非常高，所以負重之後很難支撐太久。換句話說，單腿的訓練很難增加重量。因此若只把注意力集中在特定訓練動作類別，而忽略雙腿或其他傳統的力量動作，或忽略運動員的病史或能力，不只運動員的需求無法被滿足，也將摩擦出許多問題。

進行蹲舉及其變化式的各種訓練時，重點是確保運動員能在最佳力學機制的動作中盡可能蹲到最低位置。只要沒有阻礙他們往下蹲的因素，就要盡量蹲。

過往的證據顯示，深蹲時，膝關節韌帶的壓力顯著增加[2]，這導致許多人對深蹲反應過度，某些情況甚至完全禁止蹲那麼低。不幸的是，已有更多的證據反對深蹲的危險性，但這種恐懼卻持續存在。

阿爾伯塔大學（University of Alberta）的研究表明，當負重與下蹲深度增加，小腿與腳踝附近肌肉組織所測到的肌電圖（EMG）和相對肌肉費力程度（RME）較大。[3]

對股四頭肌而言，RME 的增加跟下蹲深度的相關性更高，而非負荷；而且我們

【照片 4.4a~d】分腿蹲

在指導舉重動作時，不論動作為何，都要從各個角度進行觀察，才不會漏掉運動員的代償動作。
代償有可能是骨盆旋轉或重量過度轉移到其中一側所造成。

已經看到，如果技術很好，蹲舉與其他伸膝運動訓練設備相比，關節應力較不顯著。
如果運動員的身體能夠處理，為何要避免這個最有益肌肉刺激的訓練呢？從我們不斷
獲得的新證據可見，如果運動員能夠以良好的姿勢舉起重量，蹲到底跟蹲到大腿與地
面平行相比，前者並不會對運動員身體形成更大的危害。[4]

　　選擇正確的訓練動作和劑量所面臨的挑戰比較無法用科學的方式決定，那是教
練的藝術。沒有一本烹飪書是特別為某位運動員而寫，同理，我們想分享的是原則，
而訓練內容應該隨機應變。比如說，有位運動員的深蹲動作很糟，我們應該在第一天
就讓他練深蹲嗎？絕對不會。如果他們的狀況不佳，我們會讓他們練槓鈴嗎？也許不
會，要看情況。

無論運動員處於哪個訓練階段，教練的工作都是從簡單的動作開始教起，慢慢進階到複雜的動作，這樣可以不斷挑戰他們的能力，確保他們能持續進步。

　　太多教練急於在槓鈴上加重，但如果他們無法在輕負荷下掌握動作，加重之後就更掌握不了；同樣地，如果簡單的基本動作沒練熟，進階的複雜動作就永遠練不起來。

　　你可以參考圖表 4.5 的簡易教學路徑，了解蹲舉的初階動作與進階方式。

背蹲舉	前蹲舉	單腿蹲及其變化式
靠牆蹲：牆與背之間夾一顆球可輔助下蹲 ↓ 過頭蹲：手撐木棍加外部輔助支撐 ↓ 過頭蹲：手撐木棍 ↓ 過頭蹲：手撐槓鈴 ↓ 背蹲舉	高腳杯深蹲 ↓ 前蹲舉	單腿蹲：向下坐到板凳 ↓ 單腿蹲：從板凳上站起 ↓ 分腿蹲 ↓ 後腳抬高蹲 ↓ 負重蹬階 ↓ 弓步及其變化式 ↓ 弓步行走

【圖表 4.5】蹲舉動作的進階路徑

教練之眼

　　教練在指導蹲舉動作時，最大的挑戰是讓運動員「維持軀幹挺直」，尤其前蹲舉的動作挑戰更大。知名教練丹‧約翰（Dan John）把高腳杯深蹲（goblet squat）發揚光大，這個動作可用啞鈴或壺鈴來練習，很能幫助運動員學習如何在維直軀幹挺直的姿勢下使用腿部力量來舉起重量。當高腳杯深蹲的動作能以扎實的動作負重 45 磅（20.4 公斤），就可以開始換成槓鈴，因為此時的運動員應該已經熟悉重量在前的蹲舉動作是什麼感覺了。

推舉：過頭推、臥推、斜上推、借力推

　　基礎力量訓練動作的目標是訓練身體把力量傳遞到地面，並透過地面快速轉移重量。「推舉」則是基礎力量訓練中的另外一類動作。

【照片 4.5a~f】過頭推
執行過頭推時，胸椎和肩膀的靈活度和穩定度至關重要，有了它們才能避免過度後仰，也才能以強而有力的姿勢完成動作並使手臂與槓鈴對齊耳際線。當運動員駝背或身體太緊繃，動作會變成站姿的斜上推，在姿勢不良下推舉反而會增加受傷的風險。

一提到推舉的動作，大部分美國的力量教練會想到的是「臥推」。這可能要怪NFL的聯合訓練營，因為臥推是推舉測驗中唯一的動作。此外，健美的傳統也是以臥推為主，所以全世界的健身房和重訓室裡都有臥推椅，臥推椅上也絕對少不了訓練者的身影，不少人在臥推動作上投入大量的時間和精力。

雖然臥推在發展推舉的力量方面有其重要性，但就運動表現與全身性力量而言，「過頭推」的價值可要高得多。因此，過頭推才是我們設計課表中的主要動作。

過頭推需要肩膀、軀幹和臀部的前側與後側皆具有相當的穩定度，才能維持中立姿勢與動作效率。如果有一位運動員能以完善的技巧與強而有力的動作完成肩推（military press），通常也代表他的全身力量都很強壯。

因此入門運動員在力量發展的初期階段，與過頭推相近的動作訓練量要夠高。這麼做能在強化身體與肩帶的同時，也為之後的奧林匹克式舉重動作（抓舉與挺舉）做好準備。

隨著肩推的動作愈加熟練與開始增加重量後，動作可以進階到「借力推」，這可以當作其他爆發力訓練的鋪墊。

借力推是在下半身的幫助下把槓鈴往上推，有點像是一種作弊的推舉動作。雖然借力推可以舉起更大的重量，但運動員一開始最好還是先以扎實的肩推訓練當作基礎，因為在基礎薄弱的動作中貿然加快速度和加大重量，絕對是悲劇的組合。也就是說，運動員應該要先能做到接近完美的舉重過頭姿勢——軀幹挺直且手臂與耳朵對齊——才能嘗試借力推。

只要情況允許，教練應在課表中安排「站姿推舉」的動作，因為在站姿向上舉重時，會自然連結上半身與下半身。有時為了更大的力量和肌肥大的效果，你可能會想改變身上的壓力或訓練方式，這時斜上推和臥推是不錯的選擇。在一份課表中，臥推有其特殊價值，跟背蹲舉一樣，臥推能負載更大的重量，所以更能增加上半身的力量和肌肥大，但對大部分的運動員來說，臥推卻遠非最理想的訓練動作。

【照片 4.6a~d】借力推

這個動作是借用腿部的力量,順勢把重量推舉過頭。跟過頭推比起來,借力推可以舉起更大的重量,也算是一種爆發力訓練動作。

一名NFL球探曾告訴我們,早期的NFL聯合訓練營之所以選臥推當作測試項目,主要是為了用來辨別哪些人是最認真訓練的球員。他們認為臥推很強的球員一定也投入很多時間訓練才能練出那種力量。他們相信這種球員可以把同樣的訓練精神用於提升運動表現。然而臥推好像慢慢變成推舉動作的主角,運動員們在臥推椅上花了大量的時間,追求更多的反覆次數或更大的重量,反倒犧牲了其他更有效率的訓練動作。

當你在課表中安排了斜上推或臥推時,這種讓運動員背部有支撐的訓練,等同於是把他們從「運動員姿勢」中抽離出來。除非運動員的專項動作本來就需要躺下或是要把重量推離胸口,否則臥推對全身力量和運動表現的幫助有限。這就是為什麼我們要一再提醒訓練的目標是發展全身性力量和爆發力,而不是為了讓 NFL 聯合訓練營

的球探佩服你的臥推有多強。雖然我們還是會在課表中安排斜上推或臥推，但他們只是輔助性的訓練，切勿反客為主。

教練之眼

在進行任何過頭推的訓練時，要注意不要太往後仰或過度伸展脊椎。會發生這些情況的最常見理由是，肩膀或脊椎的活動度受到限制，進而限制了運動員在頭頂伸直手臂的能力。

你的目標是看到運動員的手臂能在頭頂伸直且靠近耳朵。如果手伸不直或無法靠近耳朵，就需要多花點時間來改善活動度上的不足。如果運動員在過頭的推舉動作上有所限制，你可以提醒他在槓鈴推到眼睛的高度時收下巴，幅度不用太大就有助於限制軀幹過度伸展的代償姿勢。收下巴的動作很小，下巴不用碰到胸口。下巴往下縮時，槓鈴必須同時向上推。

過頭推	臥推	斜上推
肩推 ↓ 啞鈴肩推：可單手分開交換練 ↓ 借力推 ↓ 啞鈴借力推：可單手分開交換練 ↓ 挺舉	伏地挺身 ↓ 槓鈴臥推 ↓ 啞鈴臥推	下斜伏地挺身 ↓ 槓鈴斜上推 ↓ 啞鈴斜上推 ↓ 地雷管推舉

【圖表 4.6】推舉動作教學的進階路徑

後側動力鏈

後側動力鏈在過去十年受到高度關注，主要是因為它對避免受傷、姿勢控制和運動表現都有實質的幫助。這種關注當之無愧，因為身體後側的臀部、後大腿和下背部的力量與穩定度會直接影響到運動員的推進力以及軀幹、骨盆與腿部的動態控制能力。

我們會特別訓練後側動力鏈，但總訓練量會比其他動作來得少。這主要是因為其他基礎力量動作也會練到後側動力鏈的相關肌群，若再加上更多的訓練量，可能會導致過度使用的運動傷害。

但剛入門的訓練新手則是例外，他們需要投入更高比例的訓練量在後側動力鏈上，才能先把臀部與脊柱附近的肌肉組織練起來，打下穩固基礎。具體來說，新手或任何一位即將要進行奧林匹克式舉重的運動員，都應該要能在手持負重 45 磅（20.4 公斤）的情況完成 12 次的俯臥挺身（俗稱背挺舉），而且還要能重複 3 組。這也可以當作入門運動員後側鏈力量的檢測標準。

如果無法達到這個目標，你應該加強訓練，每週安排 2 次俯臥挺身，每組反覆 12~20 次。下背部的肌肉組織通常張力較大，屬於高密度的耐力型慢縮肌。

【照片 4.7a~b】羅馬尼亞式硬舉
在每一份有意發展下背與骨盆力量與穩定度的訓練課表中，幾乎都會安排羅馬尼亞式硬舉。

我們的目標是在開始增加更多爆發力訓練之前，藉著大劑量的後側動力鏈訓練使豎脊肌變得更強壯。

進階和菁英運動員比較不會投入大量時間在後側動力鏈的訓練上，其實是有原因的。硬舉對中樞神經系統的要求很高，同樣是大重量的訓練，硬舉的恢復時間比一般動作來得長。但隨著上膊和奧林匹克式舉重訓練量的增加，髖關節鉸鏈的動作將更被人們重視。

【照片 4.8】六角槓硬舉
運動員使用六角槓練硬舉時，會比標準槓的身體更直立，因此可以減少下背的壓力。

近年來，我們所做的一項轉變是開始用六角槓進行硬舉訓練，訓練量甚至已超過了標準槓鈴的硬舉。研究表明，六角槓硬舉的爆發力訓練效果比標準槓還好[5]，而且使用六角槓練硬舉時，姿勢較為直立，所以可以減輕下背的壓力。

大量的羅馬尼亞式硬舉、俯臥起跪（glute-ham raise）、俯臥挺身（hyperextensions）與俯臥直腿上擺（reverse hyperextensions）等訓練將大幅增加後大腿與下背的工作量。其中，「俯臥起跪」這個動作在強化後大腿離心肌力、屈膝與髖伸方面特別有效，若想要避免膕繩肌的緊繃，它是必要的訓練動作。

【照片 4.9a~c】俯臥起跪
俯臥起跪對離心肌力與整個後側動力鏈的發展來說是極佳的訓練動作。

六角槓硬舉	羅馬尼亞式硬舉 & 早安體前屈	俯臥起跪	俯臥挺身 & 俯臥直腿上擺
壺鈴硬舉 ↓ 六角槓硬舉：箱上拉 ↓ 六角槓硬舉：地上拉	髖關節鉸鏈動作：手持木棒進行 ↓ 羅馬尼亞式硬舉：槓鈴靠近膝蓋 ↓ 羅馬尼亞式硬舉：槓鈴低於膝蓋 ↓ 早安體前屈	腳跟滑動（heel slide）：離心動作 ↓ 俯臥起跪：強調離心動作（在地上進行，向下落地時動作要慢，先練肌肥大） ↓ 俯臥起跪：強調挺起	在地板執行 ↓ 增加活動空間，在羅馬椅或桌上執行 ↓ 增加負重

【圖表 4.7】後側動力鏈訓練的進階路徑

爆發力動作

高拉：上膊或抓舉的高拉動作

雖然高拉（pulls）也屬於基礎力量訓練動作，但我們的定義跟很多教練不同。[6]高拉在這邊是指上膊或抓舉中向上拉的動作，並不是指划船或練背部的動作。划船或其他水平拉的動作在輔助性質的訓練中占有重要地位，但基礎力量的主要訓練重心是力量與爆發力，所以才會特別強調含有爆發力性質的高拉動作。

高拉可以被歸類到力量或爆發力的訓練；然而，因為練習這類動作時，我們強調「槓鈴的加速度」，所以我們比較常把它當作一種爆發力訓練。

高拉可以說是奧林匹克式舉重動作中的簡化版本，雖然縮小了上膊與抓舉的動作幅度，但仍具有爆發力的性質，既練到了槓鈴上拉的速度，又能把力量傳遞到地面，這都有助於為完整的奧林匹克式舉重動作建立力量基礎。

高拉的動作幅度較小而且不用抓槓，這代表它可以比上膊或抓舉使用更大的重量，又能減少關節與神經系統的壓力。

【照片 4.10a~c】上膊高拉

先從槓鈴在大腿中段的高度開始上拉，目的是訓練把力量傳遞到地面，並為了之後的瞬發上膊做好準備。

入門訓練者的下背力量要先達到我們提出的標準[7]，才能開始增加高拉的訓練量。每增加一次反覆都會加大豎脊肌的需求。因此我們要先確定豎脊肌與臀大肌的力量與耐力皆足以應付得了該動作的反覆次數和負重。

使用高拉的目的是在訓練爆發力和在地面產生力量的能力，這跟奧林匹克式舉重動作所需的能力一樣，但技術要求較少。我們可以細部微調上膊和抓舉的起始動作，這種基礎訓練會連帶改善奧林匹克舉重動作並讓運動員能快速啟動協調動作。

有研究表明，跟實際的奧林匹克式舉重動作相比，負重從大腿中段開始的上拉動作可以對地面產生更多的力量。[8]這可能只是因為高拉可以使用更大的重量，或是因為高拉的動作幅度較小而且不用接槓，使它在技術上的挑戰較低所致。[9]

在許多情形下訓練高拉時，不需要把槓鈴降到膝蓋以下，因為槓鈴移動的最大速度是發生在膝蓋以上。所以當槓鈴的起始位置愈高，舉起重量所花的時間就愈短，運動員的動作勢必就更具爆發力。

在剛開始接觸上膊和抓舉的高拉訓練（或剛開始練完整的上膊與抓舉動作）時，最好先從較高的位置開始教動作，等動作熟練後再逐步往下降低槓鈴的高度。具體來說，槓鈴的初始位置可以先從大腿中段開始，動作熟練後再慢慢往地面的位置靠近。

【照片 4.11a~c】抓舉高拉

如同上膊高拉，這是一個教學過程，目的是學習在負重下用下肢力量來啟動上拉動作，並為之後完整的抓舉動作做好準備。

　　整個動作若能從站姿開始會更容易學習。也就是先用舉重架或木箱把槓鈴懸掛在膝蓋以上的高度，這樣一來，運動員就不用蹲到地面上把重量拉起來，動作幅度比較小，學習起來也會比從地板開始容易。

【照片 4.12a~d】高拉的起始姿勢

較高的起始姿勢對技術的要求較低，而且由於槓鈴的移動距離縮短，力量輸出將會變得更快。

教練之眼

對年輕運動員來說，如果能透過某些教學技巧讓他們實際感覺到動作的要領，會比你直接做給他們看更容易抓到重點。

我們在科羅拉多州的奧運訓練中心學到一個很好的技巧：請運動員採取上膊或抓舉的預備姿勢（此時無論是在選擇上膊或抓舉都可以，視當時的訓練動作而定），臀部向後，膝蓋彎曲，此時雙手在身後抓一根掃帚或木棍自然下垂懸於膝蓋後方。接著跟他說：「慢慢站起來。」運動員會知道你要的是什麼。在他站起的過程中，木棒會延著雙腿向上移動，直到碰到臀部下緣處。

接著說：「現在開始加快動作。」加快時不要在意手臂，就好像它在動作中消失一樣，但教練要確定手臂是自然伸直且延著身體的中軸線移動。加快動作時，運動員應該感覺「全都是腿在用力」，而幾乎感覺不到手臂的參與。達到這種狀態後，接著告訴他們：「現在改在身體前方手握槓鈴；即使現現手上有重量，手臂參與比較多了，但動作模式與體感要盡量跟剛才一樣。」

你可以透過上面的教學技巧使運動員學習腿部主導的動作模式，而非用手臂拉動重量。

上膊高拉	抓舉高拉 （熟練上膊高拉後才可以練）
手持木棒聳肩跳躍 ↓ 上膊高拉：拉槓鈴起始高度在大腿上緣 ↓ 上膊高拉：槓鈴起始高度在膝蓋上緣 ↓ 上膊高拉：槓起始鈴高度低於膝蓋 ↓ 上膊高拉：槓鈴在地面上	手持木棒進行抓舉高拉 ↓ 抓舉高拉：槓鈴起始高度在大腿上緣 ↓ 抓舉高拉：槓鈴起始高度在膝蓋上緣 ↓ 抓舉高拉：槓起始鈴高度低於膝蓋 ↓ 抓舉高拉：槓鈴在地面上

【圖表 4.8】高拉動作的進階路徑
* 只要你熟練了抓舉高拉動作，就可以轉成完整的上膊或抓舉動作了。

在訓練高拉這個動作時，退階與進階的主要差異在於槓鈴離地的高度，因此進階動作的最終目標是把放在地面上的槓鈴向上舉起，也就是增加槓鈴向上移動的距離；然而，起始動作若從地面開始，需要極佳的活動度、技術與協調性，即使是經驗豐富的運動員要想連續完成數次從地面起動的高拉也很困難，他們通常要經過數年的訓練，才有辦法接近完美地從地面開始執行高拉。而且對大部分的運動項目來說，把重量從地面舉起的動作模式甚至可能是不必要的，因此真的不用太執著於從地面拉起重量。先從懸垂式高拉（或槓鈴置於木塊上）開始練起，再逐漸朝地面降低起始姿勢的高度，這種練法將為運動員奠定成功基礎。

在同一次的課表中若能將抓舉或上膊跟高拉安排在一起，而且刻意將高拉訓練的起始姿勢低於上膊（或抓舉），會是個好方法。舉例來說，在課表中安排上膊時，起始姿勢可以設定在大腿中段；隨後高拉訓練的起始姿勢就降低到膝蓋以下。這有助於運動員技術知覺的轉移，透過較簡單的高拉動作使抓舉或上膊的起始位置逐漸降低。

把高拉加入力量課表中幾乎沒什麼缺點，如果你很會教高拉這個動作，之後運動員要進階到完整的奧林匹克式舉重動作時，應該可以無縫接軌。

上膊

如果蹲舉是力量動作中的一號動作，那上膊也應並列在第一位。安排課表時，上膊一直是較優先的動作選項，因為一個技術純熟的上膊動作需要動用到百分之七十的全身肌肉，而且是用非常快的速度連續徵召這些肌肉。上膊動作中的髖、膝、踝三關節伸展也是跳躍和大部分運動在加速中會運用到的基本動作模式。彈振式（ballistic）動作與控制力的訓練是在競技運動領域中高速產生力量的關鍵。

因為抓舉是一個比較複雜的動作，所以你也可以把上膊當作抓舉訓練前的基本功。在練抓舉之前，先把上膊的技術與力量基礎打穩，更有利於之後進階到完整的奧林匹克式舉重訓練。[10]

若要選一個能最快轉化成賽場上爆發力表現的訓練動作，沒有任何一個動作能比得了上膊。不論我們談的是美式足球場上線鋒從地面上快速起身的動作、跳高選手準備離地或是游泳選手從跳臺出發入水的動作，上膊都能訓練到，因為這些動作都跟上膊一樣會動用到髖關節鉸鍊和髖膝踝三關節加速伸展的爆發力動作。

　　上膊不僅應該放進每個運動員的訓練計畫中，它甚至可說是成功的關鍵。這件事實毋庸置疑。

　　上膊的另一項好處能訓練身體吸收衝擊力。跟高拉一樣，先從縮短動作範圍運動員會比較容易學習。所以可以先從「瞬發上膊」（power clean）開始練起，所謂「瞬發」是強調速度，所以會縮短發力路徑，槓鈴的起始位置會提升到大腿附近，我們還會加上離心肌力訓練的元素來強化下背和臀部，這主要發生在「接槓時」身體透過下蹲來接住槓鈴的重量。

【照片 4.13a~d】瞬發上膊
以懸垂姿勢為起始的上膊動作。

運動員的敏捷與改變方向所需的剎車能力是許多運動所需要的，而下半身的離心肌力與控制力是培養它們的關鍵。選手在賽場上急停或快速改變方向時，後大腿的肌力扮演著吃重的角色，所以後大腿的離心肌力太差常被懷疑是後腿太緊或拉傷的主因。[11]

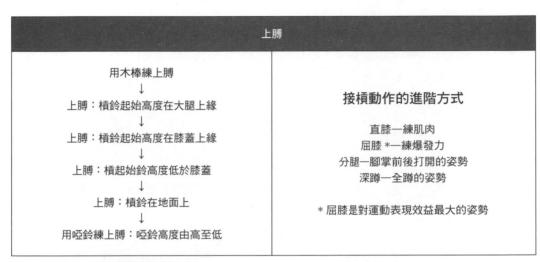

上膊	
用木棒練上膊 ↓ 上膊：槓鈴起始高度在大腿上緣 ↓ 上膊：槓鈴起始高度在膝蓋上緣 ↓ 上膊：槓起始鈴高度低於膝蓋 ↓ 上膊：槓鈴在地面上 ↓ 用啞鈴練上膊：啞鈴高度由高至低	**接槓動作的進階方式** 直膝—練肌肉 屈膝 *—練爆發力 分腿—腳掌前後打開的姿勢 深蹲—全蹲的姿勢 * 屈膝是對運動表現效益最大的姿勢

【圖表 4.9】上膊動作的進階路徑

先用木箱或槓鈴架加高起始姿勢會使上膊動作變簡單，也比較容易幫助運動員找到正確的動作模式，但從完全靜止的狀態開始上膊會需要更大的力量輸出，因為它消去了懸掛重量時所產生的牽張反射。但這對線鋒球員與短跑選手來說是好事，因為他們在競賽場上就是要從完全靜止的狀態快速產出最大的力量。

教練之眼

　　槓鈴上膊若從地上開始，對很多有經驗的運動員來說是很大的挑戰，經驗不足的力量教練也很難把這個動作教好。

　　研究證實懸垂式上膊更能有效訓練力量，而且這種從膝蓋上緣開始的上膊動作所輸出的功率也會比從地面開始的功率更高。

　　雖然從地面開始的上膊可以強化大範圍動作的協調性和力量，但是若在課表中特別強調懸垂式上膊，將使運動員對地用力的能力與爆發力都獲得最大程度的發展。

抓舉

在我們所有的訓練動作中，沒有一個動作在技術、生理和爆發力上的整體需求像抓舉（snatch）一樣高。就像上膊需要極為快速且互相協調的肌肉啟動，由於抓舉要把槓鈴舉過頭頂，所以它對於肌肉的需求提升到另一個層級。在一次有效的抓舉動作中，全身大部分的肌肉都會參與，所以與其列出有哪些肌肉參與，不如直接列出沒有參與抓舉的肌肉數量會比較容易。當運動員在發展全身性力量、爆發力和穩定性時，沒有一個動作的訓練效果會比抓舉更好。

抓舉這個動作的價值也可以從它很難教學這一點看得出來，教練要把它恰當地排

【照片 4.14a~d】瞬發抓舉
以懸垂姿勢為起始的抓舉動作。

進課表裡是個大挑戰。不只是因為抓舉需要很好的協調性和平衡，它還需要身體的每一個主要關節都進行大範圍的運動，部分關節（尤其是肩關節）需要在接近極限位置穩定重量。這就是為何只有在運動員的抓舉技巧已經找不到缺點時才能進一步加大重量。現在你應該也很能了解為何抓舉是準備期的必練動作了。

我知道有許多力量教練認為抓舉對他們的運動員來說風險太大，或是認為抓舉只適合那些專門參加奧林匹克式舉重比賽的選手來練。情況並非如此。我們認為如果一位運動員在身體上有能力舉起重量，活動度也足以達到所需的姿勢，那抓舉對他來說仍是一項無可替代的訓練動作。

在所有的力量動作清單中很少有可以同時加強全身爆發力、動態協調性、身體控制與穩定性的選擇。運動員需要有充分的「肩關節活動度」和良好的「肩胛控制力」，如此一來才能使肩帶在負重過頭時保持穩定。

如果動作進階與課表安排都很恰當，抓舉訓練的受傷風險並不會比其他動作高。

大多數的情況並不是動作不好，而是教練沒教好或課表排得有問題。上述兩種情況都會使運動員受傷的風險增加。有很多教練不喜歡承認是自己的問題，把責任推給動作比較輕鬆。

我們將在後面闡明主要是課表設計方面的問題，而非動作不好，因此學習如何指導奧林匹克式舉重動作至關重要。沒有練這些動作，你的運動員可能永遠無法充分發揮他們身體的潛力。

抓舉
<table><tr><td>用木棒練抓舉 ↓ 抓舉：槓鈴起始高度在大腿上緣 ↓ 抓舉：槓鈴起始高度在膝蓋上緣 ↓ 抓舉：槓起始鈴高度低於膝蓋 ↓ 抓舉：槓鈴在地面上 ↓ 用壺鈴或啞鈴練抓舉：重量高度由高至低 ↓ 用壺鈴或啞鈴練「單手」抓舉</td><td>**接槓動作的進階方式** 直膝—練肌肉 屈膝 *—練爆發力 分腿—腳掌前後打開的姿勢 蹲舉—蹲到底的姿勢 * 屈膝是對運動表現效益最大的姿勢</td></tr></table>

【圖表 4.10】抓舉動作的進階路徑
如同上膊的訓練方式，可先把槓鈴放在木箱或槓鈴架上並改變起始姿勢的高度。

挺舉

　　挺舉是奧林匹克式舉重的第三個動作，主要是為了訓練爆發力，但也屬於「推舉」的進階動作。最常見的版本是分腿挺舉（split jerk），槓鈴快速推舉過頭後雙腳快速前後打開，以分腿站姿把身體穩定下來。

　　挺舉跟抓舉一樣需要極大的力量與協調性才能把槓鈴推舉過頭並保持穩定。

　　挺舉對單腿的力量與穩定度的發展特別有幫助。一旦槓鈴舉過頭頂，運動員就必須迅速分腿向下踩實地面，雙腳觸地並立刻接住自身的體重並穩住頭頂的重量。

　　此時，臀部、軀幹和肩帶必須保持高度的剛性（stiffness），才能在比較不穩定的分腿站姿下及時控制住身體並保持平衡。肩膀以下的動力鏈中只要出現任何一個薄弱的環節，就會造成動作品質下降並使進步幅度受到限制。

【照片 4.15a~g】挺舉

為了讓你了解完成正確的負重挺舉會有多大的爆發力，在拍攝這個動作時，我們只能從影片中截取到一張槓鈴通過頭頂的影格，可見速度有多快，而這正是爆發力的真正展現。

挺舉比較適合舉重訓經驗豐富的運動員，所以某些情況下，我們會停止在課表中安排這個動作，關於這點稍後會再細談。總之，重訓的新手並不適合把挺舉當作基礎。新手需要加強訓練的主要是過頭推、借力推和輕負重的抓舉等動作，才能把力量的基礎打穩。因為較大負重的挺舉需要軀幹、臀部和肩膀的穩定度與力量，而這些能力至少需要在其他更基礎的舉重動作中投入一年的時間才能發展出來。

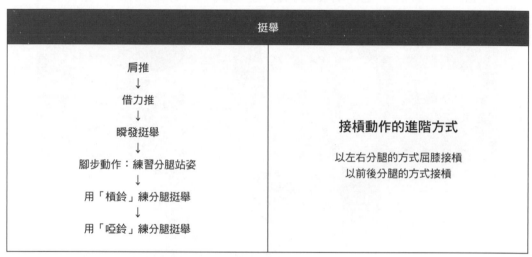

【圖表 4.11】挺舉動作的進階路徑

選擇動作的原則

- 原則一：動作進階的路徑要由簡入繁
- 原則二：每四週換一次動作
- 原則三：每四週改變動作的訓練強度

原則一：動作進階的路徑要由簡入繁

無論運動員過往的經驗如何，你都要持續教他們動作。動作是一種技巧，如同聽講第二語言都需要學習，只是大部分的動作學習是在無意識中進行的。的確，有些人可以在第二外語的環境中自然學會新語言，但若想更純熟的運用該語言，勢必得刻意練習。大部分的刻意練習會把連續的語句／連續的動作拆解成較小的單元來練。

好比跳躍，小時候我們自然而然就「學會」跳的動作，而不會去把跳躍拆解開來練，但在學習打擊或踢球等比較複雜的動作時，我們可能就會這麼做。設計課表的道理也一樣，我們會先從簡單的動作開始練起，基本動作元素熟練後才會進階到較為複雜的動作。

選擇動作時，若教練的目標能專注於基本動作，將帶來最大的回報，同時也能在團隊訓練中發揮最佳效果。要為足球隊中的五十三位球員同時設計個人化課表是很困難的，所以全部都先從基本動作練起是很好的選擇。

因此無論你是何種運動的教練，你可以先根據選手的位置、體型或其他變數來分組安排課表，但不管程度如何，你的課表在剛開始訓練時，動作都應該夠簡單，等運動員都適應課表內容和動作之後，才開始增加課表的難度和動作的複雜度。

我們對「簡單」動作的定義是穩定、左右對稱且負重平均的動作。

「複雜」動作的定義則為多關節參與、多種基本動作組成、單邊（單手或單腳）或爆發力動作。因此臥推是相對簡單的動作，而分腿挺舉則較複雜。動作愈複雜，對中樞神經系統的需求也愈高。

當運動員已經能漂亮地完成簡單的動作，就能開始換成較進階與複雜的動作。進階的方式可以是加大動作幅度、改成單手負重、減少支撐點或是跟其他的基本動作結合。也就是說，不一定要換另一個完全不一樣的動作，可以從已經熟悉的動作來調整。

從圖表 4.12 中你可以看到上膊和推舉這兩個動作的進階路徑，從最簡單的動作開始，由左到右逐漸增加動作的複雜度。

簡				繁
上膊高拉	抓舉高拉	瞬發上膊：從大腿高度開始	瞬發上膊：從地面開始	深蹲上膊：從地面開始
肩推	借力推	啞鈴借力推	深蹲挺舉	分腿挺舉

【圖表 4.12】兩種訓練動作的進階範例

啞鈴訓練在矯正不平衡的力量方面有其價值，而且啞鈴更能讓重訓成果轉化為專項運動所需，又能改善關節活動範圍。雖然啞鈴訓練有這些好處，但強度控制應得當，一定要緩慢漸增。由於器材本身的特性使然，用槓鈴舉重的穩定性較高，就算把槓鈴換成兩個總重量稍微輕一點的啞鈴，槓鈴還是比較容易保持穩定。如果是選用大負重的啞鈴或是需要舉過頭的爆發力動作，對肩帶和腹部肌肉組織的穩定度要求非常高。

你應該先把基本動作的基礎打好。某些較複雜的動作，像是上膊和抓舉，應該要先確定運動員已能勝任這些舉重動作後才能使用啞鈴。

如果槓鈴訓練中的動作負重和進度適當，進階到啞鈴的風險就會降低，而且換啞鈴不換動作的好處在於教練可以更專心調整運動員的技巧，而不用再重新教一個新的動作。

與上膊和抓舉有關的「高拉」動作是另一個由簡入繁的例子。高拉因為少了接槓，動作範圍只有上膊或抓舉的一部分，所以公認是比上膊或抓舉更簡單的動作。如果上膊或抓舉的起始姿勢是在大腿中段，高拉的起始姿勢可以降到膝蓋附近；同理，如果上膊或抓舉的起始姿勢在膝蓋附近，高拉就可以降到小腿中段。

高拉的進階方式是降低起始姿勢，逐漸加大高拉動作的範圍可以訓練肌肉和神經系統，使它們為之後更加完整的奧林匹克式舉重動作做好準備。

動作的變化

　　重訓室中的運動員與教練的注意力要一直放在動作的技術與效率的提升上。我們想要看到是相同的動作持續反覆確實完成，這樣才能固化運動神經通路，把正確的動作烙印在身體裡。身體是一臺效率極高的機器，對一位年輕健康的運動員來說，很快就能從反覆訓練的壓力中適應過來。

　　肌肉混淆（muscle confusion）是指一直換動作，頻率可能是每次換或每週換，這種訓練方式仍有爭議且備受質疑。訓練的刺激要前後一致維持一段時間，身體才有時間適應；若動作一直變，身體沒有時間適應，就會給它帶來很大的壓力。不只如此，這種訓練方式也對於改善動作品質與提升爆發力的幫助不大。

　　訓練效果最好的動作通常需要一定的技術難度，而且想從這些動作中練出身體的某些能力，只有藉由反覆的練習才能做到。

　　不用一直換動作，持續調整訓練量與強度就能改變刺激（我很快就會開始說明怎麼做）。這種課表的安排方式使我們在換動作前，有更多的時間可以完善動作的

技術與效率。因為不用一直想下一次要練什麼動作,所以減少了許多猜測的不確定性,這也會讓課表設計變得更單純。也就是說,在一個四週的中週期課表中,從頭到尾的訓練動作都不需要做大幅度的改變。正如查爾斯·波利昆教練(Coach Charles Poliquin)[12]所說:「要調整訓練重點,而不要輕易換動作。」

以上膊來說,起始姿勢可以從懸垂改成從地面開始,或是在上膊完成後多加一個過頭推舉,也可以把負重從槓鈴換成啞鈴。同樣地,分腿挺舉的槓鈴訓練可以有頸前架槓或頸後架槓兩種選擇。同一週期中,我們不會大幅調整課表的內容或動作。有規律的變動刺激才能持續適應與變強,但主要的力量訓練動作基本不變,變的只是刺激身體的方式。

我們建議每次課表都要安排全身性的訓練動作。相同的動作一週至少要訓練 2~3 次。反覆練習相同的動作(或略加變化),有助發展相同的運動神經模式。變化可以是略微改變姿勢或負荷,兩種變化方式都可以減輕肌肉的負擔。

舉例來說,如果你想一週練三次蹲舉,其中兩次課表中可以安排背蹲舉,另一次練蹬階或弓步。

當三次課表中都有上膊,其中兩次可以安排懸垂式上膊,第三次則把重量先放在槓架或木箱上,基本動作模式不變,但我們可以藉由變化式來訓練運動員的活動範圍以及對該動作的掌握程度。

週期一	週期二
背蹲舉—蹬階—背蹲舉	背蹲舉—後跨弓步—前蹲舉
懸垂式上膊—從槓架或木箱開始上膊—懸垂式上膊 ＊以上所有的動作都從「膝蓋以上」開始	懸垂式上膊—從槓架或木箱開始上膊—懸垂式上膊 ＊以上所有的動作都從「膝蓋以下」開始
臥推—肩推—斜上推	臥推—借力推—啞鈴斜上推

【圖表 4.13】週期之間的動作進階範例(一週三練課表)

一個訓練週期完成後，我們會調整動作，這是為了創造新的訓練效果，但訓練的基礎仍然不變。運動員要先熟練動作的「簡易版」之後才能進階到「複雜版」，只要守住這個原則，在進階動作的選擇上就沒有對錯之分。

輔助訓練

沒有所謂的運動專項力量訓練。

是否該在重訓室裡試著模仿運動場上的需求或動作？這是專項運動訓練中最常出現爭議的問題。從我們的觀點來看，重訓室是提高力量輸出能力的場所，我們進行的所有訓練如蹲舉、推舉和奧林匹克式舉重等都是為了提高身體力量輸出的速度和強度。這種練法通常不具有專項性。

如果我們透過重訓提高籃球運動員腿部和臀部的力量和爆發力，他們垂直跳的表現也自然會跟著提高。同樣的方法可以用來提高棒球選手的揮棒和投球速度。也就是說，我們一樣可以透過全身性力量訓練動作增加的力量和爆發力來提升專項運動的能力，並將其轉化為賽場上運動表現。

當談到運動專項訓練，人們常認為那就是模仿某項運動中的特定動作。這種想法的影響深遠。

但事實上，我們只有一組神經系統。我們沒有專為足球設計的神經系統，也沒有專屬美式足球或籃球的神經系統。

重訓是為了提升神經系統和肌肉骨骼系統的輸出與效率。發展出來的力量要轉移到專項運動表現上，是透過專項運動本身的練習來實現。投籃是一種技巧。打中一顆時速 90 英里（145 公里）的棒球也是一種技巧。在重訓室中，我們要增強的是運動能力（athleticism）而非技巧。技巧才是運動的專項。透過專門的技巧練習才能把我們在訓練中所強化的各種力量特性轉化成實際賽場上的運動表現。

有兩個文獻案例可以說明非專項的力量和爆發力訓練可以轉移到運動表現。其一是二○○六年《肌力與體能研究期刊》（*Journal of Strength and Conditioning Research*）[13]裡發表的一篇研究表明，蹲舉的最大力量相對於體重的比值，跟運動員的加速能力、最大衝刺速度、角錐 T 型檢測敏捷度、垂直與水平跳躍能力皆呈高度正相關。從動作機制上，似乎很難將蹲舉與敏捷訓練聯繫起來，但這篇文獻顯示，當運動員在輸出最大力量時的動作效率愈高，就愈能以有效率且接近專項的方式表現出那些已練就的身體素質。

另一項研究發表在《競技運動訓練期刊》（*Journal of Athletic Training*），這篇研究是在比較具有運動專項特性的軀幹與腹部力量訓練與一般常見的靜態支撐訓練。[14] 運動專項的訓練方法取得比較好的結果，它比傳統的靜態支撐更有效提升了棒球選手的投球速度。

這似乎與我們反對「專項力量訓練」的論點背道而馳。然而，這篇文章的作者所用的「專項力量訓練」一詞，包括每組只做一次的阻力式旋轉和穩定度訓練，這跟我們建議的每組做 1~8 下相符。這項研究中並沒有看起來像揮棒或投球的力量動作，除非你認為扭轉臀部和軀幹也算是專項力量訓練。

針對專項運動的需求特別在課表中安排一些接近專項的動作並沒有錯，問題是訓練重點該放在哪裡。是在矯正力量的不平衡還是多平面的動作控制能力？這些訓練當然有它們該有的位置，但不會是訓練的重心。

訓練的重心應是基礎的力量動作，並用它們來發展全身性的力量與爆發力。跳躍、衝刺、敏捷或各種丟藥球的動作都有助於把力量訓練的成果轉化為專項運動的表現，而它們事實上也是人類自然動作中排在最前面的幾個。

我們稱之為「局部效果」（local effect）的動作也包含了課表中的輔助訓練，這不會有問題，但是當教練把主要的訓練時間都用在輔助訓練而非基礎力量的動作上，就會出現問題。

輔助訓練的內容包括能夠提高舉重表現或是滿足專項動作或姿勢特殊需求的練

習動作。這就要看你選的動作有多麼專項了，但不論在重訓室中進行的是何種輔助訓練，它們只會占總訓練量的一小部分。

例如，MMA 選手可能需要強壯的二頭肌和胸肌才能有效制服對手或向他們揮出猛拳。因此課表中的確需要包括專門針對這些肌肉或動作進行加強訓練，但它們仍算是輔助訓練，只能占總訓練量的一成以下。划船動作、側面和旋轉肌力也屬於輔助訓練的範疇，它們也會安排在課表中，但並非主要的訓練重點。

過去我們的主要訓練經驗來自美式足球，想要在球場上取得成功，必須特別針對腹部、頸部和握力進行加強訓練，這些毫無疑問都是美式足球員的專項訓練項目。

對腹部訓練來說，每組的量應在 12~20 次之間，重點是旋轉、穩定與抗旋轉的練習。針對腹部的單組訓練量較高，是因為腹肌的張力天生較大，本來就能承擔較大量的刺激。

一旦力量基礎建立起來，我們的進階路徑就會以前面提到的研究為準，減少每組的反覆次數，專注在軀幹的力量與爆發力的發展上。

至於握力，則應以持續的反複抓握來訓練，為了發展出更大的握力，我們的訓練量一般來說會設定在 5~8 下。

訓練頸部時，我們會比較小心，低反覆和高反覆的練法都會有，負荷主要由教練或訓練伙伴的手動阻力提供，而且會針對不同平面的向心肌力或離心肌力加強。

這會讓運動員頸部的肌力發展比較均衡，教練也比較能密切觀察運動員的姿勢是否正確。

雖然直接針對頸部的力量訓練曾有一陣子失去關注，但美式足球選手特別需要頭部與頸部的穩定度，才能吸收賽場上強大的衝擊力。再加上人們愈來愈重視頭部損傷和腦震盪，因此使頭和頸部保持穩定的能力也變得更加重要。

在輔助性質的訓練中，我們還可以根據不同球員位置的需求來調整課表，例如我們會更重視邊鋒球員的力量，所以反覆次數會調降到 4~6 次，負重會加大一些以達到肌肥大的效果，另外還會特別針對肱三頭肌和垂直拉的肌群加強訓練，以提高在戰壕

（trenches）裡與對手衝撞與拉扯的能力。

技巧型球員則會更注重爆發力，每組的反覆次數只會練 1~3 下，還會特別加強訓練正反握的引體向上以及後側動力鏈。

這些相同的原則也適用於其他運動項目。再強調一次，在一份長期的訓練計畫中，任何針對特定的肌肉或專項動作的訓練都不是最重要的。道理很簡單，在一輛價值一千美元的汽車上安裝兩千美元的輪胎對它整體的表現不會有太大的幫助。你應該把時間花在改造引擎的馬力並把注意力集中在更基本的元素上。

訓練量

訓練量是在長期訓練過程中最需要監控的關鍵變數。

若想要持續進步並取得成功，沒有哪個變數比訓練量更重要。正如俄羅斯人的發現，有計畫地改變每次課表、每週和每月之間的訓練量可以確保訓練效果持續，適時的減量可以使運動員有充足的恢復，適當的加量則可使他們在力量和運動成績上穩定進步。

在漸進增加負荷的訓練方法下，前 3~4 週的力量增長會很明顯，但到了 6~7 週左右進步會開始放緩。[15] 這種情況特別容易發生在訓練經驗豐富的運動員身上。如果你只是試圖不斷增加訓練量或強度，運動員將進入不再進步的高原期，在某些情況下甚至會開始退步。

如果訓練變數不定期調整，就算是剛接觸訓練的新手，最終也會達到訓練的高原期，差別只在於時間會延後許多。雖然很少研究的週期超過 10~12 週，但類似的研究結果都證實課表的變化很重要，有新的變化才能刺激力量產生新一輪的成長。

透過對俄羅斯訓練法的仔細研究，我們找出了某些訓練量的應用原則，有針對動作本身的原則，也有針對運動員的原則。不論對象為何，重點都是為了確保訓練刺激有效性，同時又要能減輕過度刺激的影響。[16]

使用波動週期的方式來調整訓練量和強度的效果最好。從俄羅斯的文獻和我們數千小時的訓練經驗中皆可證實。

月總量的安排原則

若你的訓練週期是以四週為一個單位，我們都會先定好一個月的總訓練量（之後簡稱月總量）。在決定月總量時，考慮的變因大都在第二章討論過，像是運動員的年齡、訓練經驗與當前的季節。

以剛接觸訓練的新手來說，月總量最好從 750 次（總反覆次數）開始；而菁英運動員的上限設在 1,600 次。在前蘇聯時代，我們親眼看到他們運動員以更高的月總量進行訓練。然而，我們後來也發現這跟他們使用加強運動表現的補給品有關，使運動員能更快恢復。

為了減少運動員過度訓練或是表現下降的風險，我們的目標始終是在訓練效果與恢復時間取得平衡。

每四週的總訓練量建議區間		
訓練新手	高水平運動員	菁英選手
750~1,000 次	1,000~1,200 次	1,600 次以上

【圖表 4.14】月總量區間範例

總反覆次數是指在單一個週期中（這裡指中週期），所有基本力量動作反覆次數的總合。因此總反覆次數 750 的意思是在不同的訓練強度與動作中總共累計的次數，但這個數字不包括輔助訓練的動作。

從帳面上來看，750 這個數字分配到一個月 12~16 次的課表當中，看起來似乎很小，但 750 這個數字比較像是「基本量」，而非下限，如果總反覆次數低於 750 下，就不會為運動員的成長帶來實質的影響。圖表 4.14 中的數值並不代表高水平或菁英運動員在 4 週內的總反覆次數永遠不會低於 1,000 次，那只是維持成長的基本量。對運動員的恢復能力影響最大的是訓練量，因此這些範圍中比較需要注意的是上限的數值。若月總量超過上限值，恢復能力將快速到受到侵害，而且侵害的速度比任何其他因素都快。

一位菁英水準的運動員可以在一個月內完成 1,000 次以下的訓練，就算在恢復期也經常發生。然而，訓練新手若超過 1,000 次的上限，大都要承擔受傷或嚴重過度訓練的風險。

許多教練擔心他們的運動員會因為練不夠而無法有效獲得力量和爆發力的進步。他們不想因為目標定得太低而有所保留，因為這讓他們感覺是「浪費」了一個月的訓練時間。剛開始採用這個方法訓練時，有這種感覺很自然，我們系統中的每一位教練也都曾經歷過相同的掙扎。

美國的力量教練已經把「訓練要用盡全力」當作一種信念，訓練完還有餘力好像就代表不夠認真。但請相信我們，我們的方法很少失敗，也幾乎沒有過度訓練的風險，這些區間已被證明能有效幫助運動員進步。

在調整運動員的訓練量時，需要考慮到他們的技巧、經驗、過去的醫療史、訓練史、性別、實際年齡與訓練年齡。

我們過去的慘痛教訓可以讓你少走許多彎路。當你在訓練量的拿捏上猶豫不決時，原則是寧少勿多。寧可因量太少沒進步，也不要犯下過量訓練的錯誤。

總訓練量不包括輔助訓練或是特別針對局部效果的練習次數。那些動作主要是為了強化特定肌肉或是使全身力量動作能做得更好的輔助性訓練，所以我們不會把它們算在總訓練量中。

最受我們重視的力量訓練動作不只對身體的負擔很大，技術要求也很高；正因如此，我們才會嚴格限制訓練量。

雖然輔助訓練不會被計算在總訓練量裡，但你不要因此失控，開始加練許多你想練的輔助動作。要永遠記住：效率第一。

試練週期

不論是新手、高水平或菁英運動員，當他們在賽季結束經過漫長的停練階段正要重返訓練時，我們會建議他們從試練週期開始（Break-In Cycle，正式開始力量訓練的第一週期）。這是為之後的訓練打下好良好基礎，也是為了重啟「系統」做好準備。但在這種情況下，我們通常不會使用波動模型來調整訓練量。重返訓練的起始週期最好採用更為線性的方式來設計課表，因為在重返訓練的初始階段，可以預期神經系統會對訓練量增加的反應較為敏感且強烈，身體可以即時補償，所以用刻意改變訓練量或強度。在這種訓練初期的加量過程中，幾乎不太需要擔心會過度訓練。

在圖表 4.15 中，你可以看到前三個星期的訓練量不斷增加。

	訓練新手的試練週期 或是剛重返訓練者的第一週期	高水平或菁英選手 重返訓練的第一週期
月總量	750~1,000 次	大於 1,000 次
第一週	總次數 ×22%	總次數 ×22%
第二週	總次數 ×28%	總次數 ×27%
第三週	總次數 ×35%	總次數 ×32%
第四週	總次數 ×15%	總次數 ×19%

【圖表 4.15】重返訓練之後的第一個週期

對試練週期而言，它的目標跟準備期一樣，都是以重建做功能力和基礎力量動作的技術為主。新手要花上 2~3 個月，基礎的做功能力才能打穩；至於高水平和菁英運動員，最少也要 2~3 週的準備訓練才能回到基本水平。

舉例來說，如果 NFL 的其中一支隊伍未能進入季後賽或總冠軍賽，在聖誕節長達 2~3 週的休息後，最好不要直接投入高強度的訓練；在此之前，應該要有 2~4 週以試練週期的方式展開訓練。

正如你所見，表格中每一週的訓練量都以月總量的百分比呈現。除了最後一週減量之外，每一週的訓練量皆逐步遞增。

減量週（通常是第四週）在每一個週期的訓練中都是至關重要的，因為它使身體的神經系統和肌肉骨骼能從前幾個星期的壓力中恢復過來，並使後續的訓練都可以持續下去。這種減量的模式在整套系統中都適用。

訓練量下降對於進階或菁英運動員的影響不大。跟舉重訓練的新手相比，訓練經驗豐富的運動員恢復能力更好，所以他們能在減量週承擔較大的訓練量和強度。

若訓練者是新手，在第四週除了減量也會降低訓練強度。我知道對許多教練來說，如果他們的運動員離開重訓室時感覺不到特別累、沒有出太多汗或是覺得重量壓得不夠多，就會感覺不太對勁。

身為教練，你必須先說服自己這麼做不是你心軟，而是為了運動員的長期利益著想。減量沒有想像中的容易，它需要自我控制的能力。減量是為了讓運動員能有機會主動恢復，這種機會並不多，適時把握它能使運動員在前三週訓練中所取得的成果更快累積起來。

高水平或菁英運動員在第四週的訓練強度可以不用特別降低。他們可以繼續進行高強度的訓練，只減量而不減強度也會有恢復的效果。

下面用圖表 4.16 舉兩個對比的例子來說明。其一是美式足球的入門球員，你可以把他想像成剛接觸美式足球運動的高一新生，一個月的總訓練量是 800 次（反覆次數）；另一位是大學校隊中的高年級隊員，一個月的總訓練量是 1,000 次。

表格中列出的是一星期的總反覆次數，由它再拆分成每次課表的訓練量。如果運動員的訓練很穩定，沒有疲勞、易怒或無精打采等情況出現，就可以開始進入下一週期的課表。

	美式足球校隊高一新生 第一週期課表訓練量	美式足球校隊大學資深球員 第一週期課表訓練量
月總量	800 次	1,000 次
第一週	總次數 ×22%=176 次	總次數 ×22%=220 次
第二週	總次數 ×28%=224 次	總次數 ×27%=270 次
第三週	總次數 ×35%=280 次	總次數 ×32%=320 次
第四週	總次數 ×15%=120 次	總次數 ×19%=190 次

【圖表 4.16】美式足球選手重返訓練後的第一週期

下一週期可以再繼續加量，但一般來說，加量的幅度不會超過前一週期的 10%。

訓練系統中的加量模式

當運動員經過最初一個月的訓練後，他的身體應該已經準備好接受該系統的完整訓練。所謂完整訓練跟試練週期最人的不同在於，訓練量不再以線性模式增加，而是改用波動模式，你可以看到前兩星期訓練量的變化有明顯的翻轉。

正式進入系統後，比較特別的是週總量在一個月中會下降2次，而且最大量週（常是第三週）總是設定在第二個減量週之前。

這種訓練量的安排方式會帶來超補償（super-compensation）的效果。第三週會讓該運動員進入超量訓練（over-reaching）的狀態，接著在第四週大幅減量以利其恢復與變強。

在後面的篇幅中，我們會談到訓練強度也會跟著波動模式來調整，但這邊我們先用圖表 4.17 讓你了解第一週與第二週的訓練量是如何翻轉的。

	新手或高水平運動員的 第二週期	高水平或菁英選手的 第二週期
月總量	750~1,000 次	大於 1,000 次
第一週	總次數 ×28%	總次數 ×27%
第二週	總次數 ×22%	總次數 ×22%
第三週	總次數 ×35%	總次數 ×32%
第四週	總次數 ×15%	總次數 ×19%

【圖表 4.17】第二週期的月總量與週總量

假設有一位剛入門的美式足球員，第一週期的月總量是 800 次，那他在這兩個月當中的週總量會類似下表：

	新手在季外期的訓練量 第一週期	新手在季外期的訓練量 第二週期
月總量	800 次	850 次
第一週	總次數 ×22%=176 次	總次數 ×28%=238 次
第二週	總次數 ×28%=224 次	總次數 ×22%=187 次
第三週	總次數 ×35%=280 次	總次數 ×35%=297.5 次
第四週	總次數 ×15%=120 次	總次數 ×15%=127.5 次

【圖表 4.18】新手在賽季外第一與第二週期的課表訓練量

你會看到第二週期的第三、四週，算出來的數字不是整數。

如果算出來的反覆次數有小數點，就直接用四捨五入取整數；別擔心，在一週或單次訓練中少練個幾下影響並不大。

若運動員已非新手，而是實力水準比較高的運動員，在安排訓練量時仍可依相同模式進行，只是每週的百分比會有所不同。

若你對高水平運動員在季外期前兩個月課表的訓練量有興趣，可參考圖表 4.19。

	高水平選手在季外期的訓練量 第一週期	高水平選手在季外期的訓練量 第二週期
月總量	1,000 次	1,100 次
第一週	總次數 ×22%=220 次	總次數 ×27%=297 次
第二週	總次數 ×27%=270 次	總次數 ×22%=242 次
第三週	總次數 ×32%=320 次	總次數 ×32%=352 次
第四週	總次數 ×19%=190 次	總次數 ×19%=209 次

【圖表 4.19】高水平選手在賽季外第一與第二週期的課表訓練量

其他週期的訓練量如何調整

如果運動員沒有其他體能訓練的需求，這種週總量的調整模式可以套用到其他季外週期中。在最理想的情況下，從季外期開始到正式回歸專項運動，至少需要 4 個月循序漸進的訓練。

但我們也知道在當前的體育環境中，這種方法不太實際，因為運動員通常要參加許多活動，如果是大學校隊或是職業隊伍，還必須配合團隊的行程，訓練時間上也會受到許多限制，所以很多時候不得不縮短訓練週期。

歷來關於縮短訓練時程的討論很多，尤其是它所帶來的負面影響，這也使得一份計畫周密且執行得當的課表變得更加重要。

在理想的訓練進程中，季外期前三個月的月總量會逐步增加（第二、三個月的訓練總量分別增加 9~10%），第四個月則會安排減量。通常第四個月會跟選手的「季前期」重疊，所謂的季前期是指賽季開始前一個月。

從第六章「季外期週期化訓練計畫」開始，我們將針對季前期課表的設計方式做詳盡的剖析，所以這裡我們只先針對訓練量的調整方式來說明，下面是訓練新手與高水平運動員的例子：

	訓練新手季外期的月總量	高水平運動員季外期的月總量
第一週	800 次	1,000 次
第二週	880 次 增加 10%	1,100 次 增加 10%
第三週	960 次 增加 9%	1,200 次 增加 9%
第四週	720 次 減少 25%（以最大量的週期為基準）	900 次 減少 25%（以最大量的週期為基準）

【圖表 4.20】新手與高水平運動員在季外期的月總量

在安排中週期之間的訓練量時，應該遵循兩條規則。

● 規則一：增量範圍不能超過前一週期的 10%。因為在整個季外期的訓練進程中，強度會逐漸增強，在課表強度較高的基礎上若增加太多訓練量，就如同蠟燭兩頭燒，短期內的訓練效益確實會很顯著，但也會增加許多潛在風險。同時增加訓練量與強度的確會快速取得成效，但如果運動員無法及時從嚴苛的訓練中恢復過來，絕對會影響到長期的進步。

● 規則二：第四週期（減量週期或是賽季前的最後一個月）會特別減量，大約減掉第三週期的 1/4~1/3。第三週期會是整個季外期的訓練計畫中訓練量最大的一個月。

第四週期已經很接近比賽期了，減量的好處除了避免過度疲勞與幫助恢復，還能維持較高的訓練強度。

因為接近比賽期，運動員除了重訓還會進行更多專項訓練，到了第四週期每週只會練 2-3 天的重訓，所以此時不可能把大量的訓練塞在這兩、三天之中。因此第四週期的訓練量大幅下降主要是因為重訓頻率減少。

但如果我們訓練的是大學運動員，一般來說，季外期的訓練只有 8 個星期。在這種情況下，我們可能不會使用原則二（在第四週期大幅減量）。因為時間不夠，此時季前期可能會被跳過。我們稍後將更深入地討論這個問題。

當你在規劃連續數年的課表，第一週期的訓練量可以把去年的最大量當作基準。

因為不只是運動員的力量與爆發力會隨著每年的訓練而成長，對於訓練量的負荷能力也會跟著增加。若是針對高中美式足球選手，他接下來四年重訓的月總量變化會像下面這樣安排：

高中選手 季外期課表的月總量				
	第一年	第二年	第三年	第四年
第一週期	800 次	850 次	900 次	1,000 次
第二週期	850 次	900 次	975 次	1,100 次
第三週期	900 次	960 次	1,050 次	1,200 次
第四週期	720 次	750 次	800 次	900 次

【圖表 4.21】高中選手季外期課表的月總量

上表只是一個較為保守的範例，每年剛開始訓練時可以設定更高的訓練量。

事實上，你甚至可以連續兩年都使用同一份課表，只調整總訓練量，仍可在力

量和爆發力的表現上看到進步。尤其對比較年輕和重訓經驗不足的運動員來說更是如此。即使實力水準較高的運動員負荷得了更快的加量進程，還是應該有點耐心才能把選手真正的潛力激發出來。

高中選手在季外期四個週期中 週總量的占比（以月總量為分母）			
第一年 (%)	第二年 (%)	第三年 (%)	第四年 (%)
週總量　28-22-35-15	28-22-34-16	27-22-33-18	27-22-32-19

【圖表 4.22】高中選手在季外期的週總量

　　在四週當中，訓練量的變化是波動的。波動方式如上表，但這四週週總量的百分比並非固定，它在系統中是有彈性的。訓練新手在經過一年的訓練後，到了第二年可以開始往高水平運動員的訓練量百分比靠近。圖表 4.22 是以同一位高中選手為例，他在四年當中的週總量百分比逐年改變的情況。

　　如果是大學才剛接觸重訓也是一樣，在大二和大三的時候就逐步調整週總量的百分比，這樣等到他大四的時候也應該能夠接受跟高水平運動員一樣的課表了。這並非本系統中絕對的準則；它只是另一種幫助運動員的方法，使他們的身體能準備好面對接下來連年增加的訓練量。

　　設計課表時，可以先從月總量的個人化開始，先幫每位運動員設定月總量，接著再分配到週總量與選擇好的動作和課表中。

分配動作訓練量的原則

● 月總量的分配順序應以下列七個動作為主：蹲舉—上膊—推舉—高拉—抓舉—挺舉—後側動力鏈。

- 單一動作的訓練量不要超過月總量的 25%，不然可能導致過度訓練。

- 單一動作上至少需要安排 7% 以上的月總量，才會有訓練效果。[17]

透過這種課表的設計方式，每個月的訓練量主要都分布在基礎力量動作上。

每個訓練週期的基礎都是以運動員運動表現的發展與成長為立基。

蹲舉—上膊—推舉—高拉—抓舉—挺舉—後側動力鏈

就重訓轉移到專項運動表現的效果而言，上述這幾個舉重動作最關鍵。連結每個特定動作的訓練量是為了確保每個動作的量都適當，而且比較能有最佳的力量與爆發力訓練效果，同時也能避免過度訓練的風險。

這些動作對神經系統、恢復能力和技術的要求都很高，所以訓練量需要嚴格控制。反之，如果不去考慮每個月、每週或每次課表的訓練量，就很有可能犧牲訓練品質或造成過度訓練。至於這七種力量動作的優先順序，則要依據運動員的經驗和實力來調整。

理想情況下，我們會依據動作的相對重要性來分配這七種動作的訓練量，但在分配訓練量時，七種動作不一定都要排進課表裡（但如果有排入課表的話，訓練量至少要大於月總量的 7% 才會有效果）。每一種動作都為運動表現提升所需的爆發力與力量發展帶來不同面向的訓練效果；然而，根據運動員的能力和訓練目標，我們可以調整訓練重心。

比如說，一名訓練新手由於技術與全身力量和穩定性都不足，所以可能還沒準備好一開始就練挺舉。

或許他可以將前幾個週期的目標先擺在絕對力量的發展，到第四週期再加入奧林匹克式舉重動作（爆發力動作）。

教練的最終目標應是在運動員的訓練生涯中納入上述七種動作，並時時考慮運動員的需求。

每一個動作的訓練量都應該有一個限定範圍，這個範圍主要是依據運動員的需求

與期待來設定，其中也包括每一個特定週期想要加強訓練的能力。

如你所知，訓練新手需要更強調「力量」的訓練，而實力較強或菁英選手則為了提高發力率所以需要進行較大量的奧林匹克式舉重訓練（爆發力訓練）。這些實力較強的運動員所能承受的爆發力訓練量也會比其他人更多。

在分配月總量時，我們發現最有效果的百分比如下：

- **蹲舉**：月總量的 18~25％
- **上膊**：月總量的 18~21％
- **推舉**：月總量的 14~20％
- **高拉**：月總量的 7~15％
- **抓舉**：月總量的 7~15％
- **挺舉**：月總量的 7~15％
- **後側動力鏈**：月總量的 7~18％

上面每個動作的區間並不是隨意定出來的，它們來自於蘇聯系統的指導原則再加上我們多年實驗和分析所得到的最終結果。

過去我們犯的主要錯誤是太過強調「蹲舉」和「上膊」，這兩個動作占了太多訓練量，其他動作則練得太少，直到後來我們發現各種基礎力量動作的訓練量最好能控制在上述的區間內。面對不同實力水準的運動員，該如何制定個人化的訓練量，我們之後會深入討論；但現階段的重點是先說明如何分配起始訓練量。

當一個動作的訓練量超過總量的 25％，你便幾乎已經不會得到更多訓練成效了。此外，前面也提過，若一動作的訓練量不到總量的 7％，就不足以刺激進步發生。

如果七種基礎力量動作你都練，其中有幾個動作——像是蹲舉和上膊——的訓練量超過 25％ 的上限，就很可能會進入過度訓練的警戒區，並導致重複性損傷或神經系統疲勞，這種情況將會扼殺在你在健身房中取得的所有成果。因此在設計課表時，先

對每個動作的訓練量設定明確的區間，管控訓練壓力，可以讓我們比較不用擔心運動員的身體超過了恢復系統的極限。

基於上述的理由，就算蹲舉很重要，它的訓練量也不會超過 25%；如果該週期有安排後側動力鏈的動作，它的訓練量最少要達到 7% 才會產生效果，不然就是浪費時間。但若因為特殊情況該週期只安排 4~5 個動作，其中有些動作就可以超過 25%，不過此時更重要的是有計畫地調整強度，才能避免過度訓練的情形發生。

決定訓練量時，保守一點絕不是壞事。在大多數情況下，我們希望不要太極端。建議你在上述區間之中找到一個當前最適合運動員的訓練量。

以高水平運動員為例，若該週期整個月的訓練量設定總反覆次數 1,000 次，接著我們就可以把這些次數分配給每個力量動作。

假設蹲舉的訓練量占 20％、上膊占 18％、推舉占 16％、高拉占 14％、抓舉占 12％、挺舉占 10％、後側動力鏈的動作占 10％。

七個動作分配到的反覆次數如下：

- **蹲舉**—200 次
- **上膊**—180 次
- **推舉**—160 次
- **高拉**—140 次
- **抓舉**—120 次
- **挺舉**—100 次
- **後側動力鏈**—100 次

你可以看到我們如何把四週的總訓練量（總反覆次數）分配到這七個動作。

當然，這裡沒有詳細說明單次課表的反覆次數與組數，只是先把單一動作的月總量定出來。

當你在賽季開始前，想要開始使用這種方式來安排課表時，請先確定運動員的實力與需求，選定動作和訓練量的百分比後，訓練過程中請鎖定在一開始設定的百分比，不要隨意變更（至於賽季中的訓練量安排又是另外一回事了）。當你真正掌握了本訓練系統後，可以根據運動員的弱點與落後的動作來調整週期之間的百分比。不過，先別把事情搞得太複雜。

決定這些數字時，當然並非一成不變，你可以根據運動員的比賽項目、經驗和能力以及當下的時間點調整百分比。

假如這是你第一次使用這種方式來排課表，建議按照圖表 4.23 中的百分比來分配這七種基礎力量動作的月總量。

如你所見，我們會先在訓練新手的課表中排除「挺舉」這個動作，因為挺舉對技術、力量和穩定度的要求都很高，而入門者通常缺乏這些能力。因此，我們會先把挺舉的訓練量分配給其他更強調「力量」的基礎動作。同樣的方法也可以用在其他太過進階的動作上，如果運動員覺得動作難度太高或不太適合當前運動員的專項需求，也可以先在初期停練。

	新手	高水平	菁英
蹲舉	24%	22%	18%
上膊	18%	19%	21%
推舉	20%	17%	14%
高拉	15%	11%	7%
抓舉	10%	13%	18%
挺舉	0%	8%	12%
後側動力鏈	13%	10%	10%

【圖表 4.23】七種基礎力量訓練動作的訓練量分配百分比（分成新手／高水平／菁英三種等級）

最好將調整每個訓練動作之間相對的訓練量和比例，留給那些比較有經驗的教練來進行，由於這些教練已經跟各種不同實力的運動員合作過，也投入大量的時間在課表設計的各種細節上，所以比較適合來調整這些百分比。

從圖表 4.23 可以看到，隨著運動員實力的提升，爆發力動作的比例增加，力量動作的訓練量則相對減少。這是因為爆發力訓練對頂尖選手的重要性更高，而且經驗豐富的重訓者通常也對低反覆高強度的反應更好。

每個動作的訓練量百分比也可以在週期之間進行微調，當運動員的力量水平提升以及奧林匹克式舉重動作的效率改善後，你就可以把更多比例的訓練量轉移到那些動作上。這也是我們常用的做法，把課表中強調「力量」的動作逐漸轉為更加強調「爆發力」與「速度」。

舉例來說，如果一位剛入門的美式足球員從我們之前建議的百分比開始了第一週期的訓練，後面幾個週期的百分比可以依據下列方式來調整。

	第一週期	第二週期	第三週期
蹲舉	24%	22%	21%
上膊	18%	18%	20%
推舉	20%	22%	20%
高拉	15%	15%	16%
抓舉	10%	12%	13%
挺舉	0%	0%	0%
後側動力鏈	13%	11%	10%

【圖表 4.24】新手的訓練量百分比在不同週期之間的調整方式

季外期的訓練過程中，我們可以逐步把更多的訓練量轉移到爆發力動作上，使運動員在賽季來臨前能有一定的速度和爆發力。對重訓入門者來說，就算月總量不用改變太多，簡單調整每個動作的強度與訓練量，就可以看到不錯的訓練成果。也就是說，第一次使用這種方式排課表時，保持簡單是最好的選擇。

週總量

週總量的分配方式跟之前的計算方法很像。接下來就是要用相同的波動模式把週總量分配到每次的課表中。

當我們改變每次課表的訓練量，也等於是在一週中穿插施壓與恢復的時間。

	新手或高水平運動員的 月總量分配百分比		新手或高水平運動員的 週總量分配百分比
第一週	28%	第一天	28%
第二週	22%	第二天	22%
第三週	35%	第三天	35%
第四週	15%	第四天	15%

【圖表 4.25】月總量在 750~1,000 次之間的新手或高水平運動員，每週與每次的訓練量分配百分比

	高水平或菁英運動員的 月總量分配百分比		高水平或菁英運動員的 週總量分配百分比
第一週	27%	第一天	27%
第二週	22%	第二天	22%
第三週	32%	第三天	32%
第四週	19%	第四天	19%

【圖表 4.26】月總量在大於 1,000 次的高水平或菁英運動員，每週與每次的訓練量分配百分比

教練之眼

如果運動員在訓練初期表現比較突出的是力量動作而非爆發力動作，你應該重新分配百分比，把更多的訓練量分配到爆發力動作上。但若要這麼做，你先要確實掌握運動員的實力，而且對自己課表設計的能力十分有信心才行。在調整課表的變數時，第一選擇是「月總量」，接著才是「訓練強度」，若真的要調每個動作的百分比，也盡量不要偏離前面提到的數值太多。

有些運動員無法安排一週四練的課表，也可以用一週三練的方式來分配訓練量。但要注意，如果月總量（當月總反覆次數）超過 1,000 次，縮減成三天的訓練方式可能會對恢復系統造成太大的壓力，使得訓練進程受阻。

如果真的需要使用一週三練的課表，月總量就必須有所限制。從教練的角度來看，你也許會想要先設定好月總量再來決定一週的訓練頻率，但比較好的做法多半是先確定運動員一週可練幾天（訓練頻率）再來規劃月總量的高低。

	月總量（月總反覆次數） 少於 **1,000** 次的分配百分比		一週三練的週總量 分配百分比
第一週	28%	第一天	42%
第二週	22%	第二天	24%
第三週	35%	第三天	34%
第四週	15%		

【圖表 4.27】一週三練的訓練量分配範例

反覆次數的試算範例

反覆次數的計算方式並不是特別難，但還是有可能犯錯。最常見的錯誤是單堂課表的總反覆次數。你首先必須先確定週總量，再利用我們建議的百分比推算出每次課表的總訓練量（所有動作加起來的總反覆次數）。計算方式很容易，但次序要正確（月→週→天），不然會像許多教練由於數學錯誤而設計出月總量 3,000（次）的課表。

	新手／入門運動員的月總量 （月總反覆次數）**750** 次			第三週總訓練量 （週總反覆次數）**262** 次
				一週三練
第一週	750×28%=210 次		第一天	262×42%=110 次
第二週	750×22%=165 次		第二天	262×24%=63 次
第三週	**750×35%=262 次**		第三天	262×34%=89 次
第四週	750×15%=112 次			

【圖表 4.28】月總量（月總反覆次數）750 的週總量與單次課表試算範例

「週總量」包括當週所有主要訓練動作的總反覆次數，但不包括輔助訓練動作的次數。例如圖表 4.28，第三週第一天的訓練量是 110 次，這是指所有基本力量動作及其變化式的總反覆次數。表格中第二天和第三天所計算出來的數字也代表同樣的意思。至於每一個特定力量動作的訓練量會再由週總量分配不同的百分比。

為了使你更清楚計算的方式，讓我們再以月總量 1,000 次的高水平運動員的課表為例：

高水平運動員 月總量 1,000 次	
第一週	1,000×27%=270 次
第二週	1,000×22%=220 次
第三週	1,000×32%=320 次
第四週	1,000×19%=190 次

【圖表 4.29】某位高水平運動員在月總量 1,000 次時的週總訓練量

下面以這位運動員為例，用我們前面提過的百分比試算七個關鍵動作的月總量：

● 蹲舉（1,000×22%）=220 次
● 上膊（1,000×19%）=190 次
● 推舉（1,000×17%）=170 次
● 高拉（1,000×11%）=110 次
● 抓舉（1,000×13%）=130 次
● 挺舉（1,000×8%）=80 次
● 後側動力鏈（1,000×10%）=100 次

第三週是月總量的 32%，所以你只要把每個動作的量乘上 32% 就可以知道每個動作的週總量了，計算出來的結果如下：

第三週週總量 320 次		
蹲舉 70 次（70.4）	抓舉 42 次（41.6）	挺舉 26 次（25.9）
上膊 61 次（60.8）	高拉 35 次（35.2）	
推舉 54 次（54.4）	後側動力鏈 32 次（32.0）	

【圖表 4.30】各動作在第三週的週總量（括弧內的數字為計算結果，最終結果以四捨五入為準）

　　接著我們會再把每個動作的反覆次數分散到每次的訓練上。一樣用月總量 1,000 作為範例，因為這個量不論是一週四練或三練都可以用，它剛好介於兩種訓練頻率都可使用的邊界上。

　　下面是把第三週 320 次的週總量分別排在一週四練與一週三練的課表裡：

第三週的週總量（週總反覆次數）320 次			
	一週四練		一週三練
第一天	320×27%=86 次	第一天	320×42%=134 次
第二天	320×22%=71 次	第二天	320×24%=77 次
第三天	320×32%=102 次	第三天	320×34%=109 次
第四天	320×19%=61 次		

【圖表 4.31】在每次課表中分配週總量的範例

　　從這個觀點來看，似乎看不出哪種設計方式比較好。沒關係，不用比較，只要守住核心目標，成功的路徑不只一條。設計課表時始終不變的目標是：優化訓練刺激同時把恢復建制到系統中。下面透過訓練量來分類課表，這可以幫助我們在設計課表時進行判斷。

依訓練量來分類課表

有了每次課表的總反覆次數，我們就能依據訓練量來分類課表。

在這個分類系統中，我們把課表分為超大量、大量、中量與少量四種。

這種分類方式有助於在課表的訓練間取得平衡，才不會在不知覺中排入了連續的大量課表。使用這些分類讓我們更容易決定何時要安排恢復。藉著這項分類工具有助於教練在規劃課表時減輕一些心理壓力。

超大量課表：單次課表總量在 150~175 次之間

主要是為最頂尖的菁英運動員所設計

- 但因為這種課表對體力的消耗很大，所以他們也很少會進行如此大量的訓練
- 此類課表對力量、爆發力和成就感都會產生最大的效果
- 訓練後需要更長的恢復時間

大量課表：單次課表總量在 100~150 次之間

- 由於訓練效果多是正向的，故很常在課表中出現
- 對力量、爆發力和肌肥大的效果都很好
- 有助於持續性的進步

中量課表：單次課表總量在 50~100 次之間

- 一般會安排在大量課表之後，以維持訓練成果
- 因總反覆次數略減，所以能夠提高課表的訓練強度

少量課表：單次課表總量最高 50 次

- 這類課表是透過減量以達到恢復的目的
- 讓教練能有計畫地把休息與恢復日排進課表裡而不再隨機安插
- 因總反覆次數較少，所以可強調以技術與爆發力為主的高強度訓練 [18]——特別適合安排在賽季中

這邊要提醒一下，總反覆次數只包括課表中負重「1RM 的 50% 以上」的「主要力量動作」次數，換句話說，不包括低強度的熱身（例如徒手深蹲）和輔助性動作（例如棒式）。

上述這些名詞讓教練比較容易評估課表訓練量的大小。以我們之前用過的例子來說明，一週訓練四次，總量是 320 次，在排課表時可以規劃一次大量，三次中量。

下面是整個週期中訓練量最大的一週。

第三週 總反覆次數 320 次		
第一天	86 次	中量
第二天	71 次	中量
第三天	102 次	大量
第四天	61 次	中量

【圖表 4.32】運用本節提到的分類方式來安排一週四練的課表

圖表 4.32 因為是訓練量最大的一週，所以都是大量課表和中量課表。如果我們拆解其他星期的課表，你會看到更多少量課表分布其中。但要注意一下，如果一個月當中少量課表比中量或大量課表還多，可能會造成刺激不足，無法使運動員進步。

這也說明為何我們認為一週三練的頻率比較適合訓練強度較低的新手——訓練量比較集中。下面是週總量同樣是 320 次時，一週三天分別的訓練量：

第三週 總反覆次數 320 次		
第一天	134 次	大量
第二天	77 次	中量
第三天	109 次	大量

【圖表 4.33】一週三練的課表訓練量比較集中

我們在一週當中安排了兩個大量課表能夠帶來較大的訓練成效，但也需要更多恢復時間（一週三練等於比四練多休息一天）。第三週是最大量週，接下來的第四週將大幅減量作為主動恢復週，以少量和中量課表為主。

下面是我們把一週四練和三練的課表拿來比較：

週數	一週四練	一週三練
第一週 總量 270 次	3 次中量課表—73、59、87 次 1 次少量課表—51 次	1 次大量課表—113 次 2 次中量課表—65、92 次
第二週 總量 220 次	2 次中量課表—60、70 次 2 次少量課表—48、42 次	3 次中量課表—92、53、75 次
第三週 總量 320 次	1 次大量課表—102 次 3 次中量課表—86、71、61 次	2 次大量課表—134、109 次 1 次中量課表—77 次
第四週 總量 190 次	2 次中量課表—51、61 次 2 次少量課表—42、36 次	2 次中量課表—80、65 次 1 次少量課表—46 次
共計	1 次大量課表 10 次中量課表 5 次少量課表	3 次大量課表 8 次中量課表 1 次少量課表

【圖表 4.34】一週四練 vs 一週三練

很明顯地，我們可以看到一週三練的訓練量比較集中，密度比較高，因為訓練計畫中要分配的總反覆次數是一樣的，所以降低訓練頻率就會使每次課表的平均訓練量提高。

教練之眼

　　一位運動員若表現出喜怒無常、焦躁不安、能量低落、安靜心率或血壓比平常高出 10% 以上，代表他很可能已經過度訓練了。跟平緩的進步或輸出下降相比，過度訓練的跡象有時更加難以察覺。

　　如果運動員在舉 100 磅（45.36 公斤）時看起來像在舉 200 磅，那一定有問題，這正是你調整課表和減量或降強度的好時機。如果一位教練能訓練自己提早發現過度訓練的徵兆，就有機會在運動員走下坡前先避免進入高原期。

　　檢測運動員垂直跳的高度可以確認運動員是否過度訓練。如果高度比平常減少 10% 以上，你應立即減少當天的訓練量和強度。運動員最好在垂直跳時不知道你在測試，除非你相信運動員就算知道也會盡力向上跳。

　　從表面上來看，安排更多的大量課表似乎最能刺激進步發生，但訓練量太大會造成訓練過度，因此需要小心處理取得進步與過度訓練之間的微妙界線。最近的研究表明，總訓練量和力量發展呈現強烈的正相關，如果訓練量和強度相同，不論是一週練三次或六次，力量進步的幅度都很接近。[19,20,21] 這樣的研究結果似乎傾向減少一週的訓練次數，因為可以增加恢復的時間，但休息太多也不是好事。如果目標是想透過加大總訓練量來提升力量，就要考慮運動員是否已經準備好面對強度較高的課表。

　　運動員的恢復能力是決定每週訓練頻率的主要因素。一週中若排入數天高劑量的課表，可能會對運動員造成傷害，因為運動員可能還要應付其他影響恢復速度的外部

因素。研究表明，當運動員以 10RM 的重量進行訓練時，雖然大多數都能在訓練後 48 小時左右恢復力量水準，但即使在訓練後 72 小時也並不是所有受試者都能完全恢復運動表現。[22,23]

在一週當中增加訓練天數似乎也縮短了恢復時間，但只要訓練量或強度開始向上攀升，一週四練的訓練計畫就變得更為適合運動員，因為若在月總量增加後還是維持一週三練，就會有過多的「大量」甚至「超大量」課表出現。在完成訓練量這麼高的課表之後，恢復時間也要盡量增加，這會是一個問題，因此提高訓練頻率、分散訓練量會有幫助。

在這一點上，我們還沒有考慮到每份課表的訓練強度，所以哪種模式比較合適還很難說。採用少量課表時，並不代表訓練動作的強度不能提高。這是我們接下來在「訓練強度」的章節將要深入探討的部分。

如果在逐漸增加月總量時，你心中仍有所遲疑，比較保險的方式是先確保較高的訓練頻率，使得每次課表的量不至於太高。

關於訓練量，只要你能採取比較保守的訓練態度，就不會犯什麼大錯。

單次課表訓練量的設計原則

為了達到訓練效果，每次課表中單一動作的最低有效劑量是 12 次（單次課表的總反覆次數）。

為了比較保守地看待運動員的恢復能力，我們將採用一週四練的常訓模式來說明。我們一樣是以第三週（週總量 320 次）的具體數字當作範例，見圖表 4.35 所示。

單次課表中「力量動作」的訓練量

每個動作的反覆次數不要超過 35 次（容忍修訂範圍是加減 3 次）

- 每組練 10 次：最適合肌肥大，但不適合力量和爆發力的發展
- 每組練 4~7 次：對發展力量、肌肥大和爆發力的效果相當
- 每組練 1~3 次：對力量和爆發力的效果較佳，但不利於肌肥大發展

單次課表中「爆發力」與「速度」動作的訓練量

每個動作的反覆次數不要超過 25 次（容忍修訂範圍是加減 3 次）

- 每組練 4~5 次：有助於爆發力和技術訓練
- 每組練 2~3 次：有助於爆發力訓練
- 每組練 1~2 次：有助於發展最大力量和爆發力

第三週，總反覆次數 320 次		
蹲舉 70 次	抓舉 42 次	挺舉 26 次
上膊 61 次	高拉 35 次	
推舉 54 次	後側動力鏈 32 次	

【圖表 4.35】一週四練中各個主要力量動作的預設總量

現在我們可以把各個主要力量動作的預設總量分配到四次課表中，分配的範本請見下表：

	第三週 週總量	第一天 總反覆次數	第二天 總反覆次數	第三天 總反覆次數	第四天 總反覆次數
預設總量	320	86 總量的 27%	71 總量的 22%	102 總量的 32%	61 總量的 19%
蹲舉	70	19	15	22	13
上膊	61	16	13	20	12
推舉	54	15	12	17	10
高拉	35	9	8	11	7
抓舉	42	11	9	13	8
挺舉	26	7	6	8	5
後側動力鏈	32	8	7	10	6
實際總量	317*	85	70	101	61

【圖表 4.36】一週四練的訓練量安排範本
* 預設的總反覆次數會跟最終實際值略有落差

你可以看到在用訓練量的百分比計算時，因為四捨五入使表格上的「預設總量」跟最終「實際總量」有些落差，最後總數差了 3 次。這在規劃課表的數學計算中是很自然的事，些微的數字差異並不用太在意。

我們在上述的課表範本把每一個訓練動作都排進去，這當然不是一個理想的選擇，甚至有可能造成重複性的傷害，所以還需要調整一下次數。

規劃課表訓練量時，原則很重要。這些原則並不是憑空想像出來的。下面我們再詳細說明「力量動作」和「爆發力動作」的分類方式。力量動作主要是蹲舉、推舉和後側動力鏈，爆發力動作則是上膊、抓舉、高拉和挺舉。在規劃訓練量時，前者可以比後者來得多。

但要注意，雖然身體可以承受較大量的力量動作，但也應避免在單次訓練中超過 35 次（容忍修訂範圍是加減 3 次）。

每次課表中的單一爆發力動作的訓練量則應避免超過 25 次（容忍修訂範圍是加減 3 次），以確保每次反覆都能維持動作品質。這麼低的訓練量也是因為這些動作對中樞神經系統有很高的要求，故重質不重量。

當運動員以超過 50% 的 1RM 進行奧林匹克式舉重訓練（即上膊、抓舉、高拉和挺舉）時，將對最大的運動單元和整個中樞神經系統造成負擔。在增加訓練量的同時也需要在課表之間安排更多的恢復時間，若量加得太多，身體的各種系統都會來不及恢復；當運動員連續數次都無法在下一次訓練前恢復，將對他各方面的表現造成負面影響，並增加受傷的風險。

根據運動員當前的目標，訓練量的強度也扮演十分重要的角色。

當強度落在 1RM 的 70%，一般來說，每組的反覆次數會設定在 10 次左右（或略多幾次）。這種練法普遍被認為對肌肥大或肌耐力效果比力量或爆發力更好。[24,25]

同樣地，當強度在 1RM 的 85% 以上，通常每組的反覆次數在 6 次以下。這個強度會對最大肌力產生最佳的效果。

正如我們稍後將在「訓練強度」一節所討論的，大多數訓練的強度區間都會落在 1RM 的 70~85% 之間，這個區間內的訓練能最有效強化力量和爆發力，而且也對肌肥大有幫助。

你可以從圖表 4.37 思考這些原則。

力量動作：蹲舉、推舉、後側動力鏈	
每個動作在單次訓練中不超過 35 次（容忍修訂範圍是加減 3 次）。	
每組 10 次以上	強調肌肥大
每組 4-7 次	強調力量與肌肥大
每組 1-3 次	強調最大力量

【圖表 4.37】力量動作的反覆次數與訓練效益之間的關係

速度與爆發力動作：上膊、抓舉、挺舉、高拉	
每個動作在單次訓練中不超過 25 次（容忍修訂範圍是加減 3 次）。	
每組 4-5 次	強調爆發力與動作技術
每組 2-3 次	強調爆發力
每組 1-2 次	強調最大力量與爆發力

【圖表 4.38】速度與爆發力動作的反覆次數與訓練效益之間的關係

　　雖然高拉的負重可以比其他爆發力動作來得大，藉此加大運動員的力量發展，但我們這邊是從訓練量的視角來設計爆發力的課表。

　　在了解我們的目標並使用上述的指導原則後，我們能夠透過波動的週期化模式來調控課表中每一組的強度和訓練量，以達到特定的訓練效果。訓練是長期的，教練要能在長期的訓練中提供持續的變化刺激，並在不同的時間點從肌肥大、力量和爆發力中選擇優先發展的重點。

　　本章後半部的「課表設計的原則」將會有更多細節。

　　當然，我們也看過有不少訓練系統是以「次數與組數」的結構來規劃課表，而且這些課表中的量明顯高出我們為每個動作所設下的限制。然而，你要了解我們在過去

數十年間的努力正是設法找出一種較有效率的訓練劑量，使我們能盡量提高效果，同時又能把過度訓練的風險降到最低。

在分配當週課表的反覆次數時，我們必須確保每個動作在單次訓練中都能重複至少12次，才能獲得訓練效果。這意味每次課表中「力量動作」的反覆次數為12~35次，「爆發力動作」的反覆次數則為12~25次（上下限都有正負3次的調整空間）。

回到前一個例子，當時我們還沒有設定單次課表中特定訓練動作的最低反覆次數。所以現在我們要把上述試算的數字（圖表4.36）做一些調整，把訓練次數太低的部分進行重新安排。

有問題的部分用灰底表示：

	第三週 週總量	第一天 總反覆次數	第二天 總反覆次數	第三天 總反覆次數	第四天 總反覆次數
預設總量	320	86 總量的27%	71 總量的22%	102 總量的32%	61 總量的19%
蹲舉	70	19	15	22	13
上膊	61	16	13	20	12
推舉	54	15	12	17	10
高拉	35	9	8	11	7
抓舉	42	11	9	13	8
挺舉	26	7	6	8	5
後側動力鏈	32	8	7	10	6
實際總量	317	85	70	101	61

【圖表4.36】● 同圖表4.36，但把該動作在單次課表中總反覆次數低於12的部分以灰底表示，代表它需要進行重新分配

現在知道我們希望把單次課表的每個「力量動作」總次數都限定在12~35次、「爆發力動作」限定在12~25次之間，接著我們可以把課表的訓練量重新規劃如圖表4.40：

第三週	週總量	第一天 總反覆次數	第二天 總反覆次數	第三天 總反覆次數	第四天 總反覆次數
預設總量	320	86 總量的27%	71 總量的22%	102 總量的32%	61 總量的19%
蹲舉	70	20	12	26	12
上膊	61	22	16	23	0
推舉	54	27	0	27	0
高拉	35	0	14	21	0
抓舉	42	0	22	0	19
挺舉	26	0	13	0	13
後側動力鏈	32	17	0	0	14
實際總量	318	86	77	97	58

【圖表 4.40】重新規劃後的第三週課表，各個主要訓練動作的反覆次數

在我們把每一個動作的訓練量重新分配之後，已經滿足了我們對「力量動作」和「爆發力動作」之單次課表總量的上下限要求。但大家要了解，就算在相同的情境下，分配的方式並沒有絕對的標準答案，兩名教練可能會在每次課表中提出略微不同的動作組合，這些差異可能來自個人對動作組合的偏好，也可能來自對訓練效果的不同期望；沒有對錯之分。

如果不知道訓練量高時該怎麼分配，這邊有一個比較好的動作分組方式。其中一組以上膊和推舉為主，排在第一和第三天；另一組以抓舉和蹲舉為主，排在第二和第四天。我們發現這樣的安排方式不論從運動表現和訓練量的角度來看，都會使運動員受益。因為蹲舉和上膊的訓練量本來就比較高，把兩者安排在不同天訓練可以分散壓力，減少恢復系統的負擔。

我們之所以選擇第三週當作案例來說明，是因為蹲舉和上膊這兩個動作的週總量最大。不過就算是量最大的第三天也沒有超過上限（蹲舉的上限是 35；上膊的上限

是 25）。當某個特定動作的總量（總反覆次數）在一週裡超過 60 次，最好要把該動作分配到三次以上的課表中。

你可以看到我們如何把 70 次的蹲舉和 61 次的上膊重新分配到前三天的課表。至於抓舉，因為有 42 次，無法只用一天練完，所以我們多增加一天課表來分擔抓舉的訓練量。相反地，後側動力鏈的總訓練量只有 32 次（小於 35），其實可以單獨排在一天的課表中，但要分成二天練也可以，只是要避免單次課表的總量小於 12 次。

如果特定動作在一週內只練兩天，理想的安排方式是一天「大量」，另一天「少量」。最終的實際總量是由調整過後每一天的總反覆次數相加得出的。

訓練量較高的日子會對肌肉的刺激比較大；訓練量較低的那天則比較適合用來刺激中樞神經。

調整每日課表時的第二個目標是，每個動作的量要有明顯的高低起伏，例如蹲舉第一天的量較高，第二天的量就要降低，第三天再調升。而那些不會每天練的動作就另當別論。

那入門運動員的一週三練的課表該怎麼排呢？下面假設月總量是 850 次，我們再試算一次給大家參考 [26]：

	新手／入門運動員的月總量 （月總反覆次數）**850** 次		第三週總訓練量 （週總反覆次數）**297** 次
			一週三練
第一週	850×28%=238 次	第一天	297×42%=125 次
第二週	850×22%=187 次	第二天	297×24%=71 次
第三週	**850×35%=297** 次	第三天	297×34%=101 次
第四週	850×15%=128 次		

【圖表 4.41】針對入門運動員的一週三練訓練量試算範例

每個動作的訓練量分配計算方式如下：

- 蹲舉（850×24%）=204 次

- 上膊（850×18%）=153 次

- 推舉（850×20%）=170 次

- 高拉（850×15%）=128 次

- 抓舉（850×10%）=85 次

- 挺舉（850×0%）=0 次

- 後側動力鏈（850×13%）=110 次

第三週 總反覆次數 **297** 次		
蹲舉 71 次	抓舉 30 次	挺舉 0 次
上膊 54 次	高拉 45 次	
推舉 59 次	後側動力鏈 38 次	

【圖表 4.42】把週總量 **297** 次分配到各個訓練動作中 [27]

	第三週 週總量	第一天 總反覆次數	第二天 總反覆次數	第三天 總反覆次數
預設總量	297	125 週總量的 42%	71 週總量的 24%	101 週總量的 34%
蹲舉	71	30	17	24
上膊	54	23	13	18
推舉	59	25	14	20
高拉	45	19	11	15
抓舉	30	13	7	10
挺舉	0	0	0	0
後側動力鏈	38	16	9	13
實際總量	297	126	71	100

【圖表 4.43】把週總量分配到一週三練的七個主要的力量動作上

當每週少訓練一天之後，你會看到每次的訓練量明顯增加。這就是為何第四個訓練日在避免過度訓練上有其重要的價值。

圖表 4.43 中各動作的量尚須考慮到訓練有效性所需的最少反覆次數（12 次），故在圖表 4.44 中進行修正與重新分配：

	第三週 週總量	第一天 總反覆次數	第二天 總反覆次數	第三天 總反覆次數
預設總量	297	125 週總量的 42%	71 週總量的 24%	101 週總量的 34%
蹲舉	71	31	18	22
上膊	54	23	19	12
推舉	59	22	18	19
高拉	45	23	0	22
抓舉	30	0	18	12
挺舉	0	0	0	0
後側動力鏈	38	25	0	13
實際總量	297	124	73	100

【圖表 4.44】考慮到訓練有效性所需的最少反覆次數（12 次）後，重新分配圖表 4.43 中三天的訓練量

教練之眼

如果某位運動員因為特殊理由，單次課表的「力量動作」需要練到 35 次以上，或是「爆發力動作」需要練到 25 次以上，為了幫助恢復，下面提供兩種變通的做法：

1) 先做原則所限制內的量，剩餘的次數等到課表最後再補練

2) 當天另外找時間進行第二次訓練

從圖表 4.44 中可以看到，蹲舉、上膊和推舉皆出現在這個星期的每一次訓練中（三天中都要練）；除了挺舉之外，其他動作都是練兩天。若要在一天之中排入每一個動作，多數教練會擔心運動員過度訓練。然而如果強度夠低，或許還是可以這樣安排，但強度若太低，很多訓練效果會達不到。現在我們還沒討論到一週當中的強度設定以及每個力量動作的進階變化方式。為了在降低過度訓練或受傷風險的同時滿足運動員的訓練目標，教練要能夠在訓練量、強度和動作三者之間做出選擇。

從這點來看，你應該要先單純從「訓練量」的角度把一個月（中週期）當中的月總量、週總量與各個動作的總反覆次數規劃好，接著把「訓練量」和「強度」結合起來，如此一來，本系統的真正好處就顯而易見了。

教練之眼

當你在決定本次課表要安排哪些動作或是如何分配次數時，先從「量最少的動作」和「總量最少的那天」開始下手。第二步再決定哪些動作需要練兩天以上（通常是最大量的前幾個動作），先把這些動作分配到總量較高的天數上。

先分別從總量最少和最大的天數下手，會比較容易把「實際總量」調整到跟「預設總量」差不多。

動作強度

要使動作強度區保持在一個狹窄的波動範圍內，才能維持有效的訓練刺激。

我們在分析蘇聯力量訓練計畫的過程中，最有趣的一項發現是他們設計的大部分課表裡，動作強度區間都很小。梅德韋傑夫針對舉重的研究發現，大約 68% 的訓練量會集中在 1RM 重量的 70~85%。只有總訓練量中的 5% 會把強度拉到 1RM 的 90% 以上。

[28] 這對於當時美國一些實力最強的奧運培訓選手來說似乎違背直覺，特別跟典型的西方心態相比起來是很不一樣的。

大部分的力量教練都會要求他們的運動員以突破自己的最大肌力為目標，關於這點應該很少有爭議。幾乎所有美國的重訓室都會在牆壁上貼出隊上最大重量是多少的海報，這會使名列其上的隊員以此為傲並盡力維持他的地位。因此，大部分的隊伍都會排定測驗日，對每位運動員進行 1RM 測試，以確認每個人當前的力量水準。

然而，我們是 NFL 中極少數不做 1RM 測試的教練，也不會在牆上的布告欄上公告最大肌力排行榜。我們甚至很少會讓球員練到 1RM 預測值的 95% 以上。

為什麼呢？主要是因為我們很少看到運動員在進行最大力量的舉重訓練時，還能維持姿勢正確。因為我們面對的不是以舉起一次最大重量為主要目標的健力選手，而且我們希望看到運動員在能夠維持速度與加速度的前提下才挑戰自己的更大重量，我們認為動作的品質與速度比勉強舉起最大重量有價值多了。

光是測試那一天的風險就很高。你會看到運動員為了測出最大肌力而做很多蹲舉和臥推，教練和運動員通常不會去算做了幾下，最後姿勢都走樣了還繼續測。

如先前所說，我們的目標是預防受傷和最大限度地提高賽場上的表現。這兩種目標都不是透過極端的高強度訓練來完成。不論課表的規律為何，過於極端的強度都不是最好的訓練手段，所以我們在尋找適合的百分比時，應以重訓的品質為立基點，而不是舉起的重量，這比較符合我們的目標。

我們採用了與蘇聯教練相同的訓練觀：強調動作的速度並把大部分訓練集中在狹窄的強度區間內，即運動員最大力量（1RM）的 70~85%。當我們這樣做，我們看到運動員的表現顯著提高，而且因過度訓練造成受傷與疲勞的發生率也降低了。

對菁英選手來說，當然可以在課表中排入強度 85% 以上的訓練；然而，過去的學習和經驗告訴我們，把這種強度留給那些靠自己努力爭取到的學員，會讓這種課表更有價值。

激勵運動員提高訓練強度仍然很重要，但把他們的名字掛在牆上並不是最終目

標。在團隊內創造競爭環境對提高表現絕對有幫助，但營造良性競爭氛圍的方法有很多，強調最大肌力排行榜上的名次不一定有助於預防受傷和提高賽場上的表現。

正如你在本書中反覆讀到的，若排課表時有所遲疑，寧可在訓練量和強度上保守一點也不要貿然挺進。如果某位運動員在重訓室中表現優異，此時逐漸增加重量和反覆次數比較沒問題，也是我們偏好的做法；但我們不建議因看到他們在訓練室或運動場上開始掙扎才進行下修。

決定強度的百分比

儘管實際進行 1RM 測試有其缺點，我們還是需要確定每個運動員的 1RM（只能正確執行一次動作的最大重量），以便在課表中計算各動作的強度百分比和重量。

對於那些還沒對運動員進行 1RM 測試的教練來說（尤其是正在跟高中或入門運動員合作的教練），我們建議改用「三次最大重量反覆」的方式來檢測。如果你對 1RM 檢測也不是那麼自在就不應該勉強，三次最大重量反覆會是比較好的選擇。

訓練新手因為在技術上還不夠純熟，所以無法測出真實的 1RM，就算測出來也不會準確。他們只要花一個星期專心練技術，1RM 就會大幅進步。

上述的替代檢測方式也被我們稱為「三次『接近』最大重量反覆」（3RM），這種檢測方式有三次讓運動員去抓重量和用力感覺的機會，所以比較能夠確保姿勢正確。進行檢測時，我們希望看到的是第一次向上加速明顯，第三次（最後一次）的速度則下降很多，若是如此，我們就把該重量當作 3RM。我們會進行較為保守的估算，把這裡測出的重量當作 1RM 的 80%。

目前 1RM 或 3RM 的檢測方式已被證實對單邊力量的預測具有一定的可靠度，不論受試者有無訓練背景，對男性與女性也都有效。[29]

決定訓練負重時，這可以作為起點及緩衝，避免運動員太早過度擴展能力。

俄羅斯訓練方式中最令人印象深刻的是它包含「重量體感」的教育。強度高低可

以根據運動員當天的狀況與體感來控制。

一旦運動員對 80%1RM 反覆三次的感覺有概念，他們調整重量的體感也會變好。將教練之眼與運動員的自我調節能力結合起來，是我們控制日常表現波動的祕訣。

花時間檢測與蒐集每一個力量動作的 1RM 是毫無意義的，而且如果你每個週期都要測，運動員必定也會覺得厭煩。因此，最好的做法是將動作進行分類，把核心動作設為參考點，透過核心動作的最大重量，你就可以回推其他外圍動作的訓練負荷與強度。

從圖表 4.45 你可以很快地看到核心動作與外圍動作的分別：

【核心動作】 訓練強度由實際的 1RM 檢測來決定	【外圍動作】 訓練強度由核心動作的 1RM 來決定
背蹲舉	前蹲舉、蹬階、弓步
臥推	斜上推、過頭推（這個動作不要用臥推的 1RM 來計算， 用體重的百分比會比較好）
上膊	羅馬尼亞式硬舉、上膊高拉
抓舉	抓舉高拉

【圖表 4.45】選測動作

有些訓練新手沒有重量遞進增加的檢測經驗，所以在估計 1RM 時可以採用另一種基於「體重百分比」的方法。下表是我們常用的數值，它除了可以用來預估主要動作的 1RM，也可當作整體相對力量的參考目標。

動作	預估 1RM
蹲舉	體重的 1.5 倍
上膊	體重的 1.25 倍
過頭推	體重的 1 倍
抓舉	體重的 0.9 倍

【圖表 4.46】用體重的倍數來預估 1RM

隨著訓練經驗和身體能力的增長，運動員的 1RM 也會超越圖表 4.46 中的數值。我們看過不少訓練有素的運動員在 1RM 達到表格中各動作標準後，運動表現就出現長足的進步。

強度與訓練量之間的關係

回顧第二章介紹的普列平重訓表，我們可以看到訓練強度與每組反覆次數之間的關係。當動作的強度增加，課表中的單組與總反覆次數都會跟著下降。

1RM 百分比	單組反覆次數	最佳總反覆次數	總反覆次數的建議區間
55%	3-6	30	18-30
60%	3-6	26	18-30
65%	3-6	24	18-30
70%	3-6	20	12-24
75%	3-6	18	12-24
80%	2~4	15	10-20
85%	2~4	12	10-20
90%	1~2	6	4~10
大於 95%	1~2	3	2~4

【圖表 4.47】普列平的重訓表：訓練強度百分比跟反覆之數之間的關係（跟圖表 2.5 完全相同，只是強度的排列順序改成升冪）

再提醒一次，普列平重訓表是特別為奧運舉重選手設計的，而團隊運動員的需求跟舉重選手有很大的差別。因此在用這個表格時需要針對不同的運動員以及專項運動的需求進行調整。

訓練強度 根據 1RM 百分比	反覆次數	對爆發力的效果	對力量的效果	對肌肥大的效果
大於 85%	1~3	中	大	極小
75-85%	3-6	中	中	小
70-75%	4-8	中	小	中
小於 70%	10	小	極小	大

【圖表 4.48】不同訓練強度對爆發力、力量、肌肥大的效果（分為四種效果：極小、小、中、大）

當我們確認當前最想加強的是哪一種力量的特性時，可以透過圖表 4.47 選擇最佳的訓練強度和每組的反覆次數。

前面我們已經在不涉及強度的情況下談過力量動作和爆發力動作的建議反覆次數。試著去了解強度跟每組反覆次數之間的關係，你應該能夠開始看出這套系統中是如何運作的了。

力量動作： 蹲舉、推舉、後側動力鏈、高拉 *	
每個動作在單次訓練中不超過 35 次（容忍修訂範圍是加減 3 次）。	
每組 10 次以上	強調肌肥大
每組 4-7 次	強調力量和肌肥大
每組 1-3 次	強調最大力量

【圖表 4.49】力量動作的反覆次數區間（跟圖表 4.37 大致相同，只是多了高拉）

速度與爆發力動作： 上膊、抓舉、挺舉、高拉 *	
每個動作在單次訓練中不超過 25 次（容忍修訂範圍是加減 3 次）。	
每組 4-5 次	強調爆發力與動作技術
每組 2-3 次	強調爆發力
每組 1-2 次	強調最大力量與爆發力

【圖表 4.50】速度與爆發力動作的反覆次數區間（同圖表 4.38）
* 高拉同時出現在力量動作與爆發力動作的分類中，排課表時要把它歸類到哪邊是根據課表的目的而定。

現在我們來了解強度、次數、組數之間的關係在哪裡發揮作用。跟普列平重訓表略有不同的是在強調肌肥大效果的單組反覆次數比較高（普列平的原始表格中每組最多是 6 次反覆，修改後的版本提高到 10 次以上）。這裡也跟俄國人所定下的原則一樣，技術與速度在所有的訓練中都相對優先。

力量教練的主要目標是使運動員以最有效率的方式提高力量和爆發力，並減少受傷風險。教練不能為了強調其中一種力量特性而犧牲另一種，這也是為何強度 70~85% 是最有效率的訓練區間，這個區間內的訓練對力量和爆發力都有不錯的訓練效果，所以不用特別犧牲其一。

教練之眼

我們觀察到有些天生爆發力極佳的運動員，從身體各部位的比例來看，他們的腹部和下背部比較小。這類運動員在沒有進行太多重量訓練下，很自然就能在跳躍或跑步時表現出極強的爆發力。儘管這類運動員的輸出很高，但由於他們特殊的身體結構，基本做功能力往往較低。

因此在面對這類運動員時，在規劃組數與動作次數上要特別小心。比方說，同樣總是 15 次的動作，不要把課表排成 5 次 3 組，而是改成 3 次 5 組；這可以幫助他們在維持總量的同時盡量避免運動傷害。

動作強度的設定原則

- 當負重加大，動作的速度和爆發力會開始下滑。
- 大多數的訓練量要落在 1RM 的 70~85% 之間，這是提高力量和爆發力的最有效區間。
- 新手的課表中，大部分的訓練強度都要比高水平和菁英運動員低。

強度區間

各訓練動作的強度都不出下面六種強度區間。每個區間都包含了一個明確的 1RM 百分比範圍，特定的區間會帶來特定的刺激效果。

強度一區：50~59% 的 1RM

這個區間常用在熱身時。區間一的重量因為夠輕，所以運動員能重複超過 10 次以上。本區間的主要目的是提高體溫和軟組織的柔韌性。但若訓練的對象是新手，強度一區就不只用在熱身，也會用在主課表中幫助初學者優化技術和建立做功能力。

強度二區：60~69% 的 1RM

我們主要用這個區間來使神經系統和肌肉骨骼系統做好主課表前的訓練準備。課表中主要訓練動作的熱身組常會以強度二區來進行，此時會特別著重姿勢的完善和舉重的速度。

對訓練新手來說，我們一樣會大量使用本強度來優化技術、建立力量和速度基礎，這也是為之後更密集的訓練做好準備。

強度三區：70~79% 的 1RM

這是運動員開始更好地發展「力量」和「速度－力量」的區間。當運動員已經用這套系統進行了一年或兩個大週期的訓練後，大部分的訓練量主要落會在這個區間。

強度四區：80~89% 的 1RM

進到這個區間主要是為了進一步開發運動員的最大力量。對入門等級的運動員來說，只有等他們的身體能力足夠，才會進展到這級強度。然而，對高水平和菁英等級的運動員，可透過四區的上限來加強他們的爆發力。

強度五區：90~99% 的 1RM
強度六區：大於 100% 的 1RM

這兩區強度我們會用得很小心。它不只是在發展生理上的最大力量，也是在完善心理上的力量。想要成功完成 90% 以上的訓練，需要極高的專注力和動作品質。我們只會把這級強度的課表留給實力夠強的運動員。大部分的運動員都不會練到這一區。

由於我們的主要目標是提高力量與爆發力，因此大部分訓練負荷應介於二～四區之間，也就是 70~89%。我們很少會冒險把訓練負荷拉高到 90% 的 1RM 以上，規劃課表時，我們並不把打破個人最佳紀錄（Personal Record，簡稱 PR）當作目標。你的運動員不會在重訓室裡因為測驗和打破紀錄而變強；他們會變強是因為「訓練」。

運用強度區間

當運動員的訓練經驗和動作效率達到某種水準之後，你可以在強度二～四區之間

加入速度訓練，但不要忘記大多數的訓練還是在二區與三區。

把四區留給那些已發展出優秀運動能力的選手身上，無論他們的專項運動為何，力量訓練時要持續專注在重量向上舉起的最大加速度。把強度擴展到 80% 當然有利於進一步發展力量和爆發力，但此時通常會碰到速度明顯下滑的情況。當舉起的速度太慢時，對運動能力的幫助就有限了，所以這裡要特別注意。

如果某項運動特別需要最大力量，90% 以上的訓練當然就很重要了。但不管有多重要，五區以上的訓練仍只會占運動員總訓練量的一小部分。

相對強度

當你在分析課表和決定訓練強度時，要先知道「相對強度」（relative intensity）是什麼。在單次課表的訓練中，一個動作會以不同的強度等級來完成，也就是每組裡的不同強度會搭配不同的反覆次數。舉例來說，一系列的背蹲舉課表（五組）可以基於 1RM 的百分比安排為：50%×6、60%×4、70%×4、70%×4、75%×4，總計背蹲舉22 次，其中一區占 6 次、二區占 4 次、三區占 12 次。

相對強度的概念是把每個強度與其反覆次數都考慮進去，最後計算出這個動作的平均強度。計算方式是把該動作的「總做功」除以「總反覆次數」。以前面五組背蹲舉課表的數據為例，試算如下：

$$（50\%×6）＋（60\%×4）＋（70\%×4）＋（70\%×4）＋（75\%×4）$$

$$\downarrow$$

$$（300）＋（240）＋（280）＋（280）＋（300）$$

$$\downarrow$$

$$＝ 1,400 ÷ 22 \text{ 次} ＝ \textbf{63.6\%1RM}$$

從上述的計算得知，此次五組背蹲舉的相對強度是 63.6%，落在「強度二區」。但如果我們在組數和強度都不變的情況下，重新分配各組的反覆次數，就會看到相對強度有所改變。

$$（50\%×4）＋（60\%×3）＋（70\%×5）＋（70\%×5）＋（75\%×5）$$

$$↓$$

$$（200）＋（180）＋（350）＋（350）＋（375）$$

$$↓$$

$$= 1,455 ÷ 22 \text{ 次} = \textbf{66.1\%1RM}$$

　　相對強度增加 2.5% 改變似乎並不大，但當運動員的訓練強度、反覆次數和組數都增加，能移動的重量也加大時，這樣的變化將變得格外重要。

　　當我們想預防過度訓練，又想增加訓練量和強度時，兩者間的平衡就會變得相當棘手。以上述的案例來說明，若想同時增加訓練量和強度，我們可以在 70~75% 的目標強度增加訓練次數，以幫助力量與爆發力的進步；再把你想增加的反覆次數分配到較低的強度（以上例來說是 50%），以拉低整體的平均訓練強度。

　　如果你想讓運動員開始嘗試強度四區（80~89%），又想同時維持訓練量和平均訓練強度，可以重新分配反覆次數。

$$（50\%×5）＋（60\%×3）＋（70\%×4）＋（70\%×4）＋（75\%×4）＋（80\%×2）$$

$$↓$$

$$（250）＋（180）＋（280）＋（280）＋（300）＋（160）$$

$$↓$$

$$= 1,450 ÷ 22 \text{ 次} = \textbf{65.9\%1RM}$$

第一組是 50% 的 1RM 反覆做 5 次，可以當作熱身與技術準備；第二組的 60% 只須安排 2~3 次，讓運動員在增加負重後感覺一下動作，提升他對這個動作的體感，所以次數不用多。主要的訓練量還是落在 70~79% 這個範圍（強度三區），最後一組再把強度加到 80%。

當每組的反覆次數低於 4 次，運動員此時應該努力加速槓鈴，並更專注在動作的爆發力上。這裡是想讓你明白，我們可以藉著控制每組的反覆次數讓運動員在總訓練量與相對強度都保持不變的情況下進行更高強度的訓練。

當你想要深入到課表設計的細節，決定單一動作或課表的目標訓練強度時，了解相對強度的概念將非常重要。

選擇訓練負荷

一套有效的訓練系統會用到所有的強度區間；然而，運動員必須先證明他們已具有提高強度和負荷的實力。

訓練的目標不只是使你的運動員盡快拉高訓練強度，尤其面對訓練新手時更是急不得。

關於訓練，品質永遠比數字重要。不論這個數字是反覆次數或強度，在無法維持品質前，都不能急於增加重量。

訓練新手／入門運動員
主要的訓練強度是在二區或三區（更精確地說是 1RM 的 60-75% 之間） 偶爾有少部分訓練量可以拉高到四區

【圖表 4.51】入門運動員的主要訓練強度區間

對新手而言，訓練的重點應該放在動作的教學上，並且要規劃足夠的反覆次數使他們有時間培養良好的動作模式。教練在安排新手的課表時，每一組動作的反覆次數必須足夠，才能讓他們對動作「有感覺」，也才有矯正的機會。太快拉高強度，他們就會把大部分的精力花在處理重量，而非完善動作。比如上膊的動作開始不自覺用手臂拉重量，動作看起來快要失敗，或肩推時身體會向後仰，就代表該減少負重了。

另外，對一位重訓新手來說，每一次的課表中都應該針對單一動作的技術進行調整，一次只調整一個動作，課表中的其他動作可以只要求完成就好。若想要在同一次訓練中指導多個動作，可能會無法兼顧。

舉例來說，如果是沒有重訓經驗的高一新生，我們建議幾乎所有的課表都應該在強度一區和二區，只會在三區進行一些少量的嘗試。也就是說大多數的訓練量是在 1RM 的 50~70% 之間，但單組的反覆次數可以多一些，我們會設定在每組 4~7 次之間，反覆次數多一點有助他們改善體感以及針對你的指導做技術上的修正。

對沒有重訓經驗的新手而言，當他們穩定進步與成長之後，這種較高反覆的課表也有助於增加肌肉量，這顯然對美式足球和其他接觸型運動來說非常重要。因為這類運動員才剛剛接觸重訓，所以就算只用 50~70% 的強度，槓鈴上的重量仍然會穩定的增加（因為新手的 1RM 進步很快）。如同我們說過的，他們通常可以在頭兩年都使用相同的課表規劃邏輯，力量和爆發力仍不斷提高。

高水平或菁英運動員

主要的訓練強度是三區或四區（1RM 的 70~89% 之間）
偶爾有少部分訓練量可以拉高到五區或六區

【圖表 4.52】高水平或菁英運動員的主要訓練強度區間

有些實力較高的運動員若在力量和爆發力的訓練上表現良好，而且恢復情況也很好，你就可以把課表的強度拉高到四區或五區。這些運動員每隔一段時間也可以加入

一些強度 90~100% 的課表；然而，五區以上的強度要看個別情況加入，並不是菁英就一定要練。

除非你跟職業或非常專業的運動員合作，不然 70~85%1RM 的訓練強度就能獲得 98% 的訓練效果。最後 10% 的強度區間是頂尖菁英在追求那 2% 表現差異時才會去練的。

世界上某些最強壯的運動員也會很謹慎地進行強度 90% 以上的訓練。訓練時把自己逼到極限邊緣是高水平菁英的殊榮，只能偶爾為之，不能隨意使用。以力量增長的目的來說，隨著運動員的訓練年齡逐漸成熟，他們通常會對高強度低反覆的動作產生更好的反應。

在蘇聯式的訓練中，運動員練了多少量、對這些量的感受如何，蘇聯教練並不會太關心。即使運動員的狀況好到可以跳上屋頂、舉起重量時槓片像在飛、80% 的重量舉起來像是 50%，教練也不會隨意把當天課表的訓練量和強度往上加，他們會嚴格跟著當天已規劃好的課表走。這是一套既嚴謹又嚴格的系統，他們相信只要長期跟著這套系統嚴格訓練，終將取得最佳表現。這套力量訓練系統就像一位傳統的東方教練，並不關心運動員的感受。[30]

對經驗尚淺的力量教練來說，最好嚴格遵守事先規劃好的強度和反覆次數；採用這種蘇聯式的課表設計方式消除了許多臆測和不確定性，是一種比較穩妥的做法。

我知道這對一位教練來說會是個挑戰，它違背了教練和運動員想找機會挑戰極限以及每週都能看到持續進步的衝動。運動員們可能在還沒覺得疲勞之前就不得不離開重訓室，就像一直被教練限制不能自由往前突破 PR 而感到沮喪。因為我們普遍已經習慣性地認為，課表練完後沒有感到筋疲力盡就是在浪費時間。

問題是，若教練順著運動員的心意增加訓練量或強迫他們在可能無法承受的負荷下加緊訓練，這種走短線、尋求一時痛快的訓練方式將會影響到長期的訓練和恢復模式，而這種模式正是使他們能夠穩定進步的關鍵。

雖然有時候運動員會覺得他們可以做得更多，但此時你要讓他們了解為何要嚴格遵守這份課表，因為這份課表的哲學是從大局評估運動員的需求與目標之後仔細設計出來的。初期先完全跟著課表練，不要任意改課表，但隨著時間和經驗的積累，你會逐漸意識到何時、何處可以靈活調整或挑戰極限。

教練之眼

在日常練習中，我們會設定幾個表現挑戰日讓運動員可以略微增加重量，但維持速度是不變的前提，舉起重量的速度絕不能妥協。身為教練，要訓練自己的教練之眼才能知道何時可以放任挑戰，何時需要減量和降低強度。

因為我們已經說過每一種特定的訓練效果都有一個對應的 1RM 百分比和反覆次數區間，所以如果運動員有信心能夠在設定好的組數與反覆次數內舉起更大的重量，只要這個重量仍在強度區間的上限之內，就可以放手讓他練。

然而，如果有運動員在熱身時看起來昏昏沉沉的，仍可在降強度的情況下把設定的動作和次數練完。這些症狀可能顯示身體的中樞神經系統還沒有被喚醒，應該先把強度降低，熱身後再視情況決定是否回到課表原訂的計畫中訓練。

當我們決定訓練強度時，可以先參考前幾次課表中的重量，或是根據我們的簡易檢測方式──三次最大反覆──找出 1RM 後再根據訓練的目標來決定（訓練的目標主要分為爆發力、力量和肌肥大三種）。當訓練週期順利向前推進，運動員的動作效率與功率輸出也一直在進步，你仍然可使用強度區間和各強度所相應的反覆次數，但也可以根據他們當天的表現來調整各區間的反覆次數。

有許多訓練變數會影響運動員當天的表現，尤其是仍在就學的高中與大學運動員。熬夜讀書、追劇、沒吃早餐或午餐就來訓練等，都會使重訓室裡的表現下滑。

比如說今天的課表要求進行多組臥推，每組反覆 3 次，強度是 80% 的 1RM，計算出來的負重是 225 磅（102 公斤）。雖然重量已經安排好了，但你仍然可以根據當天所看到的情況來調整運動員當天的負重，例如舉起重量時顯得非常掙扎，這時就需要調整課表讓他能提高當天訓練的成功率。這並不妨礙他們盡力訓練，沒有必要強人所難。

如果動作作看起來很慢或是他在舉起重量時動作已經變形了，那就代表當天適合做 80%1RM 的訓練。

我們的目標是看到所有的舉重動作都是可控且具有爆發力的，我們想聽到槓鈴在加速時，槓片與槓片間發出清脆的響聲。

如果我們當天只能加重到 180 磅（82 公斤），那就這麼練，不用勉強。訓練時的目標是達到預設的訓練量，並使反覆次數與強度區間都能落在預期的訓練效果之內。這個目標通常是動態的，計畫是死的，人是活的，依照你在訓練當下所看到的及時微調。

我可以理解有些教練很不習慣在訓練現場因應運動員的表現而調降課表，因為我們自己也是花了好幾年才知道該怎麼做。說服運動員在這整個星期或單次訓練中減少負重需要的不只是教練之眼，還需要勇氣和控制力。任何一位踏進重訓室的人都希望看到數字增加，不成為這些數字的奴隸非常困難。

我們花了很久才相信我們所看到的。堅持訓練的品質可能會影響短期的訓練成果，但從長期來看，必要時退一步卻是成功的必經過程。

訓練量的計算原則

一旦決定好課表中每個動作各組的目標強度區間，了解什麼時候開始計算次數就

很重要。如果標準前後不一，就會影響訓練量統計的正確性，造成訓練不足或過度訓練而不自知。

　　我們向來建議在主課表前至少有 1 或 2 個熱身組，藉此逐步完善動作的技術和速度。一旦強度達到 1RM 的 50%，就可以開始把反覆次數計入總訓練量中。

教練之眼

　　當訓練強度增加且反覆次數更低時，如果運動員加到了 PR 以上的重量，請立刻停止該動作的訓練，直接進行下一個動作的練習。

　　當運動員把身體帶到之前從未有過的臨界點時，將對它產生超乎過去經歷的影響。此時如果讓運動員再繼續練下一組，很可能導致不良的運動模式、過度訓練和受傷，尤其舉重經驗不足的運動員更要小心。我們的目標是變強，如果目標在這天實現了，那就不要太貪心，繼續進行下一項練習。

　　當運動員在組間逐漸增加負重時，應該要遵守上限 10% 的原則，也就是兩組之間的強度增加不要超過 10%。舉例來說，第一組的強度是 1RM 的 50%，下一組是 60%，再下一組是 65%，接著是 70%，這樣就沒有問題。但如果起始強度大於 70%，那組強度的增幅最好小於 10%，例如前兩組若安排 70~80% 或是 80%~90%，重量舉起的速度很可能就會大幅下滑。

　　負重增加時，動作的速度當然會變慢，但兩組之間的速度不應該有大幅的改變。

　　如果你因為讓運動員延長熱身，所以強度低於 50% 時就開始把次數計入到總量之中，當天主課表就可以少練一些。有些教練會在 60%、65% 或甚至 70% 以上才開始計入次數。

如果你是等到較高強度才開始累計次數，那等於是在較高的相對強度上加量。如果只是在單次課表這麼做，問題還不大；但如果教練長期使用這種方式計算次數，會在不自覺間給運動員施加過度的壓力，之後的進度勢必會受到過度訓練的影響。因此在計算訓練負荷的次數時，一定要嚴格遵守相同的原則。

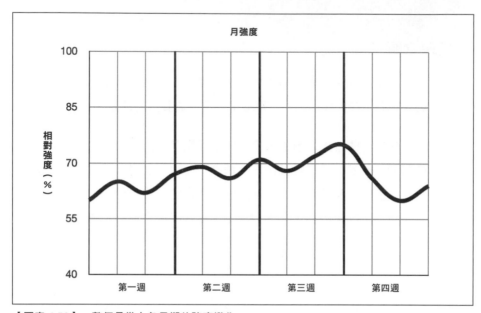

【圖表 4.53】一整個月當中各星期的強度變化

在一個中週期裡（通常是一個月），除了訓練量會依波動模式變化，整體的相對強度也會有波動，這是為了提供不同的訓練刺激與回報。

從圖表 4.53 可以看到，前三週不斷有相對強度更高的課表出現，到了第四週的相對強度則明顯往下降。

到了下個月（第二週期），第一週的相對強度會比上個月的第一週來得高。

圖表 4.53 中相對強度的增加速度可能會比你用在訓練新手身上的還快，你當然可以放慢強度增加的速度，這張圖只是讓你了解前幾週的強度變化是波動的，並且有向上爬升的趨勢。對訓練新手來說，強度增長的趨勢較為緩和，我們會比較強調他們

訓練量的增加，也就是在調整課表時，我們首先會增加的是反覆次數，強度則會排在第二位。

還有一個很重要的部分我們沒談到，在選擇適當強度時，要考慮到運動員的體重，下一節我們將針對蹲舉這個動作進行討論。

蹲舉的課表設計

當你在進行蹲舉的訓練時，決定適合的強度區間變得特別重要，尤其對高水平或菁英運動員來說更是如此。因為蹲舉及其變化式不只要承擔槓鈴上的重量，也要支撐自己的體重，所以我們建議把運動員的體重當作基準來決定適當的訓練強度。這也是為什麼我們更關心相對於體重的相對力量，而非絕對力量（絕對力量是指不考慮運動員的體重，只關心單次能舉起的最大重量為何）。

我們常聽到美式足球運動員能蹲舉 500 磅（226 公斤）或 600 磅（272 公斤）的故事，大家經常在討論繼續加重負荷的風險以及這麼做是否值得。如果運動員的專項是健力或奧林匹克式舉重，答案明顯是肯定的，重量代表一切。但對大部分的運動項目來說，重訓的目的是「提高運動能力」。

這邊可以舉一個具體的案例，高斯汀教練來紐約巨人隊的運動場拜訪我們，巨人隊上有一位 178 磅（81 公斤）的球員大衛・梅格特（David Meggett），可以輕鬆蹲舉 427 磅（194 公斤）。當我們問高斯汀教練如何可使梅格特更強壯時，他回答：「他不必再變得更強壯，而是要讓他舉得更快。」

這次的經驗使我們認識到訓練並不需要一味追求更大的負重。

一位 300 磅（136 公斤）的進攻線鋒和 150 磅（68 公斤）的外接員在背上扛著 150 磅進行蹲舉時，並不代表兩人移動的絕對力量相同。我們自然會期待線鋒能承受更大的重量。

然而，由於我們總是希望能妥善控制訓練強度，所以必須有相對力量的概念。即使負重相同，體重較重的運動員可能每次反覆都多舉 100 磅（45 公斤）以上。如果兩位運動員都以最大力量的 70% 進行訓練，那麼大體型運動員所能移動的槓片很可能會比較多，也就是說他所能移動的絕對重量比較大。但也因為額外做功，體重較重的運動員通常也需要更長的恢復時間。

　　因此在面對體重超過 250 磅（113 公斤）的大體型運動員時，如果他們的實力屬於高水平或菁英等級，蹲舉的課表中幾乎會有 50% 的訓練量落在強度二區與三區；但對於體重低於 240 磅（109 公斤）、體型較小的高水平或菁英運動員來說，則會有 50% 的訓練量在強度三區與四區進行。

　　這並不代表大體型與小體型運動不會在所有的強度區間進行訓練，各強度都會練，只是側重的區間不同。對於大體型運動員來說，需要對強度四區和五區的課表進行更審慎地規劃與監控，目的是確保充分的恢復與避免過度疲勞，使訓練和運動表現都能持續保持在最佳狀態並盡量減少受傷的風險。

　　我們並不會因為大體型運動員負重較大就犧牲了動作的速度。我們訓練的目標仍然是爆發力。

　　在蹲舉這個動作的課表設計上稍微調整一下，就能獲得一些好處並減少過度訓練的風險。因為蹲舉這個動作是力量課表的基石，它對體力的要求較高，所以特別提出來說明。

課表設計的原則

- 你所期望的目標強度區間應被分配到一整個星期的課表中。
- 個別動作的訓練強度應該在一星期當中上下波動。
- 訓練強度應該在中週期的最後一個星期大幅調降。
- 強度等級在每個中週期之間應該逐漸遞增。

在我們開始深入說明每一週或每一次課表的設計細節之前，需要對訓練強度進行全面的檢視，因為它與運動員的目標有關。

在本章談及訓練量的部分，我們著重在月總量、週總量、單次課表總量與個別力量動作的設定原則與比例。前面雖然已談到一週當中的訓練量跟強度之間的關聯性，但尚未深入說明任何細節。

每四週為一個中週期。訓練強度在這四週當中上下波動，而每一個動作的強度等級則會在相連的課表之間變動。

每個動作在一週當中應該至少訓練 2 次。考慮到這一點，其中有一天會當作強度日，相對強度比較高；另一天則是耐力日，動作相對強度較低，總反覆次數較多。

在強度日當天，我們會把多組訓練集中在強度區間的上限。對訓練新手而言，強度大約是落在 70~75%；對高水平或菁英運動員來說，強度則會在 80~85% 或更高。別忘記普列平的重訓表，大多數訓練組的反覆次數都應落在 3~6 下，才能在維持姿勢的情況下刺激力量和爆發力的發展。

你可以回頭看一下高水平運動員的例子，他們將每週動作的訓練量分散在不同天的課表中，以確保每次的訓練量都能落在區間內（單次課表中力量動作的總反覆次數區間建議落在 12~35 之間；爆發力動作則建議在 12~25 之間）。

訓練次數和訓練量的選擇並非隨機的，我們在設計一週課表時，原則上會安排一天加量（同時降低強度），另一天減量（同時拉高強度）。

所以一週課表中會包括強度日和耐力日。

訓練量的分配並沒有一定的順序，有時中間也會安排一些少量的恢復課表。

	第三週 週總量	第一天 總反覆次數	第二天 總反覆次數	第三天 總反覆次數	第四天 總反覆次數
預設總量	320	86 總量的 27%	71 總量的 22%	102 總量的 32%	61 總量的 19%
蹲舉	70	20	12	26	12
上膊	61	22	16	23	0
推舉	54	27	0	27	0
高拉	35	0	14	21	0
抓舉	42	0	22	0	19
挺舉	26	0	13	0	13
後側動力鏈	32	17	0	0	14
實際總量	318	86	77	97	58

【圖表 4.54】一週四練

我們可以用「上膊」這個動作來說明。因為第三週上膊的量較大,而且為了使每次的總次數低於 25 次,所以分配到三天來練,而非兩天。課表中的第一天和第三天被我們歸類在一起,它們可以都排成「強度日」,也可以都排成「耐力日」,隨教練決定。至於強度,則是根據當天的其他動作來決定。

第一天的訓練中,上膊的總量是 22 次,第三天是 23 次,再加上第二天的 16 次,一週總計 61 次。我們把第一天與第三天設定為「耐力日」,第二天因為量較少所以是「強度日」。

考慮到我們預設的強度區間,這三天的上膊課表會像這個樣子:

第一天

耐力日：22 次

50/4、60/4、70/4、70/4、75/3、75/3

第二天

強度日：16 次

55/3、65/3、70/3、75/3、80/2、80/2

第三天

耐力日：23 次

50/3、60/4、70/4、70/4、70/4、70/4

上面的第一個數字是指 1RM 的百分比，第二個數字是指該組的反覆次數。例如「50/5」是指 50% 的 1RM 重複 5 次。

第一天 22 次	第二天 16 次	第三天 23 次
區間一 50~59%：4 次 區間二 60~69%：4 次 區間三 70~79%：14 次 區間四 80~89%：0 次	區間一 50~59%：3 次 區間二 60~69%：3 次 區間三 70~79%：6 次 區間四 80~89%：4 次	區間一 50~59%：3 次 區間二 60~69%：4 次 區間三 70~79%：16 次 區間四 80~89%：0 次
相對強度 65.9%	相對強度 69.6%	相對強度 65.6%

【圖表 4.55】三天課表的相對強度

「強度日」會練到四區，而「耐力日」的訓練重點則是強度三區。

儘管我們一個星期中有三天都在訓練同一個動作，藉著改變訓練量、強度和反覆次數，我們依然能夠降低過度訓練的風險與管控神經與肌肉系統的壓力。

圖表 4.56 是依強度區間的方式來拆解課表，我們可以清楚看到大部分的訓練落在強度三區（70~79% 的 1RM），這也是最有利於刺激爆發力和力量發展的強度區間。

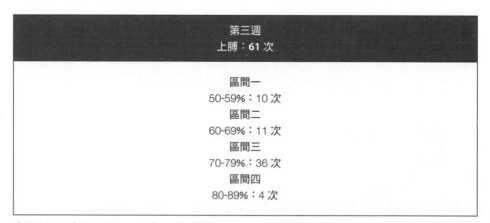

第三週
上膊：61 次

區間一
50~59%：10 次
區間二
60~69%：11 次
區間三
70~79%：36 次
區間四
80~89%：4 次

【圖表 4.56】第三週課表中「上膊」的強度區間與次數分配

教練之眼

在這邊，強度和次數之間的關係不用像我們上面的表格一樣嚴格遵守。如果是面對高水平運動員，我們只要確認次數足以練到速度和技術即可。

在強度區間較低的組數中，只要運動員願意，也可以超過課表的限制多做幾次，但不要讓他們做到舉不起來才停止。請用長遠的眼光來看待訓練，它需要數週和數月的時間才足以推動進步的發生。

當你持續設計課表，若這一天的其中一個動作是它的「強度日」，另一個動作最好設定為「耐力日」，反之亦然。這麼一來，每一個動作的強度和訓練量都會在一週當中產生持續變化的效果。有計畫地調整訓練變數讓我們可以簡化動作的選擇，並將注意力集中在當天最重要的動作上。

下面是一週四練的課表中針對各力量動作的強度波動設計：

一週訓練課表實例	
第一天 **27%：86** 次 上膊：耐力日 高拉：強度日 蹲舉：強度日 推舉：耐力日	**第二天** **22%：71** 次 抓舉：強度日 挺舉：耐力日 上膊：強度日 高拉：耐力日
第三天 **32%：102** 次 抓舉：耐力日 上膊：耐力日 蹲舉：耐力日 推舉：強度日	**第四天** **19%：61** 次 抓舉：強度日 挺舉：強度日 蹲舉：強度日 後側動力鏈：耐力日

【圖表 4.57】一週訓練課表實例

你可以看到變動的模式有時會改變。不用對規律的模式太過執著。同樣地，如果有兩天的訓練量相當，其中一天的反覆次數和組數可以降低一些，另一天可以調高，但相對強度要調低，以達到相近的波動效益。只要確定你在進行課表設計時，每次課表和各個舉重動作的訓練量與強度都有變化，訓練刺激也將跟著上下起伏。

這種上下起伏的變化模式將在前三週重複。接著到了當月的第四週會開始進行減量，我們不只會減少訓練量，也會刻意降低訓練強度。

透過遵循相同的訓練量波動模式來設計課表時，我們會把第四週當作一個積極的恢復週，將訓練強度限制在 1RM 的 75% 以下。

儘管採用這種較為定量的課表設計方法會帶來技術上的挑戰，尤其是在第四週，怎麼減、該減多少要動許多腦筋，但對力量教練與運動員來說，減量週在心理層面所帶來的挑戰性反而最大。

減量

減量期是最需要自我克制的時候。教練和運動員時常因為一時衝動而在強度日或耐力日加量，尤其是在運動員當天感覺良好、槓鈴移動速度飛快的情況下。身為力量教練，這裡所採取的方法可能是你在培養爆發力運動員使其取得長期成功的過程中最關鍵的因素之一。

每一個週期的第四週，週總量都會明顯減少，僅占每月總訓練量的 15~19%，而且強度不會超過 1RM 的 75%。身為教練，我們必須認識減量的重要性，它能預防運動員筋疲力竭或進步停滯期的發生。不幸的是，減量通常是教練發現問題後才想到要做的事，而不是預先就排在課表中。

減量計畫是檢查這套訓練系統是否平衡的關鍵之一。適時的減量才能讓運動員的基本動作不間斷地訓練下去，並幫助我們持續優化這些舉重動作的技術和速度。透過減量週限制訓練量和強度可以讓運動員的身體從當月較重的訓練負荷中恢復過來，並作出相應的補償（減量時身體才有機會恢復到比之前更強的狀態），所以我們要以更主動積極的方式來減量。

很多時候，力量教練們認為恢復就是睡眠或冰敷等被動恢復，或是像伸展、低強度有氧運動等。上述這些活動的確都有助於重建運動員的身體、填補新的燃料，這

些也絕對是不容忽視的恢復活動。但我們還是需要減量週，使運動員在較低強度的一區、二區或三區進行重訓，使他們在不損失力量和爆發力的情況下，依然能保持身心上的活力。

教練必須克服自己原本不太習慣的觀念。當運動員在減量週時，他們離開重訓室應該是不累、沒流什麼汗，而且還可以跟其他訓練伙伴開玩笑。我們仍可在舉重訓練中要求他們的爆發力，但是會以讓他們感到輕鬆的輕負荷與小量訓練為主。

隊伍中很多一進入重訓室就把自己當成「工人」的運動員，會說服你讓他們舉得更重或做更多訓練。他們甚至可能因為減量訓練而感覺受騙。而那些認為要操到吐才能有所成長的教練可能會因為你對運動員的要求得不夠嚴格或逼得不夠緊，而感到生氣或沮喪。因此，創造認同的關鍵是同時指導、教育與關心運動員，並且跟合作的教練們好好溝通。

要他們在短時間內認同並不容易，但隨著槓鈴上的重量穩定增加，運動員的速度不斷攀升，團隊整體的實力也愈來愈高，他們最終也不得不認同你。

進展

這套系統跟大部分標準的週期化模型一樣，訓練過程中會逐漸增加訓練強度。但在規劃強度時，我們會使用更有彈性的方法避免賽季期的強度相對降低。

線性的週期化模型會先挑一個特定的時間點當作高峰，比如說奧運比賽當天，那會是運動員訓練的主要目標。但如果該項運動的賽事長達數月，我們該把哪個時間點選作表現的高峰期？賽季開始？賽季進行到一半？還是季後賽？

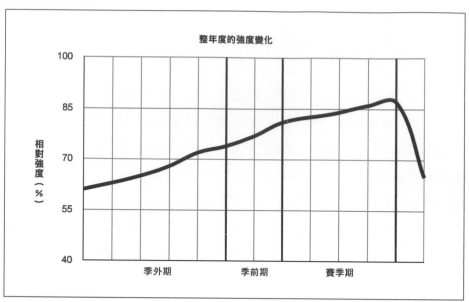

整年度的強度變化

相對強度（%）

季外期　　　季前期　　　賽季期

【圖表 4.58】年度強度變化曲線

　　我們的目標是在一段長時間內持續增加或維持訓練強度，為了達到這個目標，強度需要小幅度的波動（適時讓運動員減量休息才能再往上調升強度）。

　　從宏觀上看（從一整年的視角來看），圖表 4.58 的曲線看起來滿直的，從季外期到賽季的強度變化像是線性的改變的過程。然而，如果放大來看每一個線段的變化，就會發現它是波動的，所以週期化訓練的強度變化好比股市大盤的長期走勢。

　　想要了解訓練強度的變化，股票市場的曲線圖是一個比較好類比，它可以同時呈現一整年或未來訓練過程裡短期與長期的強度變動情況。

　　回顧股市過往的整個歷史，如果不看過程中的波動過程，只看開市到現今的成交量，我們會看到一條不斷往上攀升的趨勢線。

　　然而，如果我們放大這條看似平滑直線的任何特定時間區段，你會發現它一點都不平滑，而是隨著市場的漲跌而上下波動。

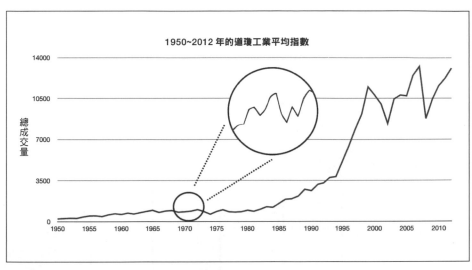

【圖表 4.59】1950 ～ 2012 年美國道瓊指數

　　設計課表時，其中的強度變化看起來會跟圖表 4.59 的曲線很接近。若綜觀運動員的一生，他的訓練強度應該是逐漸遞增。隨著歲月的積累，運動員為了發展某一專項運動的最大力量與爆發力，他也會在更高的強度區間進行訓練。

　　就像股票走勢一樣，有時也會出現下跌的情況。股市和課表強度一樣不可能永遠往上漲，課表中除了有計畫地安排減量讓運動員有時間恢復之外，也會在一些不可預期的狀況下調整課表，這些情況可能是運動員的身體出現狀況無法承受預排課表的強度或是因為其他因素干擾，使教練必須臨時進行減量訓練。[31]

　　當我們從一個較為宏觀的視角來看時間軸上的強度變化，整體的走勢都會是向上發展的。

　　但若把視角拉近到一年，你就會看到課表強度小幅度地上下波動。尤其是在賽季結束後，訓練強度將急遽下降到一個較低的水平，下一個訓練年度再重新往上攀升。週而復始，每年的訓練強度也將隨著運動員的成長緩慢爬升。

培養運動員最簡單的方法之一是維持整體訓練量的同時提高強度。例如在面對一位已有訓練基礎、實力較好的大學新生來說，他在季外第一週期可以先從月總量 1,000 次開始，至於強度區間的變動模式我們以圖表 4.60 呈現。

	第一週期					
	區間一	區間二	區間三	區間四	區間五	總反覆次數
蹲舉						220
上膊						190
推舉						170
抓舉						130
高拉						110
後側動力鏈						100
挺舉						80
總反覆次數	220	320	270	175	15	1,000

【圖表 4.60】第一週期各主要力量動作的強度變化範例
為了簡化呈現方式，我們在設計課表時會專注於主要力量動作在各強度區間的總反覆次數。

從圖表 4.60 中我們看到最多的訓練量（320 次）集中在第二區間（強度介於 1RM 的 60~69%），但在幾個連續的週期後，當運動員每一下動作的品質和強度都提高時，圖表中的數值會向強度較高的區間轉移。假如每月的總訓練量仍維持在 1,000 次，低強度區間的次數會被轉移到較高的強度區間中，這有助於提升整體的訓練品質與表現。

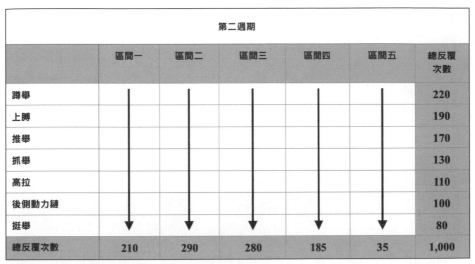

第二週期					
	區間一	區間二	區間三	區間四	區間五	總反覆次數
蹲舉						220
上膊						190
推舉						170
抓舉						130
高拉						110
後側動力鏈						100
挺舉						80
總反覆次數	210	290	280	185	35	1,000

【圖表 4.61】第二週期各主要力量動作的強度變化範例
可以注意到最訓練量已往右移到較高的強度區間。

接下來我們從另一個角度來看，把視角放在蹲舉這單一的訓練動作上，季外期前二個月的反覆次數分配方式如下表：

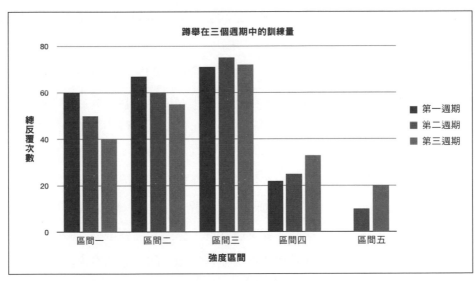

【圖表 4.62】蹲舉在三個月（三個週期）過程中的總量變化

從圖表 4.62 我們可以看到各區間的總量變化各有不同，強度區間一、二的總量逐月下降，區間三大致維持不變，第四、第五區則逐月遞增。再強調一次，這個例子中每月蹲舉的總反覆次數都是一樣的。

設計課表時，請你記住一個重要的警告：相對強度的確會逐月攀升，但強度增加的方式並非線性的，週期內的強度會小幅升降，有些是計畫好的，有些是出於當下的需要。

從這一點來看，身為教練必須培養自己敏銳的眼光與判斷。你可以直接使用普列平重訓表（圖表 4.47）來為運動員選擇各強度百分比所對應的訓練組數與反覆次數，它幫助我們以更為精確的方式來規劃和追蹤運動員的訓練負荷。

然而我們也必須同時認識到，嚴格按照表中的百分比計算訓練負荷仍有其缺陷。例如訓練新手力量增長很快，他們的 1RM 在幾個星期內就會進步，所以依強度百分比計算出來的訓練負荷就會有誤差。此外，不同運動員在同一個強度百分比下所能夠重複的次數也不會完全一樣，比如兩位運動員都用他們 1RM 的 80% 來計算訓練負荷，某一運動員可以重複 5 次，另一位運動員可能只能重複 3 或 4 次。或是因為非關訓練的事件，像是這週有期末考要熬夜讀書或是因旅行而舟車勞頓休息不夠，那當天預排的 75% 強度最好要低於「真正的」75%。

當你努力為每位合作的運動員設計一份最適合他們的完美課表時，很容易成為數字的奴隸，而且這個追求完美的過程會讓你感到十分沮喪。我們過去已經設計過許多自認為完美的課表，但由於許多外在因素的影響，使我們不得不把這些課表都扔進垃圾桶。原因五花八門，像是賽後回程的路上飛機延誤或是前一場比賽連續兩次進入延長加時賽使球員們筋疲力竭，還有一次是隊員們在更衣室內被腸病毒感染。

儘管這種基於強度百分比的訓練課表有其局限性，但以訓練品質為優先的原則不變，跟著這個原則將有助你排除各種突發狀況。你還是需要根據當時的訓練目標來預先安排好動作的組數、反覆次數與強度，並依據槓鈴的移動速度來評估當前的強度百分比是否適合。如果你能練就一雙敏銳的教練之眼並且能迅速判斷出何時該調降強

度，你在面對運動員時將比面對課表感到更加自在。

在長達數週、數月或甚至數年的訓練過程中，有時會出現一些意外事件來挑戰你心目中最佳的訓練計畫，這是不可避免的，不過只要你保持彈性，逐步提高強度的原則在此仍然適用。

預先設計的課表很少能完全落實。

我們仍在努力。

訓練頻率

正如我們在本章前面幾節討論訓練量時所提到的，我們會依據月總量的多寡來決定理想的訓練頻率。如果月總量（當月預設的總反覆次數）在 1,000 次以上，建議頻率是一週四練；這也意味著月總量小於 1,000 次時會比較建議一週三練。這種理想二選一方案最常用於季外期的訓練，因為此時離賽季還很久，訓練時間的自由度和彈性都最高。

然而大多數的情況下，訓練量不一定能確定訓練頻率，有時也可以用頻率來決定訓練量。你可以先確定運動員有多少時間可練，如果可用的時間很多，訓練頻率就可以跟著增加，當然訓練量也有空間再提高；但若訓練的時間有限，在頻率不高的情況下，訓練量自然也會比較低。如果你硬要把更多訓練量壓縮進有限的時間裡，很可能會因訓練壓力的堆積（無法即時消化課表所帶來的訓練量）導致運動員的體能衰竭。

還有另一種情況是在「賽季期」的訓練，我們將在後面仔細討論。你需要先知道的重點是，使運動員在賽場上仍可維持體能水準和力量輸出，這在賽季時比什麼都重要。運動員在賽季期除了要練習還要比賽、開會和研究比賽影片，訓練時間成了寶貴的資產。此時較少的訓練時間必然意味著訓練次數與訓練量的減少。然而，儘管可用的時間有限，每週仍至少要排出 2 次力量訓練，才能在整個賽季中維持力量與爆發力的訓練效果。

就美式足球隊的選手來說，他們通常一週只會進行一場比賽，所以我們通常會在週末賽事之後的週一安排第一次力量課表，第二次則排在週四或週五進行，使選手們在賽前至少有一天完全休息的恢復日。但對那些每週都有多場比賽的運動項目而言，一週維持兩練是個蠻大的挑戰，因為還要考慮選手恢復的時間。如果是這種情況，最佳選擇是在比賽結束後隔天立即安排第一次力量訓練。

很明顯地，在賽後疲勞的狀態下緊接著進行高強度的訓練絕非理想情況。

然而，如果你允許運動員因為狀況不理想就讓訓練停擺，那他在賽場上的表現也很可能停擺。其實，只要訓練量控制得宜，整個賽季都可以進行高強度的訓練，運動員將從中獲得回報。

以帕克教練的運動員為例，跟他合作的多位紐約巨人隊球員在季後賽前兩天的力量訓練中打破了多項 PR，而且接下來也繼續在球場上主宰比賽。

賽季的訓練重點除了把季外期努力培養出來的力量與爆發力延續到整個賽季終了，也要更進一步加強已有的能力。

訓練效率

不論你是用我們這套訓練系統還是其他的週期化訓練課表，目標都一樣：在盡量減低過度訓練風險的情況下使訓練效果最大化。研究阻力訓練刺激睪固酮和其他荷爾蒙分泌的最佳方式為何的研究仍有許多相互衝突的論點。[32]

強度、訓練量、動作的選擇和排序、休息時間的長短等眾多因素都會影響訓練時荷爾蒙的分泌量。由於訓練過程中游離的睪固酮與其他荷爾蒙會先激增再下降，因此我們會把訓練時間控制在 60 分鐘上下，以正負 15 分鐘進行調整。

保加利亞教練向我們強調，訓練 45 分鐘之後，睪固酮的分泌量會下降 80%。因此，他們會把每天的訓練拆成多個小課表，儘管他們的這項發現很難實際驗證。

如果我們的目標是為了健美而盡量加大肌肉疲勞，那麼容許運動員在組間聊天，

把原本一小時可以練完的課表拖到兩小時，對加大肌肉疲勞這個目標來說可能不會產生特別突出的負面影響。

然而競技訓練不是練健美，強度的重要性應凌駕在訓練量之上。我們想要的是更高的功率與更有爆發力的動作。為了在訓練中維持動作的爆發力，可能需要更長時間的休息才能讓中樞神經系統恢復得更完全。尤其是在訓練量最重的日子，休息時間拉長就更顯重要。

為了確保強度與爆發力，兩組之間的恢復時間最短是 2 或 3 分鐘，最長會拉到 10 分鐘。運動員的目標應該是每一個動作都要強而有力，簡潔有效率，動作快進快出，毫不拖泥帶水。確保組間的恢復足以維持高輸出是很重要的，但有時刻意使運動員在輕度疲勞的狀態下進行訓練也可以培養他們身心的韌性，這也是他們可以帶到賽場上使用的重要能力。

當我們規劃了一個六十分鐘的訓練課表時，熱身和緩和並不計入訓練時間裡，前幾個熱身組的時間也不算進去。只有當運動員把強度加到目標區間後才會開始累計訓練時數和反覆次數。

尤其在賽季期，花在重訓室裡的時間可能會被拿來開會或訓練專項技巧或技術。所以在賽季時，我們為了更進一步提高日常訓練的效率，甚至會將訓練時間限縮在 20~45 分鐘。尤其是現代大學運動員的生活不斷在變化，這些大學生能夠用在團隊訓練的時間受到嚴格的限制。時間對他們來說非常寶貴。

想在更少的時間中塞進更多的訓練量對教練來說並不容易，其中的取捨很令人糾結。我們曾看過以「超級組」[33]（superset）進行訓練的案例，他們把兩個互相影響最小的動作排在一起連著練，中間不休息，以提高訓練的效率。

我們有時會看到教練把休息時間減到像在練 CrossFit®。這種方法在某些情況下可以幫助運動員建立做功能力。然而，我們一再強調的目標是爆發力和力量，如果整份課表都用這種方式來練，並無法發展出高水準的爆發力。

當我們面對受到限制的訓練環境，或試圖為每週都有一場以上比賽的選手規劃課表時，我們的目標是找到最小劑量的有效處方，你可以在這套系統的框架中調控訓練量、頻率與強度，盡量使訓練效果最大化。當運動員的訓練和恢復時間不夠，賽場上的表現為第一優先，你應先在有限的時間內想辦法提高訓練品質。

在充滿挑戰的環境中，先專注在主要的訓練動作上並依照合理可靠的原則來調整課表，將有助於簡化你的工作。

設計訓練課表

- 在一整年的訓練過程中，每一種力量特性都要練到，差別在於每個週期強調的重點不同。
- 動作選擇應該反應運動員的實力水準、本賽季的發展重點以及每個週期強調的訓練重點。
- 每四週（一個中週期）才可換訓練動作，至少讓運動員有四週的時間適應壓力的變化。
- 課表設計的進階方式應由簡入繁。

單次課表的結構設計應如下所示：

1. 熱身
2. 速度最快或最具爆發力的訓練動作
3. 以發展絕對力量為目的訓練動作
4. 以單一部位或局部功能為主的輔助訓練動作
5. 腹部、握力、頸部或其他補充訓練動作

每一種力量特性皆須規劃進課表中

做功能力、絕對力量、爆發力和速度這些力量特性，在一整個訓練週期中都要規劃進去，差別只在於每個週期所要加強訓練的力量特性不同。

這條跟動作選擇有關的原則，正是使這套課表設計系統效率極高的主要原因。

各主要力量動作所分配的訓練量百分比在每個月都會變化，因為各主要力量動作都有許多變化式，這些變化式的選擇也跟每月的百分比變化息息相關。我們在設定每個主要力量動作的總量百分比時是用「區間」而非定值，理由是影響每個動作總訓練量的因素很多，使用區間才能在複雜的變因下保留調整空間。

正如之前所討論的，入門運動員需要把更多比例的訓練量排在力量動作上，包括蹲舉、上膊、推舉和後側動力鏈，才能幫助他們打造穩固的力量基礎。

雖然訓練新手或入門運動員會把大部分的訓練量投入在力量動作上，但仍要安排一些上膊的變化式來維持他們原有的爆發力，最好在基礎打好之後也把挺舉加進去。

按照我們提出的力量階層，階層上的每種力量特性都很重要，在訓練的過程中，我們的原則是守住之前已練就的能力水平。速度訓練是這個階層金字塔中的頂峰，但這並不意味著入門者不能練，而是要用最小的有效劑量來練。

我們要優先考慮這個金字塔的地基品質；然而正如過分強調單一力量特性會對階層的其他部分產生負面影響一樣，完全放棄其中一項特性也會對進步造成負面影響。

隨著新手運動員逐漸成熟，他們的力量和動作熟練度亦與時俱進，此時也會把更大比例的訓練量分配到更複雜的舉重動作上。

因時制宜

如果有一種能讓我們遵循的特定模式，它的訓練強度勢必隨著季外期的進展與賽季的接近逐漸加強，為了把力量訓練的效果轉移到專項運動，也會愈來愈重視爆發力動作。這跟大多數人現今所使用的其他週期化模型並沒有顯著差異。隨著週期的進展，所要聚焦的力量特性也會跟著變化，每四週的練習項目都會改變，但不論是對新手、高水平或菁英運動員，訓練發展上的總體目標與進程都是相同的。

雖然主要力量動作的起始訓練量會根據運動員的經驗而有所差異，但隨著賽季的到來，我們會逐步重視力量金字塔中較高階的能力。

一切事物都是連續存在的，訓練計畫也是，它會隨著教練的決定和運動員的需要而變動。這是挑戰，也是該系統的優勢。訓練量、強度、動作選擇和整個架構的訓練效果都在不斷變化，這可能會使很多教練望而生畏。但大家要了解，正是因為易變的本質，最終才能避免運動表現長期停滯，並有效刺激運動員持續進步。

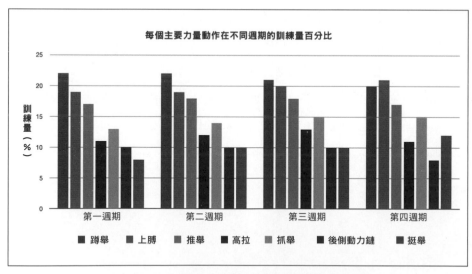

【圖表 4.63】每個主要力量動作在連續四個週期中的訓練量百分比變動範例

單次課表的結構

單次課表的結構與設計方式是我們從蘇聯教練身上得到最珍貴的寶藏之一。在跟他們學習之前，我們會在一般的熱身和伸展後，直接進入主課表，並沒有深入思考練習內容的順序或是訓練的流程該如何安排才能提升當日的重訓成果。

過去有段時間我們也曾在設計課表時落入陷阱，直接把每次課表都分成「上半身」與「下半身」訓練日，這其實是健美框架下的課表設計思維。運動場上的表現並沒有上下半身之分，我們現在的思維模式已經改變，每次的課表應該都要包含全身性的訓練動作。

熱身應該不僅是隨便安排幾個準備動作或是在主課表前加入幾組漸進強度，它的首要目的是提高體溫、增加血液流量、改善軟組織的延展性和關節的活動度。

此外，我們也想在熱身階段啟動中樞神經系統，為接下來主課表中的訓練動作做好準備。有很多的動作都可以當作熱身，如果你不知如何選擇，下面提供一些快速有效的熱身動作，這些動作能幫助運動員準備好全身性力量訓練，請見圖表 4.64。

全身性熱身動作	
過頭蹲 1×6 次	俯臥挺身與俯臥直腿上擺 1×20 次
負重聳肩 3×8 次	單槓懸吊腳趾觸槓 1×20 次
腹部全面訓練—每個動作重複 6 次	壺鈴擺盪 1×15 次
單腿蹲 1×6 次，左右兩腿各一組 （這是針對體重小於 250 磅的運動員才適用）	側向蹬階 1×20 次，左右兩腿各一組
	懸吊屈膝上抬 1×10~15 次

【圖表 4.64】建議的熱身動作與其反覆次數

一般來說，熱身時只選擇 2~3 個動作，我們會根據當天主課表的內容來決定。如果是有負重的動作，其強度不會超過 1RM 的 50%。

過頭蹲和單腿蹲常被我們用來當作檢測動作，也被用來改善柔軟度與平衡，使運動員在進行蹲舉與奧林匹克式舉重時能蹲得更深和獲得更好的身體控制。表格中的部分動作有助於後側動力鏈的啟動，並使維持姿勢所需的肌肉組織能準備好面對主課表中的訓練負荷。如果你想自己設計熱身動作也沒問題，只要記住熱身目的是為了接下來主課表的訓練。每種選擇都應該有其對應的目的。

在第三章所提到的亞沃雷克複合式訓練也是另一種很好的熱身方式，你可以把它安排在熱身裡。熱身時，強度設定在各動作最大力量的 50% 以下，幫助中樞神經系統準備好進行爆發力訓練，並把奧林匹克式舉重動作的技術排進熱身中，使運動員在主課表前就能先針對技術多下點工夫。此外，在主課表前安排少量的跳箱或垂直跳也能讓中樞神經系統與下肢的快速運動有所準備。我們發現運動員在進行 5 或 6 次的跳躍或增強式訓練動作之後，接下來重訓的輸出表現都會提升。

主課表中的第一項舉重練習應該是速度最快或最具爆發力的動作。先從奧林匹克式舉重動作開始訓練，這些動作對全身的協調性和舉重速度有很高的要求，因此能先幫神經系統充電。主課表的第一項動作最好能徵召神經系統中的高閾值運動單元，使其充分啟動，這不但能使運動神經元準備好迎接接下來的重訓，也能使它們不會剛開始練就過度疲勞，這樣一來，後面更需要技術的動作才能保證訓練品質。

對蹲舉這個力量動作來說，運動員的確在疲勞狀態下進行大重量的訓練仍可維持良好的姿勢，但若是在體力下滑時進行大重量的抓舉，最好的情況是出現五花八門的代償動作，最糟的情況則是受傷。

設計動作時需要考慮該動作的技術要求，舉例來說，抓舉與挺舉的技術要求比上膊高，因此在課表設計時，抓舉應排在上膊之前。

在速度最快或最具爆發力的動作之後，接下來的訓練應該以絕對力量動作為主，例如蹲舉、推舉與後側動力鏈這三類動作，它們應排在抓舉、挺舉、上膊和高拉等爆

發性動作之後。這並不代表絕對力量的動作不會以爆發式的方式進行訓練，只是因為這些動作的技術要求比較低，而且常常要練比較多下，所以不會排在主課表的第一項。

我們還發現，先把一個動作的全部組數完成，再進行到下一個動作會是比較好的練法。我知道有一些力量教練會把不相干擾的動作排在一起交叉訓練（例如一組推舉加一組深蹲），他們認為這樣能增加課表密度與訓練的效率，但在設計課表時不能總想著把更多的工作塞進一段較小的時間中。讓運動員一次只專注在一個動作的姿勢、速度與技術，將有助他們提高短、中、長期的運動表現。尤其是重訓新手，他們可能是首次開始發展某些力量動作的模式，更應該先把一個動作的全部組數完成，再進行到下一個動作。

若對象是重訓新手，比較適合以一週三練的規律進行訓練，其中第一天與第三天應至少排入 4 項主要動作，第二天則排入至少 3 項。因為相較於高水平或菁英運動員的課表，新手每週都會少 1 天訓練日，所以在動作減少那天的變化會比較明顯。

當週總量與特定力量動作的總訓練量確定後，每天的練習項目也會相對容易確認下來。比如說，本週是減量週，週總量很少，使得某一特定動作只能練 1 天（可能只能在第二天練），而當日又剛好是每週量最少的那一天，所以主課表中只會排入至少 3 項動作。

回顧我們前面的說明，下面是我們為新手所設計的一週三練課表，可以注意一下其中的動作與訓練順序：

重訓新手的一週三練主課表範例		
第一天	第二天	第三天
上膊	抓舉	抓舉
高拉	上膊	上膊
蹲舉	蹲舉	高拉
推舉	推舉	蹲舉
後側動力鏈		推舉
		後側動力鏈

【圖表 4.65】重訓新手在一週三練主課表中的建議動作與訓練順序

　　當對象換成高水平或菁英運動員時，動作安排的模式是相同的，只是通常會改成一週四練。其中第一天與第三天會排入四或五項主要動作，第二天與第四天則至少排入三項動作。再強調一次，這裡的範例都是針對訓練週期剛開始時，隨著每月和每週總量的增加，你就會有額外的反覆次數可以分配到訓練日的不同動作上。

　　如果對象是高水平運動員，在最大量的第三週，一週四次課表中的動作與順序會長得像圖表 4.66：

高水平運動員的一週三練主課表範例			
第一天	第二天	第三天	第四天
抓舉	挺舉	抓舉	挺舉
上膊	上膊	上膊	上膊
高拉	蹲舉	高拉	蹲舉
蹲舉	推舉	蹲舉	後側動力鏈
推舉		推舉	

【圖表 4.66】高水平運動員在一週四練主課表中的建議動作與訓練順序

只要主課表中的動作完成，就可以開始練針對局部效果的輔助訓練。這些輔助訓練是為了補強薄弱環節，使幅度更大的動作表現得更好；輔助訓練的動作也可以根據選手在賽場上主打的位置或特別的運動需求來設計。

在輔助訓練這個環節，有更多空間讓你發揮，此時你可以針對選手的專項運動設計動作。運動員的強弱取決於他們最薄弱的環節。若能發現他們的不足之處，並透過輔助訓練加以解決，就能進而提高他們整體的表現。

輔助訓練的動作不包括在每月的總訓練量中，因為這個階段的強度不會太高，訓練量也有限，所以我們預期不會對運動員的神經系統或恢復能力造成太大的壓力。

但這並不意味著你可以在「輔助訓練」安排五種以上的動作，那只是在壓榨運動員，使他們產生額外的肌肉痠痛或疲勞而已。設計課表時，請保持課表的精簡與高效。因此我建議只選兩個最符合當前需求的輔助訓練動作，在動作中增加一些強度，練完就接著進到下一個環節，不要多練。轉助訓練的動作選擇很多，可以是引體向上、俯身划船或是舉啞鈴練二頭肌或三頭肌，這些都被歸類在輔助訓練。

課表的最後一個環節是我們保留用來強化腹部、頸部或握力的補充訓練，這個練完就可以休息了。

請保持課表短小精幹，訓練的強度才得以發揮。不要因為聊天或沒必要的休息把訓練時間拖得太長。訓練奧運舉重選手時，組間休息不需五分鐘就能完全恢復。

賽場上的選手一般也不會有時間完全恢復，所以在重訓室裡只要運動員感覺準備好了，就可以再回到槓鈴下。

現在，你應該對週期化力量訓練的設計原則有了通盤的認識。你已學習到重訓課表的基本設計工具，我們從季外期的訓練開始說明強化力量和爆發力的方法，一步一步教你如何把課表從一個月，拆解到一週，再到一天，最後再針對單次課表的結構進行詳細的解說。

----

1. 譯注：對自行車選手和大部分的球類運動相當符合，但對純跑者和泳者來說就並非如此了。

2. Todd T. Karl klein and the squat. Historical Opinion. *NSCA Journal.* June-July 1984: 26-67.

3. Bryanton MA, Kennedy MD, Carey JP, and Chiu LZF, "Effect of Squat Depth and Barbell Load on Relative Muscular Effort in Squatting," *Journal of Strength and Conditioning Research* 26(10): 2820-2828, 2012

4. Ciccone T, Davis K, Bagley J, Galpin A. Deep Squats and Knee Health: A Scientific Review. 參考網址：http://daily.barbellshrugged.com/wp-content/uploads/2015/04/DeepSquat-Review-Barbell-Daily-3-27-15.pdf. Accessed 03/20/2018

5. Swinton, PA, Stewart, A, Agouris, I, Keogh, JWL, and Lloyd, R. A biomechanical analysis of straight and hexagonal barbell deadlifts using submaximal loads. *J Strength Cond Res* 25(7): 2000-2009, 2011.

6. 譯注：這類訓練普遍是指肩推、伏地挺身或臥推的「反向動作」，例如拉單槓或俯姿划船的動作，前者常被歸類為「垂直拉」，後者則被歸為「水平拉」。

7. 譯注：即指後側鏈力量在負重 45 磅（20.4 公斤）的情況完成 12 次的俯臥挺身（背挺舉）並且還要能重複三組。

8. Comfort, P., Allen, M., and P. Graham-Smith. (2011). Comparisons of peak ground reaction force and rate of force development during variations of the power clean. *Journal of Strength and Conditioning Research*, 25(5), 1235-1239.

9. 譯注：這是因為地面反作用力是體重的變化量，有時重量比較輕，支撐腳以上的質量加速度較快，就會在腳上產生較大的地面反作用力；此外，身體較為直立姿勢的關節彎曲的幅度較小，所以自然能比下蹲較多的姿勢支撐更大的重量。

10. 譯注：完整的奧林匹克式舉重訓練是奧運的競賽項目，意指從地面開始把重量舉到空中撐住的動作，競賽項目分為「抓舉」（Snatch）與「挺舉」（Clean&Jerk）。

11. Opar DA, Williams MD, Timmins RG, Hickey J, Duhig SJ, Shield AJ. Eccentric hamstring strength and hamstring injury risk in Australian footballers. *Med Sci Sports Exerc.* 2015 Apr;47(4):857-65.

12. https://www.strengthsensei.com/charles-r-poliquin/

13. Peterson, M.D., B.A. Alvar, and M.R. Rhea. The contribution of maximal force production to explosive movement among young collegiate athletes. *J. Strength Cond. Res.* 20(4): 867-873. 2006.

14. Palmer, T., Uhl, T. L., Howell, D., Hewett, T. E., Viele, K., & Mattacola, C. G. (2015). Sport-Specific Training Targeting the Proximal Segments and Throwing Velocity in Collegiate Throwing Athletes. *Journal of Athletic Training,* 50(6), 567–577.

15. Hoffman JR, Ratamess NA, Klatt M, Faigenbaum AD, Ross RE, Tranchina NM, McCurley RC, Kang J, Kraemer WJ. Comparison between different off-season resistance training programs in Division III American college football players. *J Strength Cond Res.* 2009 Jan;23(1):11-9.

16. Harries SK, Lubans DR, Callister R. Systematic review and meta-analysis of linear and undulating periodized resistance training programs on muscular strength. *J Strength Cond Res.* 2015 Apr;29(4):1113-25.

17. 譯注：不一定七種動作都要排進課表裡，但如果有排入課表的話，訓練量至少要大於 7%。

18. 譯注：本書的「訓練量」（Volume or Training Volume）一詞等同於「反覆次數」，然而在訓練領域的定義中，

Volume ＝ Intensity×Duration。「反覆次數」應屬於 Duration 而非 Volume，所以原文中「Can employ higher-intensity work due to slightly reduced total volume」的說明就會造成讀者困擾，因為減量而能提高強度是不合邏輯的，故譯成「反覆次數略減，所以能夠提高訓練強度」。不過書中還是有多處把 Volume 和 Repetitions 混用，更多是用 Volume 代表反覆次數，有些地方不宜直接更動作者意思，故仍維持把 Volume 譯為「訓練量」，特此說明。

19. Colquhoun RJ, Gai CM, Aguilar D, Bove D, Dolan J, Vargas A, Couvillion K, Jenkins NDM, Campbell BI. Training Volume, Not Frequency, Indicative of Maximal Strength Adaptations to Resistance Training. *J Strength Cond Res.* 2018 Jan 5. doi: 10.1519/JSC.0000000000002414. [Epub ahead of print] PubMed PMID: 29324578.

20. Grgic J, Schoenfeld BJ, Davies TB, Lazinica B, Krieger JW, Pedisic Z. Effect of Resistance Training Frequency on Gains in Muscular Strength: A Systematic Review and Meta-Analysis. *Sports Med.* 2018 May;48(5):1207-1220. doi:10.1007/s40279-018-0872-x. Review. PubMed PMID: 29470825.

21. Gomes GK, Franco CM, Nunes PRP, Orsatti FL. High-frequency resistance training is not more effective than low-frequency resistance training in increasing muscle mass and strength in well-trained men. *J Strength Cond Res.* 2018 Feb 27. doi:10.1519/JSC.0000000000002559. [Epub ahead of print] PubMed PMID: 29489727.

22. Jones, EJ, Bishop, P, Richardson, M, and Smith, J. Stability of a practical measure of recovery from resistance training. *J Strength Cond Res* 10: 756-759, 2006.

23. McLester, JR, Jr, Bishop, P, Smith, J, Wyers, L, Dale, B, Kozusko, J, Richardson, M, Nevett, M, and Lomax, R. A Series of Studies-A Practical Protocol for Testing Muscular Endurance Recovery. *J Strength Cond Res* 17: 259-273, 2003.

24. https://www.strongerbyscience.com/hypertrophy-range-fact-fiction/

25. https://www.strongerbyscience.com/hypertrophy-range-stats-adjustments/

26. 譯注：各個訓練動作的百分比仕圖表 4.23 中有詳細的定義，入門、高水平和菁英運動員這三者都不一樣。

27. 譯注：根據圖表 4.25，入門運動員的第三週是最大量週，週總量是月總量的 35%。因此蹲舉 71 次是由 204×35%=71.4 四捨五入而來的；上膊 54 次是由 153×35%=53.6 四捨五入而來的。圖表 4.42 中其他五個動作的數值可將該動作的月總量乘以相同比例得出。

28. A. S. Medvedyev, A System of Mult-Year Training in Weightlifting, trans. Andrew Jr. Charniga (Livonia, MI: Sportivny Press, 1989)

29. McCurdy, K, Langford, GA, Cline, AL, Doscher, M, and Hoff, R. The Reliability of 1- And 3rm Tests of Unilateral Strength in Trained and Untrained Men and Women. *Journal of Sports Science and Medicine* 2004, 3, 190-196.

30. 譯注：這裡的感受並不包括訓練時產生的不適或疼痛，而是特指當天的表現所引起的情緒感受。

31. 譯注：unload 在這裡譯成「減量」，因其實不單指減低負荷，也包括減低訓練強度。

32. Vingren, Jakob L., et al. "Testosterone Physiology in Resistance Exercise and Training." *Sports Medicine* 40.12 (2010): 1037-53. ProQuest. Web. 17 Apr. 2018.

33. 譯注：把兩個互相影響最小的動作排在一起練，一個動作練完後直接進行下一個動作，兩個動作之間不設定休息時間，頂多是喝口水或走到另一個器材前預備的短暫間休。

Chapter 5
短跑與跳躍訓練

當你想要提升運動員在專項中的力量與爆發力時，舉重訓練並不是提高表現的唯一元素。我們需要短跑和跳躍訓練才能使重訓室裡練就的能力轉化成賽場上的表現，因此把這兩種能力的訓練整合到訓練計畫中至關重要。這可能是許多力量教練想要設計一份有效的課表，最終卻以失敗告終的地方。他們有時並不知道自己要開發運動員的什麼技能，或是知道要練卻不知道如何做。

幸運的是，我們課表設計的基本原則在整合短跑與跳躍時仍然適用。

短跑與跳躍訓練的原則

回顧力量發展的階層，我們會看到速度、彈力、反射力都是在金字塔的上層。

如果我們希望盡量提高運動員的速度，所有底層的能力都需要充分發展。我們主要就是透過重訓來打造底層的做功能力、力量與爆發力。

當論及跑步或速度課表的規劃時，往往只是從田徑項目的短跑或長跑訓練中抽一些過來加到舉重課表中。

那些試圖完整開發運動員所有潛能的力量教練，應該要跟規劃力量課表一樣，投入相同的時間和精力在速度與增強式訓練課表的設計與精進上。這挑戰性很高，因為提高速度的建議和方法實在有太多選擇了。

正如所有事情一樣，第一步是重新審視訓練原則，並弄清楚你所需要的訓練**理論與方法**（What and Why）。接著，所有決策都奠基於此。你可以運用同樣的方法，依

【圖表 5.1】力量的發展階層

照之前提及的力量與爆發力的訓練元素來發展速度。

　　真正的速度和反射力訓練對整個中樞神經系統和肌肉系統的負擔特別大。如果沒有扎實的全身力量和做功能力就進行速度訓練，運動員很可能會因此崩潰，而不是進步。我們可能都有過這樣的經歷：直接把運動員扔進 30、40 或 50 碼的衝刺訓練中，或者在他們的力量基礎打穩之前就要求他們進行跳箱訓練。「只練速度，速度就會提升；想要提升跳躍力，就只練跳躍」這種觀念是一種思想上的陷阱，若教練與選手反覆掉入這種陷阱中，等於是在不斷增加拉傷、扭傷或其他更糟傷害的機率。

　　如果速度的訓練量增加過快，又缺乏重視重量訓練的恢復需求，身體將承受太多壓力，運動表現將受到影響。

　　合理且漸進地增加負荷才能確保長期的成功。

專項運動所需的速度

　　我們在速度訓練上所學到的大部分方法主要來自查理・法蘭斯（Charlie Francis）和班・塔巴赫尼克（Ben Tabachnik）這兩位奧運田徑教練。他們都是極為聰明的人，我們曾多次請他們分析我們訓練的方法和所做的事。他們提供的意見一直都極具價

值，也塑造了我們的方法和觀念。

我們從法蘭斯教練那吸收了他大量的工作成果[1]，並將其直接應用到訓練中。但我們也不是一開始就直接拿來用，在此之前，我們先確認了他的訓練目標，並將這些目標與我們的目標進行比較，看看有哪些部分相符，又有哪些地方不同。

法蘭斯教練將絕大多數的精力都投注在田徑選手身上，尤其是短跑項目。雖然他的成績很傑出，但訓練奧運短跑者的最佳方法不一定完全適合美式足球選手。不同運動項目之間有不同的要求，認識這些要求之間的異同，才能根據自己的具體需求決定哪些可以直接借用，哪些方法又該修正。

舉例來說，美式足球所要面對的特殊問題是，不同的位置對速度有不同的要求。

球場上的接球員與防守後衛需要大量的短跑，而邊鋒球員不用，除了這種很明顯的差異之外，專攻不同位置球員的身體力學基礎也會有明顯的差別。

邊鋒的準備動作是身體前彎的蹲姿，兩點或三點支撐；線衛和跑衛的預備動作則採平行式站姿（square stance），而且雙手會支撐在膝蓋上；外接員和防守後衛的站姿是兩腳前後分開且身體前傾。所有這些球員的預備姿勢都跟使用起跑架的短跑選手不同；而且一旦發球（snap），每個位置的起始移動方式也都不盡相同。

想想一位美式足球員、籃球或棒球選手真正在球場上全力衝刺的時間有多少。在這些項目中，直線全力衝刺的機會可能只有在開球或追飛球的時候，就算是追飛球也絕不會直線跑上一百公尺。提升運動員的最大速度的確很重要，卻不是最重要的。為了提升球場上的表現，最關鍵和最可被訓練的是運動員的「加速能力」。

顯然，一位短跑選手從起跑架上開始加速的能力是他成功的關鍵；但是，想要保持競爭優勢就要盡快達到最大速度並保持到比賽結束。博爾特的加速能力非常罕見，他能以最短的時間加速到他的最大速度。此外，在抵達最大速度後，他可以比競爭對手保持在這種狀態更久，從而自激烈的競爭中脫穎而出。

博爾特的 100 公尺短跑世界紀錄是 9 秒 58，因為他驚人的維持高速能力使他在最後 50 公尺具有很大的殺傷力。一場美式足球賽的平均賽段時長約為 5.5 秒。棒球場

上本壘距離一壘只有 90 英尺（約 27 公尺）。即使是一位足球員找到一個完美的位置獲得傳球後順利逃離防守，過程中以全速奔跑的距離可能最多也就 20 公尺。

大多數運動項目很少有機會讓運動員達到他們的最高速度，以美式足球來說，除非球員剛從混仗中突圍或是成功接球後才有機會全力衝刺。然而，能夠加速到最快的球員也是那些能夠威脅到對方四分衛或是持續從防守者中突圍的球員。

這就是為什麼在大多數體育項目中，與其致力於提高 40 碼（約 35 公尺）或 100 碼（約 90 公尺）的衝刺速度，不如把更多時間花在前 10~20 碼（約 9~18 公尺）的加速能力上，以培養出在短距離內最具爆發力的運動員。從我們的角度來看，在設計短跑課表時皆應以此為出發點，接著才談課表的強度和其他複雜的變化方式。

對於大多數團隊運動來說，他們對移動位置與方向上的要求跟田徑選手有很大的不同，但是許多教練並沒有針對這些差異來調整運動員的課表。

速度階層

就像重量訓練一樣，我們需要先打好基礎，才能往上發展更高階的能力 —— 速度。跑步、跳躍和增強式訓練的進程都需要跟重量訓練一樣，在訓練量、強度和動作複雜度的進度上符合邏輯，才能達到到最佳的訓練效果。

短跑是一項對肌肉骨骼和神經系統要求很高的運動。在你開始把你的運動員投入實際的短跑訓練之前，你需要改進運動員短跑的技術、建立做功能力、慢慢積累訓練量、發展爆發力（起跑力量和力量－速度），接著才是在課表中增加強度、速度－力量和最大速度的訓練。

從圖表 5.2 你可以看到速度階層中所使用的術語跟最初的力量階層金字塔不同，這主要跟視角不同有關，但其實內涵是一樣的，只是用不同的方式呈現。

起跑力量與絕對力量密切相關，對這種力量特性的另一種描述是：啟動一個動作所產出的最大衝擊力。從最基本的角度來說，「力量－速度」可描述為盡可能以最快

的速度舉起一個較大的重量（可以想成是 1RM 的 60~80% 左右），而「速度－力量」則偏向於使用較輕的負荷（大約是 1RM 的 20~50%）以達到最高速度。雖然它們在性質上很像，實質上卻是兩個不同的力量屬性，需要分別處理。[2,3]

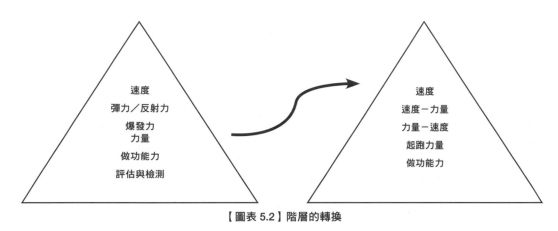

【圖表 5.2】階層的轉換

我們在準備期就會加入少量低強度的短跑和跳躍的訓練，也就是說我們從訓練初期就把高階的力量屬性放進課表裡，而且在隨後的季外期都會進行這種高階的速度訓練，所用的訓練進路也跟整個重訓課表相同。

做功能力：技術和動作經濟性

不論球員的位置或運動項目為何，在短跑和速度訓練中最關鍵的部分是起跑的姿勢與技術。當你想要提升運動員的速度和加速能力，絕對不要忽略這一點。不論是從起跑架、從打擊區或是從攻防線上起跑，前 10 碼（約 9 公尺）的移動方式將是賽場上的致勝關鍵。

因此，我們會把大多數的速度訓練重點放在前 10~20 碼。任何一位優秀的田徑教練都會告訴你，前 10 碼短衝可加強訓練和修正的地方比 40 碼衝刺還要多得多。如果你想縮短運動員在 40 碼短跑的時間，那就先改進前 10 碼的表現。運動員首先必須學

習「如何跑」以及「如何加速」。

我們的重訓課表主要是透過奧林匹克式舉重及其變化式的速度來提升運動員的爆發力。爆發力的表現實際上和速度訓練有著密切的關係，但我們需要透過反覆的跑步動作才能把重訓室裡發展出來的爆發力轉換成運動場上的表現。

在本書第三章討論準備期的那一節所提到的練習動作，主要就是在幫助運動員維持身體姿勢，具體來說這是一種加速時身體維持前傾，並在達到全速時軀幹維持直立的能力。優秀的跑姿將能最大限度地把力量傳遞到地面上，並盡量減少腳掌與地面接觸的時間。這兩種姿勢將推著運動員前進，同時利用肌肉系統的彈性。

- 馬克操：A-Skip、A-Run，第三章
- 鬼抓人：第三章
- 推牆跑練習：第三章
- 20 碼衝刺：第三章
- 節奏跑：第三章
- 150 碼衝刺間歇訓練，見下文所述

速度是力量訓練金字塔的頂端。在舉重的訓練中，我們需要先建立做功能力的基礎。做功能力的訓練會對不同的能量系統形成壓力，因此它比短跑訓練更能刺激到不同的能量系統，也能夠承受比較高的訓練量。做功能力的訓練會使身體進入不同能量系統的代謝路徑，包括有氧代謝能力，它是運動員在接受無氧訓練或高強度的速度訓練後能縮短恢復時間的主要助力。

我們從查理·法蘭斯教練身上學到最有價值的工具是「節奏跑」。[4] 這種訓練方式使我們有機會指導運動員「如何跑」以及「如何提升經濟性」，同時也會累積許多訓練量。節奏跑這種訓練方式的另一項好處是方便教練在田徑場上同時指導多位運動員。指導跑步時，你先不用仔細調整每一位運動員的短跑技巧，你只須簡單提示幾個

重點，例如腳掌的落地和擺臂的技巧，讓他們的動作自然變得有效率。

　　腳跟先著地的動作在最大速度之下很常見，我們希望他們停止以腳跟先著地，並引導他們自然地以前腳掌先著地。至於手臂與軀幹，指導的重點在於限制沒有效率的多餘動作。雖然這種訓練的重點是速度，但一開始建議先以相對較慢的速度開始強化身體的力學機制，待技術穩定後再進一步提高速度。另外，當運動員加速到全速，請他們把視線請放在前方 50 碼（約 46 公尺）處，這有助於維持身體姿勢，抬頭看上方或低頭看腳邊都會改變臀部的位置，導致軀幹太過前傾或後仰。

150 碼衝刺間歇訓練

　　這種衝刺間歇訓練屬於體能訓練，主要是透過競爭來強化運動員的做功能力。把運動員分成五人一組，排成一列，每組的速度平均分配，不要有其中一組特別慢或特別快的情形，但若人數過多，有些組可以只有三或四人。因為人數較少所以完成時間也會比五人小組更短，人數較少的組別最好是安排體型較大、體能較差或速度較慢的運動員。

　　在每組的起跑線前放一個角錐，15 碼（約 14 公尺）之外再放置另一個角錐。請運動員都站在角錐的右側。

　　其中三位站在起跑線上的角錐右側，另外兩名走到 15 碼外的角錐處，站在它的右側並面對同組的其他人。當所有的小組都排好隊，就指示每個人以「三點支撐」（雙腳與單手撐地）的方式起跑，依序衝向對面的角錐。當起始側的第一位通過角錐時，終點側的第一個人就要立刻衝向起始側的角錐。

　　完成每一次衝刺後就排在其他兩位小組成員後面休息，輪到自己時後就立刻往前衝，所有運動員將反覆進行這 15 碼的衝刺，直到每個人都完成 10 次為止。

　　首先完成最後衝刺的隊伍獲勝。整個訓練會在高速競爭下完成總計 150 碼的短衝，需要 3~4 分鐘的時間。這種訓練方式不只練到起跑速度與耐力，也使教練有機會

觀察運動員在競爭壓力下衝刺 15 碼時的動作與表現。

教練可以在這個訓練中仔細觀察每位運動員是如何完成這 10 趟 15 碼的衝刺。如果他們完成後體力還很充沛，呼吸沒有太喘，你可以在 10 分鐘左右的休息後再安排下一輪的訓練。當然，你也可以把 15 碼的距離換成 20 碼、25 碼或 30 碼，只要你覺得適合，距離可以再往上加，但在這種課表中加距離就好比在槓鈴上加重量一樣，前提是要確保速度和動作效率仍可維持。

原則一樣，先從「距離短」與「內容簡單」的課表開始，再逐步增加距離和複雜度，因為再好的課表如果吃太多，肯定也會產生不好的結果。

教練之眼

進行跑步的衝刺訓練時，我們最常用的提導語之一是「挖鼻孔和掏口袋」，這對雙腿與手臂擺動的同步訓練效果很好。

藉由鼻子和口袋這兩個外部參考點，運動員比較容易學習動作，效果會比給予一連串的轟炸式反饋來得好。

不要讓運動員在跑步時握緊拳頭。握拳會使肩膀和頸部肌肉緊繃，增加神經系統負荷而使心率增加。

跑步時只要將拇指和食指輕靠在一起，其他手指保持放鬆，這可以使肩頸附近的肌肉保持放鬆，手臂與肩膀也能流暢地運動。

力量曲線的另一端──加速度

【圖表 5.3】力量曲線的另一端：加速度

在力量動作的向心階段強調加速度，將能訓練運動員克服慣性和轉換力量方向的能力，這些能力在跑步與跳躍動作剛啟動時都很重要。重訓室裡的爆發力訓練動作也會影響到動作的「起動速度」。因為爆發力訓練能夠提高發力率，所以 20~30 碼的速度訓練也能提高運動員的速度與加速度。

研究表明，提升蹲舉的最大力量也能夠同時讓 10 碼與 40 碼的短跑成績進步[5]，而且蹲舉重量大於 2 倍體重的運動員跟只有 1.9 倍體重的運動員相比，兩者的短跑成績有很明顯的差別。

中樞神經系統與肌肉系統在輸出爆發力上的效率可透過重量訓練來改善。重訓有助於打造起跑或起跳的力量，這是一種「克服阻力」與「起動加速」的力量。許多鉛球、標槍或鐵餅等投擲項目的選手很少進行短跑訓練，然而由於他們在重訓室裡已進行了大量的爆發力訓練，如果有把短跑訓練加進課表裡，他們在前 10~15 碼的加速能力會跟大多數的跑者一樣好。

從「力量」到「速度」的發展過程中（從「力量－速度」進展到「速度－力量」的訓練），課表中的短跑與跳躍訓練會給重量，也會徒手進行，兩者輪流訓練，目的是「欺騙」中樞神經系統。當運動員在進行外加阻力（或負重）的短跑或跳躍訓練之

後，神經系統會預期需要更高的輸出，所以在拿掉阻力後，運動員就會用新徵召的運動單元來提升運動表現。

我們在重量訓練時也可以獲得同樣的效果：先選好一個訓練動作，第一組先用 80% 的 1RM，下一組用 90%，再接著用 80%。由於負重突然減少，身體在第二組時新增的運動單元自然會提升最後一組的速度與爆發力。

阻力跑

當你把之前對待力量與爆發力訓練的注意力帶入短跑訓練，結合阻力訓練與跑步兩者的阻力跑（resisted running）將有助於把你在重訓室裡所練就的力量特性轉移到賽場上的表現。阻力跑的特點是當身體處在前傾加速的姿勢時，會延長腳掌與地面的接觸時間，這將使支撐腳的蹬伸動作更明顯，腿伸得更長，並透過更人的動作幅度來傳遞力量。

你可以運用各式各樣的工具來訓練運動員的跑步能力，無論是推雪橇還是拉雪橇、跑坡、跑階梯或是直接進行短距離衝刺。每種訓練工具都能讓運動員有機會學習如何克服阻力與如何加速。當運動員持續進步並逐漸將訓練重點向上轉移到「速度－力量」時，你可以將衝刺的距離增加到 20~30 碼，並逐漸加大訓練量。

跑坡與跑階梯

爬坡衝刺對入門者或體重較重的運動員來說是極佳的訓練方式，因為它跟跑階梯或平路相比，衝擊力都比較小。即使是高水平或菁英運動員，在大約三度的山坡上同時進行上坡和下坡的跑步訓練，已證實能有效提高步頻和最大的衝刺速度。[6]

以雪橇進行阻力跑訓練

以雪橇進行阻力跑訓練時，雪橇的重量不應超過體重的 20%，因為重量太大會嚴重影響到身體的姿勢，使運動員的速度受到限制。但有時候我們還是可以用更重的重量來進行拉或推雪橇的訓練，此時訓練的目的就是做功能力而非速度；但是當我們把速度當作主要的訓練目的時，限制負重可以讓訓練更有效率。

在以速度為目的前提下，可以進行一種 20 碼的計時短衝訓練。我們會先把體重大致相同的運動員進行配對。先讓其中一位訓練夥伴從起點走到 20 碼處。第一批準備開始拉雪橇的運動員都以三點支撐的起跑姿勢等候教練的哨音。雪橇上的負重請根據運動員的程度來選擇，每一趟的完成時間不應超過 3.5 秒。

完成後，走回原來的起跑線，此時另一位訓練夥伴則利用這段時間把雪橇上另一端的繫在腰上，準備進行下一趟 20 碼衝刺。衝刺時間每多跑 1 秒，休息時間就增加 1 分鐘，因此兩趟之間的休息時間大約會落在 2.5~3 分鐘。

每一位運動員跑完 3 次後，就讓他們脫掉雪橇上的繫繩。此時開始以步行、慢跑、伸展和喝水的方式幫助恢復，時間可以拉長到 10 分鐘，然後在沒有負加任何重量的情況下重複另外四趟 20 碼的短衝。

以「力量－速度」和「速度－耐力」為目標的跳躍訓練

我們在第三章介紹了不少可以安排在準備期的跳躍訓練，其中有提到立定跳遠、垂直跳和跳箱訓練，這些都可以開發從靜態姿勢開始起動的爆發力。當我們的訓練重點轉到「速度－力量」時，動作的規劃應由簡入繁，其中最重要的動作進階變化是先練垂直跳再練水平跳，並增加反覆次數以刺激反射力。水平方向的跳躍會同時增加膝踝兩關節的衝擊力與剪應力，因此需要動用更高階的離心力量來控制向前的衝力。

隨著運動員力量的進步，原本的跳躍訓練可以從單次跳進階為連續跳，這有助於

彈力和反射力的發展，而這兩種力量都對最大速度至關重要。當我們透過連續跳來加強快速吸收衝擊力和轉移力量方向的能力時，也代表我們把訓練重點轉往階層較高的「速度－力量」。

　　隨著速度和反覆次數的增加，肌腱和神經系統的彈力和反射力是運動員能否維持高發力率的關鍵。以下列出每位力量教練都應該加以利用的跳躍訓練動作。

- 垂直跳（門柱觸碰）：第三章
- 火箭跳躍：第三章
- 蹦跳：第三章
- 立定跳遠：第三章
- 三級跳：第三章
- 跳箱：第三章

教練之眼

　　當你要求運動員跑上坡、在體育場跑階梯、拉雪橇或以其他方式進行阻力跑訓練時，建議最後兩、三趟可以讓他們在平地與去除阻力的情況下練衝刺，衝刺的距離不變，速度則可以讓他們盡情發揮。你必須讓運動員的身體有機會學到你所期待的技術。跑樓梯或拉雪橇的動作跟賽場上的動作並不相同，我們都希望動作能恢復成原有的節奏，所以阻力要拿掉，就像練習推桿或罰球時不會加上負重一樣。

　　所以在上坡跑、階梯跑或阻力跑之後，隨即在平地進行無阻力且相同距離的短跑衝刺，將有助運動員在疲勞狀態下把更理想的動作機制烙印在身體裡，用這種方式練就的能力也比較容易在賽場上被召喚出來。

絕對速度訓練──短衝與跳躍

「速度」位於力量金字塔的頂峰，需要爆發力與反射力，而這兩種力量特性主要是從神經與肌肉兩個系統輸出。此外，速度其實是由金字塔底層所有力量特性匯合而成的。因此對於力量教練來說，速度訓練比所有其他力量特性更具挑戰性也更花時間，基底需要先打穩，訓練的成果才能夠持續。

很多力量教練主張，為了減少運動員在速度訓練的過程中受傷的機率，蹲舉的重量至少要能達到 1.5 倍體重。因為在跑步時，腿部承受從地面而來的衝擊力是 3~4 倍體重，因此在進行高強度的速度訓練時，下肢要具有足夠的力量基礎。

我們仍然可以在運動員的底層力量達到門檻之前投入部分時間進行短跑或速度訓練。然而，如果我們希望使運動員發揮全部的潛能，我們當然需要考慮力量。因為力量是速度的基礎。先在金字塔底層打下厚實的基礎，才能夠支撐更高層的表現。

速度課表

當我們把訓練重點轉移到最大速度，課表也必須做一點調整，才能提供不同的訓練刺激。但在進行速度訓練時也要注意休息時間，運動員在全速短跑中每跑 1 秒鐘，休息時間至少要多 1 分鐘。比如說，完成一次 20 碼的短跑需要 2 秒，那至少必須休息 2 分鐘之後才跑下一趟。

我們這邊訓練的是真正以「速度」為主的課表，不同於節奏跑或阻力跑。在訓練做功能力時，運動員基本上很少停止移動；在訓練力量和速度－力量時，主要是以次最大強度反覆進行多組課表。這些訓練都能為運動員提高輸出並帶來體能上的效果。

但是當我們純粹訓練「速度」時，要求的是肌肉與神經系統的絕對最大輸出。如果我們想提升速度，必須確保油箱是滿的，也就是在恢復良好而且能量系統正常運作的情況下，速度才練得起來。如果你想提升最大輸出，就要讓身體能在最大輸出下進

行訓練。有太多教練都宣稱自己幫助運動員進行了多麼棒的速度訓練……在我們看來大多是在吹噓。

速度訓練和體能訓練是完全不同的。在運動員還沒有恢復的情況下就要求他們練速度並不是訓練，而像是一種體罰。這並不只是比喻，而是真的在折磨運動員，這種練法並無法提升他們的速度。

短跑課表中的「速度訓練原則」跟重訓相同。重訓時，我們會把奧林匹克式舉重中爆發力動作的訓練量設定的比力量動作低，以維持動作的技術與速度。爆發力訓練的重點是盡量提高神經系統的輸出，這也同樣適用於最大速度的訓練。原則一樣是強度要高，量要小。根據我們的經驗，在單次課表的速度訓練中總距離不應該超過 600 碼。

如果運動員的跑步技術或速度開始衰退，我們還不斷要求盡力衝刺，最終只會帶來負面的效果……或更糟的是，導致許多運動員的後大腿拉傷和引起教練組的憤怒。

發展最快速度時，最好的訓練方式需要採「飛步起跑」（flying start），這種起跑方式是先向前跑，等通過起跑線後再全力加速。這種練法比較不強調加速，而是強調達到極速後在一定距離內維持速度的能力。

下面是一些我們在發展速度時最喜歡的訓練方式。

- 進加速／出減速（in and outs）
- 阻力傘訓練（parachute training）
- 逐步加速（build-ups）
- 純衝刺（pure sprinting）

進加速／出減速

進加速／出減速是教練指導加速、維持極速與減速的絕佳方式。這種訓練方式的距離可以自行決定，但通常是以 15 碼為單位增加。訓練時可以把三個角錐排成一列，

分別擺在 15 碼、30 碼和 45 碼的位置，前 15 碼逐步加速，在第二個 15 碼加到最大速度，最後 15 碼減速。

這項練習最主要的好處不在方便計時，而是方便教練觀察，你可以觀察運動員在最大速度時身體是否保持直立狀態。如果你發現運動員在第二個 15 碼時身體沒有保持直立，就代表他正在抗拒這個速度。

阻力傘訓練

阻力傘訓練是一種提高步頻和最大速度的方法。穿著阻力傘迎風跑可迫使運動員在對抗風阻時能更快達到最大速度。

這項練習並不是為經驗不足的運動員設計的，而是比較適合那些已經在短跑姿勢有明顯進步以及透過重訓課表打下扎實的力量基礎的人。另外，在阻力傘訓練後也要有後大腿痠痛的心理準備。

逐步加速

逐步加速的練習方式很像「進加速／出減速」，只是沒有最後的減速階段，我們會採用飛步起跑來逐步增加到最大速度。總加速距離大約 40~50 碼，目標是每 10 碼加速一次，最後 10 碼要達到運動員個人的最快速度。

純衝刺

四點支撐起跑　　　　　　　三點支撐起跑　　　　　　　分腿站姿起跑

【照片 5.1a~c】短跑訓練的起步姿勢

　　純衝刺是指從完全靜止的狀態下起跑，在 30~40 碼的距離內加速到最大速度。在這種練習中，最重要的是強調優秀的起跑姿勢與起始動作的機制，並將你的指導轉化為實際的運動表現。

　　速度訓練時的起跑姿勢可以根據運動項目、在賽場上守備或攻擊的位置來調整。以訓練的效益來說，田徑選手比較適合四點支撐的起跑姿勢，美式足球的邊鋒則是三點支撐，而外接員或籃球選手則應選擇直立分腿的起跑姿勢（兩點支撐）。

　　不論你的選擇為何，你都要了解純衝刺的重要性，它能幫助運動員把之前所有的訓練整合在一起，並使運動員在賽場上達到最大速度。

以速度為目標的跳躍訓練

　　著重速度的跳躍訓練主要就是結合蹦跳與增強式訓練兩者的效果。但在設計跳躍的課表時，還是要先從簡單與直線移動的跳躍開始打基礎，這是為之後非直線或高速下的跳躍做好準備。

　　有許多運動傷害來自單腳撐地時，身體在橫狀面與額狀面上急停或旋轉。

　　雖然這些平面上的動作需要經過訓練才能降低受傷風險，但運動員除了特別針對這些動作進行訓練之外，腿部也需要有足夠的彈力和反射力。在彈力與反射力還不夠之前，不能增加太多高強度跳躍訓練。我們必須訓練身體吸收與承載負荷再把力導向相反方向的能力。

　　關於跳躍訓練的進階方式，可以先增加直線跳的次數或組數；接著可以增加強度，並改成連續跳；再從雙腳改成單腳跳，或是增加跳躍的高度。訓練重點應是盡量縮短運動員與地面接觸的時間。

當一個運動員從通用的一般訓練進階到專項訓練時，跳躍的訓練動作應該看起來更接近專項運動本身的要求。像是連續的彈跳或跳躍可以進一步訓練到專項運動中高速跳躍所需的反應能力。

跳躍或衝刺時，腿部在向心跟離心階段的腳掌與地面接觸時間愈長，產生的能量就愈少。想想奧運會中的三級跳選手或籃球比賽中的控球後衛，他們從地面起跳看起來毫不費力正是因為觸地時間很短。腳掌落地後，只要觸地時間超過 1/4 秒就代表開始失去彈力和反射力，輸出力量也會跟著變小。

增強式訓練是跳躍訓練中難度最高的，需要高度的協調性和身體控制能力。運動員在跳躍與快速改變移動方向時，需要具備吸收衝擊力和轉換力量方向的能力，這需要高度的絕對力量和反射力——特別是優秀的離心力量——才能減低受傷的風險。

我們很難為增強式訓練和高速下的跳躍動規劃強度和訓練量，設計跳躍課表需要根據我們的常識與經驗。

關於「增強式訓練的最大量怎麼定」這個問題，我們傾向定性決策（qualitative decision），不是用數量或公式來決定，而是以運動員在訓練當下的動作品質而定。一旦動作品質下降，像是腳掌離地速度變慢或是變成腳跟先著地，都代表應該停止訓練。

在相同的跳躍訓練中，體重較重的運動員在落地時的衝擊力會對身體形成較大的壓力。因此，在設計大體重運動員的跳躍或增強式訓練課表時，減少整體的訓練量和強度是比較安全的做法，把他們的訓練重點放在腳掌的動作、側向移動的反應速度和縮短觸地時間上面，採取「少即是多」的訓練策略一樣可以在不增加受傷風險和額外恢復需求的情況下提高他們的爆發力和反射力。

如果要引入跳躍訓練，圖表 5.4 提供了跳躍動作的進階方式與指導原則。

跳躍動作的進階方式	
立定跳 至少 4 週	跳箱：直線跳、側向跳、旋轉跳 垂直跳高 立定跳遠
進階跳	負重跳箱：手持啞鈴或身穿負重背心 從跳箱頂部走下來：下來後以蹲姿定住不動，訓練離心力量 連續立定跳遠：重複 2-3 次 從站姿開始的三級跳 直線蹦跳 雙腳與單腳蹦跳 側向左右跳箱
深跳 在進行深跳前要先對運動員立定垂直跳的最大高度進行檢測。在進行深跳訓練時，從跳箱上落下的高度應不低於垂直跳的最大高度。	**跳箱高度** 男生最少 24 英寸；女生最少 18 英寸 [7] ● 如果運動員在最低高度時仍跳不好，還是可以再調降高度，但在這種情況下首先應更重視的是下肢力量的提升。 **最大高度** 45 英寸 ● 大於 45 英寸的高度會改變落地的機制，因此既無法提升反應性，對發展力量的幫助也不大。 ● 要特別注意未經訓練與體重大於 220 磅的運動員。
彈跳與跨欄訓練	在進行彈跳與跨欄訓練之前，運動員至少要能蹲舉 1.5 倍體重。

【圖表 5.4】跳躍訓練動作的進階方式

　　要依據運動員當時的訓練目標才能決定要何時在課表中進行跳躍或增強式訓練。純速度和彈力的訓練要擺在課表最前頭，在運動員感覺輕鬆時進行比較適合。

　　中樞神經系統的輸出和肌肉的反應的最佳狀態一定是在訓練初期和非疲勞狀態。因此需要最大力量產出時，我們希望此時的身體是處在最好的情況中。

　　但因為運動員在比賽過程中即使處在疲勞狀態仍然需要爆發力，所以你也可以在訓練快結束時加入一些增強式訓練的動作。

　　如果是在疲勞狀態下進行增強式訓練，量和強度都要降低，以避免膝蓋或腳踝受傷。疲勞時應選擇更簡單的訓練動作。

深跳

　　蘇聯將深跳（depth jumps）稱為「衝擊訓練」，它是一種更進階的跳躍訓練，可以同時增強爆發力和最大速度。一般認為這種訓練方法的好處是透過剛性、彈性與爆發力的發展來提高速度－力量和最大速度。

　　對訓練新手來說，剛開始練習時先練落地姿勢，而先不要跳。跳箱不要太高，可以從 14~18 英寸的高度開始，專注在落下，從箱子上走下來即可。落地時軀幹前傾、膝蓋彎曲且以腳掌前緣蹠球部支撐體重的姿勢「定住」不動。落地的姿勢應該看起來就像是起跳前的預備動作。

　　一旦走下箱子落下定住不動的姿勢已經可以做得很好，就進階到深跳練習，這項練習的目標是盡量減少腳掌與地面接觸的時間，並盡快從落地的衝擊中向上跳或向前跳。因為觸地時間很短，因此整個落地過程腳跟都沒有碰觸地面。

落下　　　　　　　　　　　　蹲姿　　　　　　　　　　　　起跳

【照片 5.2a~c】深跳

深蹲時如果像圖 b 所示蹲太低，就會限制起跳的彈力與反射力。引導運動員以一個有爆發性與快速的動作離地，可以加強訓練效果。

　　我們會引導運動員運用他們的腳掌、腳踝、臀部、軀幹和手臂的動作流暢地承受落地的衝擊，並訓練他們身體的牽張反射機制，這個機制將能把動量和能量有效地轉

移到反向動作，因此落地不應是僵硬的。當他們的身體能吸收動量和動能並重新轉移力量的方向，跳躍的距離會比在平地起跳還來得高（或遠）。

隨著箱子的高度增加，衝擊力也會跟著增加，這就是為什麼我們希望這項訓練只留給那些至少能蹲舉 1.5 倍體重的運動員。

側向增強式跳箱訓練

側向增強式跳箱訓練（lateral plyometric box jumps）是另一種訓練側向移動速度的方法，特別強調維持身體位置與控制能力。最好能用一個 12 英寸高，長寬各為 2 英尺的箱子來訓練。

訓練時，運動員先站在箱子上，一聽到教練的哨聲就立刻跳下到箱子的其中一邊，雙腳一落地，再立刻跳回箱上，接著往箱子的另一側跳下，如此左右上下跳箱持續 10 秒。

這是一個很好的團體訓練動作，教練可以在一旁鼓舞士氣或獎勵表現出色的人。每組至少分配三名運動員，讓他們輪流訓練，以利恢復。訓練的目標是以前腳掌著地後迅速跳往另一個方向，並要求每秒交換方向一次以上。

預備　　　　　　　　起跳　　　　　　　　上跳箱　　　　　　　　落地

【照片 5.3a~d】側向左右跳箱
跳躍時一定要把力量集中在腳掌前緣的蹠球部才能順利完成這項訓練。

這項訓練也可作為回歸賽場的一種測試項目。力量教練朱唐（Donald Chu）建議運動員的腳掌要能在 90 秒內與地面重複接觸 90 次以上才有資格重回賽場。[8]

彈跳

彈跳（bounding）是一種很簡單的訓練動作，教練卻很少利用它。這項訓練是用一條腿起跳，並盡可能推動身體向前，並在用另一隻腳落地後，立刻快速起跳。這是一種「從地面彈起」的有力動作。

彈跳可以是像動作比較誇張的跑步衝刺一樣向前進，也可以改成側向移動，像競速溜冰選手那樣往側向推蹬。

彈跳訓練中，最常見的錯誤是為了加大每一步移動的距離，使得腳掌與地面接觸的時間變長。專注在縮短觸地時間的確時常會減少最大力量和移動的距離。

我們建議彈跳的移動距離限制在 20 碼左右，使運動員專注減少腳掌的觸地時間，並提示運動員以誇張的跑步動作將手臂用力向前擺。

如果你能訓練運動員加快步頻和擺臂的速度，自然就會看到移動距離增加。根據運動員的不同情況，距離最多可以增加到 50 碼。

教練之眼

增強式訓練有助於速度的發展。大部分的指導重點應放在盡量減少腳掌與地面的接觸時間與盡量加大力量輸出。每一組之間的休息時間應設定為增強式訓練時間的五倍，如此才能在不犧牲品質的情況下盡量維持速度。

記住，如果訓練時速度是慢的，比賽時也會快不起來。

敏捷訓練

我們把大部分的訓練重心放在發展矢狀面的力量和爆發力上，然而訓練身體在每個平面上都能有效率地移動才是最終讓運動能力轉化到賽場上的關鍵。

教練們喜歡以某種形式進行敏捷性訓練，有時是以動作模式的教學為主，有時是強調腳步的移動速度。在訓練反應和敏捷方面，教練的選擇很多。

以下是一些我們發現對幾乎所有運動項目的選手都有效的訓練方式。

四角錐敏捷訓練（four corners）

用四個角錐排成一個正方形，每個角錐相隔 5 碼（約 4.6 公尺），請運動員們在正方形的某一邊排成一列，教練站在對邊發出訊號，第一個跑者衝向正方形的中央之後，立即以高步頻進行原地跑。

由教練隨意指向其中一個角錐，此時在中央的運動員就要用最快的速度跑向該角錐，在這之前，教練再指向另一個角錐，該名運動員就要盡快轉往教練所指的角錐跑去。此時教練要仔細觀察腳掌的動作模式，如果覺得有需要，可以請運動員先停下來，幫他調整動作。

每一個運動員只要移動 4~6 次就夠了，此時教練要給一個明確的手勢告知訓練即將結束，運動員看到手勢後立刻迅速往教練的方向跑出正方形，直到通過教練後才算結束。接著輪到下一位運動員，流程不變。每位運動員重複 3~6 組，每組移動 4~6 次。如果你想要運動員做所有賽場上需要用上的動作，這個訓練幾乎涉及到所有的運動模式，包括側向、向前、向後移動與轉身。

當某些運動員已能在 5 碼的正方形中做得很好，可以把四個角錐之間的距離加大到 10 碼，特別是美式足球中的防守後衛、線衛、外接員本來就需要在賽場上快速移動較遠的距離。但 10 碼對線鋒或較重的運動員而言距離就太長了，不過對籃球、棒

球、排球或足球選手來說就很適合。

教練之眼

這項練習可以透過額外的心理負擔來增加挑戰性，方法是替每一個角錐命名。從原本用手指向角錐的方向，改為用口呼叫角錐的名字。這個變化增加了另一種反應的元素，運動員無法從視覺預測你下一個指定的方向，只能藉由內化口頭的指令，立即做出反應。

側滑步

大多數的教練讀到這裡大概會覺得我們瘋了，因為這個動作太簡單。但請相信我們，側滑步（lateral shuffles）這項訓練中有很多重點被我們忽略，而這些重點正是每個人都要練它的原因。

訓練側滑步時，要特別注意前導腳的腳趾不能向外轉，因為這會改變整個速度的方向。要求你的運動員腳尖始終朝向身體前方。

教練要先標示一條目標線，當運動員的腳碰觸到指定線段後，應立即快速轉向起點的方向。

如果運動員踩到指定線段時，腳剛好在身體下方，則需要花兩步來換腳才能使原本的後腳變成前導腿。這裡可能會因為其中一個步伐的問題，使接下來的動作不順暢或出錯；這正是我們關注的訓練重點。

之字形跑

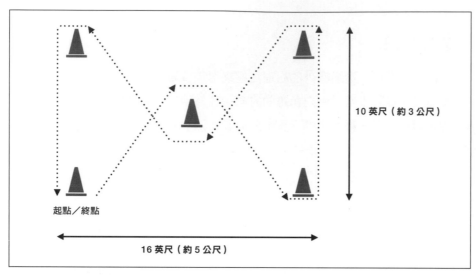

10 英尺（約 3 公尺）

起點／終點

16 英尺（約 5 公尺）

【圖表 5.5】之字形跑的角錐佈置
用圖來表示角錐的佈置方式會比文字來得更清楚。

● 當運動員一聽到哨音或指令，就立刻衝刺到第一個角錐，抵達後立即把身體和腳掌轉向下一個角錐，並快速往它衝去。抵達後再快速把身體和腳掌轉向下一個角錐，持續這麼做，直到回到起點的角錐為止。

● 每次只讓一位運動員進行訓練。我們建議你計時，並記下每次的完成時間。每回移動的距離大約為 30 碼（約 27.4 公尺）。

之字形跑步本就是透過腳步動作和身體位置來訓練運動員控制身體的能力，注意不是用小碎步。

當他們跑到第一個角錐時，應該迅速壓低重心與轉向並盡可能減少步數。

之字形跑適用於所有的位置和運動項目，特別是體型較大的運動員，像是美式足球的進攻線鋒。

有許多進攻線鋒在進行掩護短傳或是在阻擋防守球員時，很有可能因為缺乏身體和腳步的控制力而造成掩護或阻擋失敗。所以像之字形跑這種能練到身體和腳步的控制力練習對他們來說就很重要，對美式足球的開球和棄踢（punt）來說也是一項很好的練習項目。

在設計跳躍和跑步的課表時，似乎有無限多種方法可選。如果你選了一種練習方式卻不知道為何要為讓該運動員進行此種訓練時，這很糟糕。知道什麼動作能練出什麼樣的能力，正是優秀教練和普通教練之間的差別。

朱唐教練曾寫過一本關於增強式訓練的書[9]，書中設計了一個簡單的參考表，把各種不同增強式訓練動作和能力之間的對應關係列出來，我們把它摘錄在圖表 5.6。

教練之眼

當你的運動員繞著角錐跑時，告訴他們不要刻意用小碎步，請他們透過腳步動作和身體姿勢來控制身體的移動。你會發現只要經過一個月的練習就會有很大的進步。

最好將敏捷訓練的課表排在跳躍和短跑訓練之後。

運動員通常在比賽中不太可能在充分休息與恢復之後才動用到敏捷與變向的能力。所以先進行跳躍或跑步的訓練再進行敏捷訓練，疲勞環境下的訓練會更接近運動表現的實際情況。

不同增強式訓練動作的影響與作用						
	原地跳	立定跳遠	連續跳	各式跳箱訓練	彈跳訓練	深跳
起跑速度	√	√	√		√	√
加速能力			√	√	√	
變向能力		√	√	√		√
垂直跳能力	√	√	√	√		√
水平跳能力		√	√	√	√	

【圖表 5.6】各種增強式訓練的作用（朱唐教練授權摘錄 [10]）

整合短跑與跳躍訓練

　　把短跑和跳躍訓練整合進力量課表裡並不一定像人們通常認為的那麼有挑戰性。就像這套系統在規劃每週的重訓課表時會設計強度日與訓練量日一樣，相同的方法也適用於短跑與跳躍訓練。我們的目標是讓重訓室和跑道上的訓練都能維持高品質，使兩者皆無損於對方的表現。現在證實效果最好的方式是把重訓和跑跳訓練分開，在一週中選幾天當作舉重日，另外幾天則專心練短跑和跳躍。

　　在舉重日，大部分的訓練都是在重訓室裡完成；但依然可以在重訓日進行一些簡單的跳躍訓練，像是提膝跳（tuck jump）和跳箱。練習舉重前先練一些簡單的跳躍有助於啟動中樞神經系統。我們若在重訓前安排跳躍訓練，很少跳超過 6 次。在重訓之前加上一點跳躍當作熱身能幫助提高運動員的整體彈性；或是在舉重日安排少量的短跑訓練也可以先啟動運動員的做功能力。

　　重訓後進行節奏跑對於發展運動員的耐力來說很有效。節奏跑的強度中等，大約是運動員最大衝刺速度的 70%，因此重點不是跑多快，而是磨練跑步動作。

重訓後的時間很適合用來進行節奏跑，因為此時運動員正處在疲勞狀態，更能反映比賽中的真實情況，因此能夠更進一步提高做功能力。

在團體訓練中，教練可以根據每個運動員的體型與能力來決定每趟 100 碼節奏跑的時間，在本書第三章「節奏跑」設定的「15 秒－16 秒－17 秒」指導原則仍然很有用。因為如果要先檢測出每個人的最大速度，再去找到團隊中每位選手最大衝刺速度的 70% 可能會很冗長，而且檢測最大速度對大部分團隊運動而言或許不是很必要。

先依據我們在節奏跑中所設定比較寬鬆的時間原則來訓練，再根據實際情況來調整，對教練和運動員來說都會比較單純。

非重訓日的課表會包含比較大量的短跑和跳躍訓練。速度和彈力是力量金字塔中比較高階的能力，需要中樞神經與肌肉系統更高程度的參與，才能真正使這兩種能力獲得發展。

不像幾個主要的力量動作我們會指定明確的訓練量，各種短跑和跳躍動作的訓練總量不會特別設定。在短跑與跳躍課表的訓練方面，我們會更加以品質為導向，這比硬性規定明確的訓練量來得好。訓練品質優先。如果你開始看到跳躍的高度或頻率明顯下降，或是衝刺的速度與跑步動作的品質快速下滑，就代表該停止訓練了。有時跳躍和短跑表現的下降並不單純跟力量有關，也有可能是體能不足。

考慮到這一點，短跑日的訓練內容與流程也應該盡量提高運動員的能量系統，以獲得最大的輸出和最有效的訓練刺激。關於跑跳課表結構，我們建議如下：

1. 全身性熱身
2. 技術訓練動作：先啟動優秀的運動神經模式
3. 跳躍與短跑訓練：在活力十足的狀態下以最大輸出完成訓練
4. 力量－速度或敏捷訓練：強調身體處在疲勞下的持續力
5. 做功能力：如果需要，這類訓練請排在最後，而且此時的訓練項目應對運動員的體力與技術要求最低。

跟從上面的結構來設計課表可以確保動作效益延續到最大努力的訓練中，動作品質是最重要的。

力量－速度的課表有助於進一步培養發力率——這種課表包括拉／推雪橇、跑斜坡或在體育場進行的各種練習，這些訓練都不是在練最大速度。力量－速度的訓練可以在輕度疲勞下進行，一樣會有效果。

你可以在課表剛開始時安排敏捷訓練，並特別強調腳掌觸地的速度要快，或者也可以安排在疲勞狀態下進行，以更真實地模擬比賽情境。

教練之眼

訓練的目的並不是要讓你的運動員練到吐、喘到直不起腰來或是在得分線前抽筋或鐵腿。訓練時所做的每一件事都要有目的；如果速度或動作品質開始下滑，就代表該停止訓練了。

最後一個環節「做功能力」不一定要練完，可以視情況調整。

最後，所有額外的做功能力訓練都應該排在課表最後，因為它屬中低強度，就算在疲勞時練，造成傷害的風險也最低。而且現在研究已證實低強度訓練對恢復有幫助，亦有助於清除血乳酸。[11]

練短跑前要先準備好

上述短跑課表的流程中還有一點要特別注意：任何力量－速度的訓練之後（例如拉雪橇、跑斜坡或在體育場所進行的各種練習）應該先休息，再進行一些較高強度的短跑課表。這些短跑訓練的目標是重建良好的跑步技術，強度多為最大速度的 90% 以上，有時也會在相同的距離中進行阻力跑。

速度大部分取決於動作是否符合力學的機制，因此任何可能導致偏差動作的練習或動作都應該安排在亟需優秀技術與跑姿的全速訓練之後。

如果課表要求在同一天進行舉重和速度訓練，衝刺和速度訓練應該排在重訓之前。力量金字塔的頂端是速度；我們不希望訓練當天有任何其他因素影響速度的表現。與其在賽場或運動場上犧牲速度，我們寧願在重訓室裡犧牲一點其他的課表。

月總量

短跑和跳躍課表也是遵循類似重量訓練的 4 週週期，主要的差別在於決定各週訓練量的分配方式。我們會依訓練量的多寡分成最大量週、次大量週、中量週、少量週與恢復週。

每週的訓練量中應該包括速度所需的所有能力 —— 做功能力、技術、力量－速度、速度－力量、敏捷與最大速度本身。至於每週中哪一個特性最重要，要加強訓練哪一個，得依據運動員的水平、能力與時節來決定。

一般來說，入門者需要把更多的訓練量放在技術、做功能力和力量－速度上，以發展出穩固的基礎。

入門者仍可進行一些較高強度的跳躍和短跑訓練，但量要少，動作盡量從簡單的選起，像是單次跳躍、短距離衝刺或 10~20 秒之間的側向跳箱。

高水平或菁英運動員應該已經打好穩固的基礎了，因此可以容忍更多力量－速度與最大速度的訓練。

當你在規劃短跑與跳躍課表時，下面的區間可作為指導原則：

短跑和跳躍的訓練量區間		
力量特性	**日總量區間**	**週總量區間**
做功能力	400~2,400 碼	1,000~4,400 碼
力量－速度 & 速度－力量	50-200 碼或 50-200 次	100-400 碼或 100-400 次
最大速度	100~600 碼	200~1,500 碼

【圖表 5.7】短跑和跳躍的訓練量區間
摘自維梅爾教練以增強運動表現為主的力量與健身訓練系統（艾爾·維梅爾教練，理學碩士，美國國家體能協會認證的肌力與體能教練 C.S.C.S）

　　上面的區間已涵蓋了所有不同水平的運動員，持續訓練十年以上的菁英運動員可以接近區間的上限，也就是說較高水平的運動員每次節奏跑的總跑量可以到 2400 碼（約 2200 公尺），最大速度的總跑量可以到 600 碼（約 550 公尺）。

　　有一點我們要再三強調，菁英運動員的訓練量上限是為世界級選手和那些專項是跑步或跳高跳遠的選手所設計；除非你是專門訓練短跑、跳高或跳遠項目的田徑教練，否則將短跑和跳躍的訓練量推向區間上限會使運動員需要更多的恢復時間，很可能會拖累其他訓練。

　　舉例來說，我們可以把跳躍的最低基準值設為每月 310 次或平均每天 10 次。朱唐教練可以說是美國最成功的教練之一，他在為跳遠等田徑運動員規劃課表時時告訴我們，就算是面對頂尖的菁英選手，一天的跳躍訓練也不應超過 120 次，那已是最大量中的最高上限值。

　　聽起來這個訓練量並不是很大，但是當你把舉重、跑步、衝刺和技術訓練都囊括在訓練量裡，就會發現這個量已經很夠了。每天 120 次的最大量對那些專攻跳躍動作的選手來說是適當的，像是跳高或跳遠運動員。跳躍對身體的影響很劇烈，訓練量本來就要少。

　　跟重量訓練一樣，如果我們為了基礎訓練的重點設定了一個明確的目標，那就有

可能向外擴展到每一星期或甚至每個週期的訓練中，幫助我們決定適合每種特性的訓練量。

維梅爾教練整理了一個很好的表格來展示不同週期強調的訓練重點不同時，每一種特性的訓練量該如何變動，請見圖表 5.8 的內容。

隨著訓練重點轉向「速度」，「做功能力」、「力量」與「速度－力量」的相對訓練量也會跟著下降。底層特性仍須訓練，以維持基礎實力的水準，但為了發展速度，就必須把大部分的訓練量投入在高層的力量特性中。

不論運動員的實力如何，當季外期快結束，已經來到了季前期或快要進入賽季期，這時強度等級和較高強度的訓練量應逐漸增加，在這一點上跟舉重課表並沒有差別，當賽季接近時我們也會逐漸把更多訓練量移往爆發力動作。

根據不同時期所要加強訓練的主要特性的週總量					
特性	加強做功能力	加強力量	加強力量－速度	加強速度－力量	加強速度
做功能力 節奏跑	3,200~4,400 碼	1,000~2,400 碼	1,000~2,000 碼	不定，以動態 恢復訓練為主	不定，以動態 恢復訓練為主
力量	150~175 碼 或次數	150~320 碼 或次數	100~250 碼 或次數	75~150 碼 或次數 最大強度的 70~80%	50~100 碼或次數 最大強度的 70~80%
力量－速度	50~70 碼或次數	50~100 碼 或次數	75~100 碼 或次數	50~100 碼 或次數 最大強度的 70~80%	50~100 碼 或次數 最大強度的 70~80%
速度－力量	200~400 碼 或次數 低強度	150~300 碼 或次數 中低強度	100~300 碼 或次數 中低強度	75~200 碼 或次數 中高強度	50~150 碼 或次數 中高強度
速度	200~400 碼	200~600 碼	300~600 碼	400~1,000 碼	500~1,500 碼

表格中灰底的部分代表該時期所要加強訓練的主要特性

【圖表 5.8】每一種速度特性的訓練量該如何變動的指引
摘自維梅爾教練以增強運動表現為主的力量與健身訓練系統（艾爾·維梅爾教練，理學碩士，美國國家體能協會認證的肌力與體能教練 C.S.C.S）

針對實力相異的運動員，在單次課表中針對不同速度特性的訓練量該如何調配，可以參考下表：

單次課表的訓練量區間			
力量特性	入門	高水平	菁英
做功能力	400~1,500 碼	1,000~2,000 碼	2,400 碼以上
力量－速度 & 速度－力量	50-100 次或距離	100-200 次或距離	200 次以上或距離
最大速度	100-250 碼	250-500 碼	600 碼以上

【圖表 5.9】單次課表中的訓練量
摘自維梅爾教練以增強運動表現為主的力量與健身訓練系統（艾爾・維梅爾教練，理學碩士，美國國家體能協會認證的肌力與體能教練 C.S.C.S）

教練之眼

跑步和跳躍的訓練方法跟舉重一樣。你可以使總跑量（總訓練距離）保持不變，只減少每趟的完成時間，這就像是在重訓反覆次數不變的情況下增加槓鈴上的重量。別忘記，過多的訓練量向來是扼殺進步的主因。

週總量

不論你決定月總量時是根據訓練時機還是訓練目標，最終也是要把月總量拆解成週總量。你可以直接套用第四章「訓練系統中的加量模式」的重訓波動模型，以 1 個月 4 週來算，這四週的訓練量分配分別為「28%－22%－35%－15%」或是比較適合高水平與菁英選手的「27%－22%－32%－19%」，當然你也可以針對短跑與跳躍訓練的特性採用其他做法。

你也可以不用把比例定得這麼死，先根據中量週、次大量週、最大量週和少量恢復週來劃分這四週的訓練量，以便在調整後續的課表時有更大的靈活度。同樣的方法

也可以運用於賽季期的課表設計。

　　再以新手運動員為例，我們假設此時是季外初期，重點加強項目是做功能力。為了打造運動員的耐力，這四週的訓練量會依線性進程如下規劃：

強調做功能力的短跑和跳躍訓練 四週的週總量			
週總量	做功能力	力量－速度 & 速度－力量	速度
中量週	2,700 碼	60 次或距離	120 碼
次大量週	2,800 碼	70 次或距離	160 碼
最大量週	3,000 碼	80 次或距離	320 碼
少量恢復週	2,300 碼	50 次或距離	100 碼

【圖表 5.10】強調做功能力的短跑和跳躍訓練的四週週總量規劃範例
摘自維梅爾教練以增強運動表現為主的力量與健身訓練系統（艾爾·維梅爾教練，理學碩士，美國國家體能協會認證的肌力與體能教練 C.S.C.S）

　　在這幾週內，最好將訓練量限制在我們標示的範圍內以確保恢復。過量的跑步訓練會讓運動員筋疲力盡，過度訓練後再花 2 週等待他們完全恢復是毫無意義的。規劃少一點訓練量可以加速恢復與進步。

　　單次課表中的短跑訓練上限可以設定在 100~250 碼，做功能力中節奏跑的距離則可設定在 400~1000 碼，初期的量不要太多，先讓運動員適應最基本的訓練量。田徑選手可以根據專項的需要，規劃更大的訓練量（或更長距離），但起始的量還是要保守一點，再根據他們的實際表現來調整。

　　隨著季外期的接近和訓練量的增加，賽季來臨前應把訓練重點轉向偏重速度－力量和衝刺速度的課表。當你以線性模型的課表完成第一個訓練週期，就可以使用跟重訓相同的波動模型來訓練。這將簡化課表的結構與設計方式，下面以重訓和跑步跳躍課表的週總量做對比，讓你了解如何同步兩種課表。

舉重 vs 跑步與跳躍 週總量的比較				
線性進程		波動進程		
舉重	跑步＆跳躍	舉重	跑步＆跳躍	
22%	中量	27%	次最大量	
27%	次最大量	22%	中量	
32%	最大量	32%	最大量	
19%	少量	19%	少量	

【圖表 5.11】對比舉重和跑步的訓練量

經過兩個訓練週期之後，入門運動員也會開始使用波動模型來規畫課表的訓練量，方式如下：

強調速度 - 力量與速度的短跑與跳躍訓練 四週的週總量			
週總量	做功能力	力量 - 速度＆速度 - 力量	速度
次最大量	1,900 碼	90 次或距離	325 碼
中量	1,500 碼	80 次或距離	275 碼
最大量	2,100 碼	100 次或距離	450 碼
少量	1,300 碼	60 次或距離	200 碼

【圖表 5.12】強調速度的短跑和跳躍訓練的四週週總量規劃範例
摘自維梅爾教練以增強運動表現為主的力量與健身訓練系統（艾爾・維梅爾教練，理學碩士，美國國家體能協會認證的肌力與體能教練 C.S.C.S）

你可以看到其中「速度－力量」與「速度」的訓練總量明顯增加。「做功能力」的訓練量下降讓高強度的訓練有增加的空間。增加強度時，仍需要繼續發展耐力，特別是對入門運動員而言更是如此。

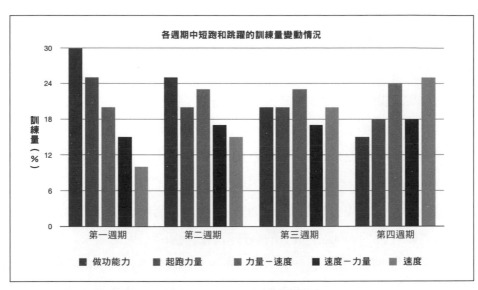

各週期中短跑和跳躍的訓練量變動情況

訓練量（%）

【圖表 5.13】短跑和跳躍的訓練量從第一～四週期的變動情況

　　我們的目標是在賽季到來時能達到衝刺和跳躍強度的巔峰，為了實現此一目標，我們將在比賽前把訓練重點和訓練量轉移到強度更高的速度課表中。

　　由於在第四週期時對高強度訓練後的恢復需求增加，因此在賽季前週期先提前加量，確保運動員在比賽開始前達到最佳狀態。提前加量是指在第一週就排最大量週，接下來三週分別安排中量週、次最大量週、少量恢復週，使運動員可以在進入賽前練習時維持訓練強度，但訓練量要在進入賽季前兩週開始減低。

　　這通常能使整個團隊在進入賽季時更有活力。

設計短跑與跳躍的單次課表

　　在一份理想的團隊運動的課表中，每星期應該有兩天專門用來進行短跑和跳躍訓練。對照舉重訓練的原則，其中一天可設定為「強度日」，專注在跳躍或短跑的訓練，另一天為「耐力日」，專注在技術或力量－速度的訓練。目標仍是在盡量降低受傷風

險的情況下優化訓練效果。關於一星期之中的量或強度何時要調降，其實並沒有一個既定的規則。

我們發現最有效的方法是在一週的前幾天安排高強度訓練，一星期的後半段再安排訓練量比較高的課表。你應該遵守的唯一規則是確保在高強度的短跑訓練後不會在一天之內再特別針對膕繩肌或後側動力鏈進行大量的訓練。

如果在高強度衝刺訓練日前一天的力量課表涉及大量動用後大腿的動作，那麼在舉重和短跑課表之間至少應該要間隔 24 小時。

當運動員的注意力集中在速度上，並且訓練速度已超過了他們最大速度的 90% 時，此時的膕繩肌絕不能因為前幾天的訓練而感到明顯疲勞或緊繃。

如果有足夠的恢復時間，也能在主課表前充分熱身與準備，膕繩肌拉傷的風險就能夠降低；然而，連續操練的課表仍然不太理想。沒有什麼比訓練造成的運動傷害更讓人沮喪的了，雖然在競技運動中受傷不可避免，但優質的訓練計畫可以盡量降低受傷發生的機率。出於這個原因，我們經常將大量的羅馬式硬舉或跟後大腿有關的訓練動作保留到週三之後，如果可以，我們一般會排在星期五。

力量訓練入門者的一週訓練課表範例可參考圖表 5.14。

星期一	星期二 （強度日）	星期三	星期四 （耐力日）	星期五
舉重：週總量的 42% 節奏跑	短跑與跳躍 馬克操 跳躍訓練 技術訓練 短跑訓練 **速度－力量**：拉／推 雪橇、跑坡等 短跑訓練	**舉重**：週總量的 24% 節奏跑	短跑與跳躍 馬克操 跳躍 技術 **10 碼衝刺** 節奏跑	**舉重**：週總量的 34% 節奏跑

【圖表 5.14】入門運動員的一週課表範例

你可以從圖表 5.15 注意到，一週 2 次的跑步跳躍訓練中，週二的課表強度比週四高，而且較高強度課表的總距離會明顯比較少。經過週二的高強度訓練後，雖然緊接著週三也會練舉重，但那是一週當中訓練量最少的一天。

如此一來，運動員可從前一天的跑步課表中恢復一些體力，才有辦法吸收得了週四較大量的短跑與跳躍課表，週四除了有跑跳，也會安排一些做功能力的訓練。

星期一	星期二	星期三	星期四	星期五
舉重課表 訓練量大	短跑與跳躍課表 訓練量較小、 強度較高	舉重課表 訓練量小	短跑與跳躍課表 訓練量較大、 強度較低	舉重課表 訓練量中等

【圖表 5.15】課表的強度比較表

我們透過改變訓練量和強度等級就可把動態恢復的訓練內建在課表中，這在整份訓練計畫中都是這樣。這跟連續幾天進行大量或高強度的訓練不同，波動模式的訓練計畫會在不同的日子對不同的能力施加壓力。

在了解了重訓課表編排的原理之後，你可以把相同的原理運用在短跑和跳躍課表上，並透過這種訓練方式使運動員逐年逐月進步。各種短跑和跳躍訓練應該像高強度的爆發力動作一樣進行，比如上膊、抓舉或挺舉，每組的反覆次數應控制在 6 或 8 次以下，並且嚴格監控每次課表的總訓練量。

若只把短跑、增強式訓練或跳躍當作每次課表後面加減練的動作，或只是為了增加訓練量或強度才多跑多跳一點，但這種做法很少能產生最佳效果。訓練的每一個環節都會影響到後續環節的其他能力，我們要花點心思才能將重量訓練、體能訓練、短跑和跳躍訓練整合起來。

教練之眼

　　跳躍動作可以被加到跑步日，也可以被排在舉重日中。把訓練量分散到不同天還可以增加訓練頻率和反覆次數，有助於維持輸出和技術。

　　如果今天是舉重日，你也可以在熱身後（舉重的主課表前）先進行跳躍訓練，以刺激中樞神經系統的輸出；在跳躍訓練中腿部會有些微的疲勞，我們會讓運動員在腿部略微疲勞的情況下進行爆發力訓練；我們也會在最後一個力量動作後、節奏跑前，再練一次跑步技術，以重新找回良好跑姿該有的協調性。

1. https://www.charliefrancis.com/collections/ebooks
2. Jandačka, D., & Beremlijski, P. （2011）. Determination of strength exercise intensities based on the load-power-velocity relationship. *Journal of Human Kinetics*, 28(1), 33-44.
3. Jidovtseff, B., Quièvre, J., Hanon, C., & Crielaard, J. M. (2009). Inertial muscular profiles allow a more accurate training loads definition. Les profils musculaires inertiels permettent une définition plus précise des charges d'entraînement, 24(2), 91-96.
4. https://www.charliefrancis.com/blogs/news/test
5. McBride, JM, Blow, D, Kirby, TJ, Haines, TL, Dayne AM, and Triplett, NT. Relationship between maximal squat strength and five, ten, and forty yard sprint times. *J Strength Cond Res* 23(6): 1633－1636, 2009
6. Paradisis, G.P., and C.B. Cooke. The effects of sprint running training on sloping surfaces. *Journal of Strength and Conditioning Research*. 20(4):767-777. 2006.
7. Chu, Donald A., and Gregory D. Myer. *Plyometrics: Dynamic Strength and Explosive Power*. U.S.A, Human Kinetics, 2013.
8. Athletic Performance Summit: The Legends. Professional Seminars. New York, 2017
9. *Plyometics, Dynamic Strengh and Explosive Power*, Donald A. Chu and Gregory D. Myer, Human Kinetics, 2013
10. Athletic Performance Summit: The Legends. Professional Seminars. New York, 2017
11. Menzies P, Menzies C, McIntyre L, Paterson P, Wilson J, Kemi OJ. Blood lactate clearance during active recovery after an intense running bout depends on the intensity of the active recovery. *J Sports Sci*. 2010 Jul;28(9):975-82.

Chapter 6
週期性的課表設計

「從過去準備作戰的經驗中，我發現設定好的計畫是無用的，但規畫的過程絕對必要。」──德懷特・艾森豪（Dwight D. Eisenhower）

在規劃運動員的課表時，區分不同專項運動的特定需求很重要，尤是個人運動和團隊運動的差別。

我們前面已經提過蘇聯教練替運動員預先規劃的多年訓練計畫不只是大綱而已，還細緻到強度百分比和具體的訓練量。他們主要訓練的是奧運賽個人項目的選手，這類比賽的特點是有明確的比賽日程，讓教練能對課表及其中的訓練變數更嚴密地設計與控制，提高該項賽事中最重要的力量特性。

舉個例子來說，鉛球運動員需要很高水準的力量和爆發力來投球。這些力量特性的確可以長期發展，但代價是要犧牲耐力或多方向敏捷性等其他能力。

鉛球選手的比賽日期可以預先知道，而且有較長的季外期來準備，賽季也很短。因為賽事可以自己挑選，所以賽事與賽事的間隔也可以自行合理地安排。即使在比賽中，每一輪也只會投擲 3 次，通常進行 3~6 輪。

這種比賽形式很特定也很固定，每次賽事最多只會全力投擲 18 次，每次之間還有充分的休息時間。若能運用本書提過的基本原則，為這些運動員制定一個全面且精細的訓練計畫相對容易。

但團隊運動項目對身體素質與技能的要求往往廣泛得多。團隊項目的選手通常需要在多變與不受控的環境中比賽，在那樣的情境中，運動員同時需要耐力、力量、爆

發力和速度。

足球選手中實力較強的中場球員需要爆發力與速度，才有加速和追球的能力，由於他們在一場比賽中平均要跑 7~9 英里（11.2~14.5 公里），所以他們不只要有速度、爆發力和加速能力，也要有耐力，才能在整場比賽中維持表現。

籃球選手在比賽中可能會跑 2 英里（3.2 公里），而 NFL 賽事中的角衛和外接員則會跑 1 英里多，除了跑，他們同時還需要跳躍、改變方向以及跟對手互相推拉並承受強烈的身體接觸。

此外，團體運動中的每一個成員大多會扮演特定的角色，這些角色負責的位置與體格都不同，因此訓練需求也會有所差異，比如線鋒和外接員的訓練內容一定不會完全一樣。儘管球隊成員都是一起訓練，但每個運動員的需求都不同，所以並非每一位隊上的選手都適合同一份訓練計畫。

那已經夠難了，但真正的挑戰還不只如此；團隊運動除了需要靈活性更高的訓練方法外，高中選手的賽季可能會持續 3~4 個月，大學和職業選手的賽季可能會因為季後賽和冠軍賽而延長。以超級盃冠軍隊伍的賽季來說，他們賽季會從八月的訓練營一直延續到隔年二月的冠軍賽！

一個成功的力量教練需要能讓運動員（在愈來愈短的季外期間）為艱苦的賽季做好準備，也要使他們在整個賽季中都能維持表現或進一步提高身體能力。教練還需要有隨機應變的能力，只要一場賽後的返家巴士或飛機延誤，就會造成訓練日程的變動，所以即使是最精心設計的課表也無法維持不變到最後。

下面這張是來自艾爾‧維梅爾教練的珍貴圖片，總結了從季外期到賽季結束這段過程中為不同運動員設計課表的挑戰。

這是一項艱巨的任務。

直接放棄事先規劃，在賽季時改成邊練邊調課表，只尋求適應當天或當週的需求就好，這種方式當然比較簡單。

但這種隨機應變的做法顯然無法持久。

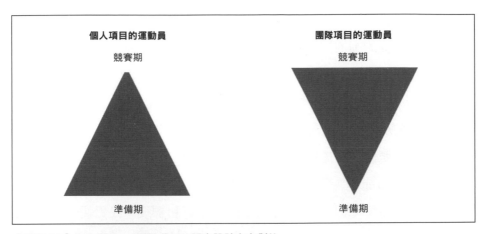

【圖表 6.1】個人項目 vs 團隊項目的課表設計方向對比
摘自維梅爾教練以增強運動表現為主的力量與健身訓練系統（艾爾・維梅爾教練，理學碩士，
美國國家體能協會認證的肌力與體能教練 C.S.C.S）

　　我們的意思不是要捨棄訓練計畫。我們已經知道在團體運動項目中很難設計一份一體適用又能因應較長賽季的課表，所以我們需要的是一個「訓練框架」，需要事先規劃的是這個整體框架，框架以增強各種身體素質為目的，內容可以靈活調整。

　　當我們討論的是如何建立一個永續且成功的訓練系統時，你能掌握的所有運動生理學與技術訓練相關知識只能使你完成一半的目標。想要完成另外一半，教練需要培養的是課表設計的技藝和經過磨練的教練之眼，才能知道運動員何時可以挑戰極限、何時需要及時調降訓練量和強度，確保他們能在最重要的時刻達到巔峰表現。

　　我們需要建立的是一個課表設計的框架與原則，幫助我們指明正確的方向。框架與原則設定好後，內部就會有足夠的空間可以調整、替換和適應。這就是使用波動模式控制訓練變數的好處。

　　從一個有彈性的結構開始設計，我們就可以根據眼前的目標與需求調整課表。一份設計完善的訓練計畫，必定可以隨著每週、每月的變化做出相應的調整。只要你能利用這個流程規劃課表並持續運用這些原則，將使你更容易在適當的時機做出正確的調整。

若能先把視角拉遠，試著從更宏觀的角度來看待整個訓練的時間線，用更大的時間區塊來設定運動員的訓練目標，你就能看出這套系統的價值。

依據運動項目和運動員的需求，你要能判斷不同力量特性的相對重要性，並根據當前的時間點和目標決定每種特性應投入的訓練時間。

無論情況為何，訓練進程的方向大體上應該朝著這個方向發展：

做功能力→肌肥大→力量→爆發力→速度和敏捷

你**如何**選擇訓練量、強度與動作，以及**背後的理由**為何，取決於你在不同月分或週期的訓練重心。從每一個大週期的目標出發，定好目標後，我們就可以忠於系統的原則開始規劃課表。

為了單純起見，我們以簡單常用的劃分法將時間線分成三個大週期：

季外期、季前期和賽季期

理想的情況下，季外期的訓練至少要持續 12 週，會依據不同目標拆成數個中週期。中週期一般是 4 週。季前期不會太長，大多由一個中週期組成。賽季期則不一定，將取決於賽季的長短。

我們可以採用標準的週期化策略，初期先以低強度、大訓練量開始，專注在做功能力和肌肥大的訓練，到了後期再逐漸增加強度。

使用波動式的週期化模型時，每一個訓練週期我們不只設定單一訓練目標，而會同時設定主要與次要目標，針對該週期所要強化的不同能力來加強訓練。

為每個週期給定主要訓練目標是標準的週期化訓練法，但我們的系統在週期向前推進時仍保持所有其他能力的訓練。

	週期一	週期二	週期三	週期四
主要目標	做功能力 肌肥大 *	力量 肌肥大 *	爆發力	速度
次要目標	力量 爆發力 速度	做功能力 爆發力 速度	力量 速度 做功能力	爆發力 力量 做功能力

【圖表 6.2】各週期的主要目標與次要目標

* 肌肥大在某些情況下也有可能是該週期的主要訓練目標。

在週期化的課表模型中，我們可以逐步發展每一種身體素質，又同時加強運動員的做功能力，並把已練就的能力一路維持到賽事開始。這正是本套力量訓練系統跟其他大部分的課表設計模型相較之下真正的優勢。

知道週期中的主要與次要目標之後，我們就可以開始為較大的訓練區塊規劃訓練量、強度和頻率等變數，以便制定年度訓練計畫。

季外期週期化訓練計畫

目標

重新恢復或打造做功能力

逐步提高訓練量和強度以發展肌肥大、力量、爆發力和速度等主要能力

訓練量

依課表需求逐步加大

訓練強度

逐漸加強

動作選擇

特別強調「力量動作」並逐步導向「爆發力動作」

每週訓練 3~4 次，依據總訓練量的多寡而定

賽季一旦結束，通常會有許多運動員想遠離訓練設施和重訓室一段時間，因為他們才剛從競爭激烈的比賽壓力中解脫，在大多數情況下，沒有人想急著回歸訓練。賽季剛剛結束時，運動員需要休息就像他們需要重訓一樣。

我們主張全休的時間不要超過 2 星期，但實際休多久，要看賽季的長短以及賽季結束時運動員的健康與傷病狀況。

如果全休時間從 2 週延長到 1 個月或更長，體能、力量和爆發力就會開始衰退。

賽季後仍然保持訓練，並在訓練中安排一段時間的主動休息和恢復，會比完全停止訓練後嘗試從頭開始更有利於後續重新回歸訓練規律，以及矯正動作缺點或力量上的不足。

季外期的前 2~4 週應包含本書第三章所述的「準備期」。入門運動員可以直接跟著訓練計畫的範例來練，但高水平或菁英運動員將花 2~4 週進行簡單的舉重訓練，包括複合式訓練、蹲舉、推舉、高拉、RDL，也會開始培養跑步與跳躍的做功能力。

使用一週三練的重訓課表就可提供足夠的刺激，並逐步使運動員發展到能承擔 3~4 組複合式訓練，以及一些訓練量較低的力量課表（總反覆次數 12~20 次）和奧林匹克式舉重（總反覆次數 12~15 次）。

即使是 NFL 的頂尖選手，在季外的準備期先安排他們重新進行做功能力與運動能力的基礎訓練也永遠不會錯。

訓練量

運動員在季外訓練的初期應該從他們各自的最低月總量開始。經過幾年的訓練後會更能具體掌握運動員的訓練量，理想的目標是以去年的量為基礎往上加，但增幅最

多不應超過 10%。這樣一來，就不存在從哪裡開始的問題，因為你可以使用前一年的訓練量來設定新的基準線。

比方說，一位訓練新手在第一年季外期以總反覆次數 750 開始，900 次作結；到了第二年就可以從月總量 800 次開始。採用這種方法可使運動員在重返訓練時不至於太快達到巔峰，但事實上已經比上一季提前了一個月。

當他們能夠承受與適應更大的訓練量之後，也可以開始在課表中加入更複雜的舉重、跑步和跳躍動作。

經過 1~2 個中週期後，運動員應該能在季外期進行到一半時開始超越上一年的最大量。

如果高水平或菁英運動員在前一年是從一週四練的課表開始，季外期最後的總量達到 1,300 次，那隔年的季外期可以從月總量 1,175 次開始第一週期的訓練。

用這個方法是假設季外期有 3~4 個月可以把月總量逐漸加到 1,300 次。若能依循這種逐步積累訓練的模式，可確保自己比較不會因為受傷問題而影響未來的發展。

這種方法可以幫助運動員逐步朝著教練所設定的目標前進。

訓練進程

關於訓練進程，你可以對運動員採取三種可能的模式：

- 月總量增加，訓練強度維持不變
- 月總量維持不變，訓練強度增加
- 月總量和訓練強度都增加，但操作上要特別小心

對於一位訓練新手來說，當運動員逐漸成熟，動作效率也愈來愈高時，訓練強度就會很自然地跟著提升。有 70% 的訓練新手僅因快速的身體適應，到了第三週期的

1RM 就已跟第一週期有很大的不同了。

正因如此,新手應該在逐步增加月總量時,在一個比較狹窄的強度區間中使強度有計畫地上下波動,這個狹窄的強度區間建議利用我們在第四章「動作強度的設定原則」所述的強度一到三區。

隨著運動員的逐漸成熟和經驗累積,相對強度應該也可以提高,但每個月新增的訓練量絕不能超過前一個月總量的 10%。

隨著季外期的推進,訓練強度將逐漸從二區提升到三區。動作選擇上,初期將先從比較強調力量的動作開始,像是蹲舉、推舉與 RDL 等;隨著季前期愈來愈靠近(季外期的尾聲),訓練動作將逐步往更強調爆發力的奧林匹克式動作發展。這使運動員能在訓練初期著重發展肌肥大和力量,後期才逐漸轉向爆發力的訓練。

金字塔的基礎是做功能力和力量,先把地基打穩再逐漸把訓練重點轉向頂端的爆發力和速度。要把這樣的發展階層牢記在心。

當你逐漸增加每月的訓練量,而且你的運動員也愈來愈來能負荷更高強度的訓練後,你最終將必須決定何時停止加量。訓練量有其極限的,在安全範圍內,你可以達到想要的訓練效果而不增加過度訓練的風險。我們在紐約巨人隊的時候發現,我們的量只能增加到這麼多,否則就會適得其反。

在季外期,我們第一個月的總反覆次數是 1200,接下來三個月的月總量依次提高到 1400 次、1600 次,再到 1800 次。

當我們把月總量加到 1800 次時,此時的運動員們已經是蠟燭兩頭燒,訓練開始對他們的身體產生危害了。

即使你設法調控訓練強度,如果訓練量和強度持續增加,還是很難有效確認哪個變數才是影響運動表現的主因。

大家要了解,即使是最有天賦的運動員也很容易過度訓練,所以道理很簡單,經驗尚淺或身體發育未完全的運動員若跟著太過激進的課表訓練,把他練壞的風險勢必非常高。

短跑、跳躍和體能

如前所述，短跑、跳躍和體能的訓練方法應該要遵循跟重訓相同的模式。

短跑或增強式訓練的分量和強度應隨著季外期的進展逐步提高，而節奏跑和較低強度的訓練量則應逐步遞減。

必須記得的是，即使季外期的節奏跑或體能的訓練量減少，短跑的速度也應該要變快（相對強度增加）。

季外期的進程

跳躍

- 動作複雜度：先練單次跳，再進階到連續跳；或是先練雙腳跳，再進階到單腳跳的相關變化式。
- 訓練強度：先專注在跳躍的高度和距離，後期才轉向起跳的速度和反應性。

衝刺

- 動作複雜度：先專注在跑步技術或從距離較短的衝刺開始，再進階到方向轉換的課表。
- 訓練強度：初期先專注在「速度－力量」，後期才專注發展最大速度。

體能

- 可以透過增加訓練量或提高強度來發展速耐力，但增幅要根據不同專項運動的需求來調整。

賽季開始前的週期化課表

目標

加強爆發力和速度的發展以轉移到專項運動

為之後日益增加的專項運動練習和比賽需求做好準備

訓練量

至少依照季外期的最大訓練量減少 1/3，訓練可以只留 40%，或者更低

訓練強度

更強調爆發力和速度，此時它們的重要性大於絕對力量

動作選擇

由力量動作逐步進階到爆發力動作

訓練頻率

每週練 3~4 次，根據月總量調整

　　隨著賽季接近，應該進行減量訓練，動作上也會從強調力量轉向強調速度和爆發力的練習。

有很多訓練計畫會在季外期花上大量的時間發展力量、爆發力和速度，但一到賽季開始就無法維持這些能力。如果你不能把季外期的訓練成果轉移到賽季，那等於白白浪費了這幾個月辛勤訓練的時間。

在美式足球比賽中，季前期是指訓練營正式開始前的一個月，此時正是運動員的每日行程被訓練和會議塞滿之前。季前期是運動員進入專項訓練和賽場前的過渡期，所以此時的訓練以提高運動員的訓練強度最優先，才能幫助他們為即將到來的專項表現做好準備。

這個週期將藉由減量逐漸減輕訓練負荷，在邁向賽季的同時也要幫助運動員每天的行程把爆發力和速度準備好。當正式進入賽季，重量訓練將在某種程度上退居次要地位，轉而成為支持專項技術與團隊搭配訓練的配角。

訓練量

運動員應該在季外期的尾聲（也就是在進入季前期之前）達到訓練量的高峰。進入季前期之後，這四週的月總量會下降至少 1/3，目的是讓運動員以更有活力的狀態開始新的賽季。

如果高水平運動員在季外期最後一個月的月總量達到 1300 次，那季前期的月總量就應不超過 910。若是訓練新手則會降得更多，比方說季外期月總量最高達到 1000，那季前期頂多就練到 600。

與先前設定的基準線相比，這個數字似乎很低。對經驗尚淺或年紀較輕的運動員來說，強度增加之後，恢復的挑戰也會增加。每個運動員的恢復能力都不同，因此不存在一套準確的公式。與之前提到的一樣，不確定如何選擇時，減量絕對可以減少錯誤的發生。

季前期採用波動的訓練量也是另一種經過證實的成功模型，也就是先在前兩週前置加量（front-load），後面兩週再來減量。

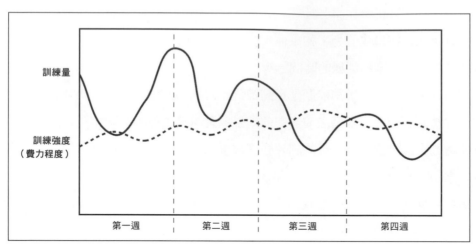

【圖表 6.3】季前期訓練量的波動模

這種課表的安排方式就不是以 27% → 22% → 32% → 19% 或是 28% → 22% → 35% → 15% 這兩種典型的波動模式,而是把第二週與第三週的百分比對調,使訓練量提早在第二週達到巔峰,接著隨即進行減量,使運動員能在精力充沛的狀態下進入賽季。

同樣的模式也適用於其他運動項目的大型賽會,使你能剛好在目標賽事前達到巔峰表現。

季外期和季前期間,訓練量的典型波動模式	季前期間,訓練量的波動與減量方式
訓練新手 27% → 22% → 32% → 19% 高水平或菁英運動員 28% → 22% → 35% → 15%	訓練新手 27% → 32% → 22% → 19% 高水平或菁英運動員 28% → 35% → 22% → 15%

【圖表 6.4】訓練量變化的波動方式

季外期縮短

不幸的是，不斷變化的體育環境為季前期的規劃增加了挑戰。在最理想的情況下，季前期才會存在；如果季外期很短，比如說只有 12 週或更短的時間，季前期課表設計的方法就必須改變。

第八週左右，當運動員在季前期進行較大幅度的減量訓練之後，他們的表現就會有明顯的進步。但如果季外期的時間太短，只能進行兩個中週期訓練，訓練量就會因下降得太快而阻礙進步。在時間縮短的情況下，季前期減量的幅度就不宜太大，比最大量週減少 15~20% 即可，而且訓練強度仍應持續提高，因應比賽的到來。

當季外期縮短，利用「前置加量」的方法尤其能發揮效益。這種方式可以維持強度並拉長減量的時長，使運動員在進入賽季前能有更長的恢復時間。前置加量是利用超補償效應（super-compensation effect），預期在最後兩週隨著訓練量下降，運動表現將出現大幅提升。

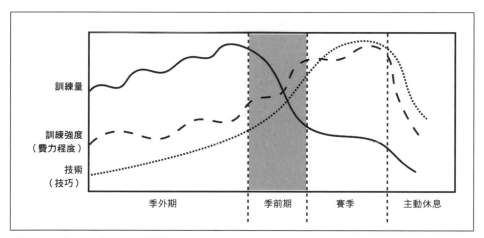

【圖表 6.5】正常時長的訓練週期

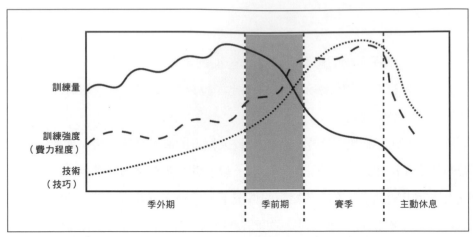

【圖表 6.6】訓練週期縮短（注意季前期的訓練量減緩較慢，灰底區斜率下降）

這離理想的情況還很遠，隨著團隊活動的增加限制了季外期訓練時長，這種情況愈來愈成為常態而不只是例外。最理想的情況是，在團隊正式展開季外期的訓練之前，運動員為了能有更多準備時間，會先開始進行自主訓練。然而，「提前自主訓練」本身就是一個大挑戰。

訓練進程

當訓練量在這個週期中開始下降，此時的強度應該要提升。對訓練新手而言，強度會落在三區；實力水平比較高的運動員則會落在四區，每組的反覆次數都是 3~6 下。

動作的基礎仍以蹲舉和推舉等力量動作為主；然而，我們會愈來愈重視能提高肌肉收縮速度的訓練動作。奧林匹克式舉重不只能促進絕對力量轉移到爆發力和速度，也是把力量轉移到賽場上的重要訓練動作。

舉例來說，肩推的量會減少，改以更大量的借力推和挺舉取代。我們的目標是在減量和強度提升後，看到運動員在舉重的重量和速度上都能持續進步。

目標不只是維持季外期所取得的訓練成果，也是為了在賽季前和賽季中都能持續

提升力量和爆發力。

　　沒有什麼比在賽季第一週達到頂峰後就開始走下坡更糟糕的了。若運動員只是在重訓室裡進步，賽場上的表現持平甚或變差，這絕對也非訓練的目的。因此運動員在加大重量和要求自己進步的同時，也要透過減量降低壓力，防止過度訓練的發生。

短跑、跳躍與體能

　　在賽季前的這個週期，重訓減量時也要減少短跑和跳躍的訓練量。為的是在季前期（正式進入賽季前）透過較高強度和更多元的跑跳訓練達到爆發力和速度高峰。

　　以跳躍訓練來說，新手此時應可進階到連續跳；而高水平運動員可以進階到蹦跳和較高難度的增強式訓練。此時短跑的訓練則應著重在最大速度與加速度上面。

　　這時候你的課表訓練重點應放在提高動作速度上，而非跳得更高或跑得更遠。不只是課表上重心的轉移，指導運動員時也應轉向動作速度和反應性的開發。應該多加一些強調變換方向、減少觸地時間、加快反應速度的訓練動作，突發的刺激將有助於提高運動員的反應性與動作速度。

　　其中一個例外是透過節奏跑來進行體能訓練。對於大多數團隊運動來說，目標當然不是訓練出頂尖的長跑能力，所以會設定節奏跑訓練量的上限。我們希望節奏跑的量和強度在進入賽季前不久拉到最高，進入賽季後就要減少節奏跑的訓練量。

　　以每趟 100 碼（91.4 公尺）的節奏跑來說，大部分的運動員在季外期階段會加到12~16 趟，同時也要提高速度，以增加運動員的速耐力，至於最多要加到幾趟、速度要加到多快還要根據他們的程度與能力而定。

　　這些練習是為了讓運動員在賽季開始後能適應訓練和比賽的需求，所以不須在剛進入賽季就要求全部的運動員達到最佳狀態。

　　一份成功訓練計畫應能在賽季開始前使運動員們在各自的專項中變得更強壯、更快、更具爆發力。有很多週期化的方法可以產生這種效果。

對大多數教練來說，主要的挑戰在於如何使運動員從備戰階段到整個賽季都能維持表現。就進階動作、訓練量或強度來說，「下一步該怎麼做」正是訓練過程中教練無可迴避的問題。

談到這邊，你應該已經了解也能夠應用我們說明的原則和方法了。隨著賽季的進行，有些隊伍會漸漸失敗，有些隊伍則隨著高漲的氣勢愈變愈強，兩者間的差別主要在於他們是否有順應這些原則與方法。

賽季期的訓練週期

目標

力量、爆發力和速度在整個賽季都能持續進步

幫助運動員在激烈的競賽中恢復

訓練量

量非常低，需要小心處理，但不要預設明確的數值

訓練強度

此時期的強度最高，著重在力量和爆發力的訓練

動作選擇

以爆發力、速度和力量動作為主

訓練頻率

每週練 2 次

對力量教練而言，在賽季中規劃課表可說是最艱巨、最具挑戰性的任務，但也是力量教練所能利用的最後優勢之一。

有數千種季外期的訓練計畫都能在培養運動員的力量、爆發力和速度上取得很好的效果，卻很難在賽季中維持之前的訓練成果，而賽季中的表現又是最重要的。

賽季中的訓練同樣不存在一體適用的神奇課表，因為如果有，每個教練都會知道，他們也一定都會運用得非常成功。經過長期不斷摸索與反覆試驗，我們學到一個教訓，凡是精心策畫與協調的訓練課表大多在賽季的第一週就會失敗。

在競爭激烈的賽季中，保持課表的彈性非常重要，如此才能幫助運動員恢復與降低受傷風險，並持續維持賽場上的表現。

許多教練採取的策略只是專心減少運動員的受傷機率和維持季外期所練就的表現，所以他們會把動作強度設定在季外期最大重量的 80%，避免訓練超過負荷。

這種訓練哲學令人難以理解，因為如果運動員在季外期非常認真地訓練，卻還有 20% 的進步空間，怎麼會有教練滿意呢？

為什麼運動員在需要達到最佳水準的時候，體力卻差了 20%？有教練會因為選手在比賽當天只付出 80% 的努力而覺得滿意嗎？

如果方法得當，賽季中的訓練不能只是尋求維持表現，還要可以在整個競爭激烈的賽季中持續發展力量和爆發力。你必須在訓練量和時間安排上花很多心思，對你的運動員負責，密切監控他們的情況，看是否有任何過度訓練的徵兆。你必須讓訓練課表去適應運動員，而不是讓運動員去適應訓練課表。一位準備周全的教練並不會害怕在賽季中持續幫助運動員進步。

賽季中經常會聽到體能專家或總教練聲稱：「我們需要讓球員保持精力充沛。」這通常意味著讓球員休息或進行強度較低（次最大強度）的輕鬆課表，彷彿這麼做球員就不會耗盡體力。

當然，在漫長且壓力沉重的賽季中，這種想法很實際。然而，長期堅守這個理念的代價也很高。除非運動員有受傷問題或是在重訓室中的訓練會對他們的表現產生不良後果，否則就算在賽季中，你也應該讓運動員繼續投入訓練。雖然身體和心理的韌性難以量化，但若運動員在賽季中不再進行艱苦的訓練，就無法持續鞏固不屈不撓與堅毅的心志態度。

假若你在賽季中避開有計畫的高強度低量訓練，將會使運動員的體能下滑，並使

他們在賽季前培養出來的力量和爆發力逐漸喪失。大家都知道，使運動員在賽季中維持或提升力量與爆發力是團隊能戰勝對手、提升戰績的關鍵。

當賽季進行到後期，跟著帕克教練在紐約巨人隊重訓室裡訓練的球員發覺自己變得強壯許多，第二次面對相同的對手時，感覺變得更能輕鬆對付。

在賽季期的訓練計畫中，最常看見的錯誤是犧牲槓鈴上的重量來降低受傷的風險。運動傷害的主要原因不是強度，而是不斷重複偏差動作；因此最容易發生受傷反而不是在比賽時，而是在高反覆的訓練過程中。

如果你選擇大幅降低訓練強度，請記住，為了創造足夠訓練刺激，降低強度的同時就必須提高訓練量。跟在槓鈴上加重同時減少組數和反覆次數相比，為了彌補降低的強度而提高反覆次數所造成的問題反而更多。只要你能隨時追蹤運動員的疲勞程度並適當調整，一樣可以在整個賽季中逐步提高訓練強度（加大槓鈴上的負重）。

你不會希望你的球隊在賽季的第一週達到巔峰後就開始往下掉，因為你還有好幾個月的賽事要打。你的目標是看著運動員隨著賽季的進行不斷創造新巔峰，直到賽季結束表現才開始下滑。

只有賽季剛開始時表現突出，之後幾週就慢慢下滑，很少有比這種情況更令人沮喪的了。

帕克教練的賽季重訓課表強調的不只是維持力量與爆發力，也希望運動員能隨著賽季的推進持續進步。沒有任何一位優秀的長跑選手會在比賽剛開始時衝很快，接著就不斷掉速。

在紐約巨人隊某一個包含總冠軍賽的賽季中，由帕克教練訓練的三十五名球員都在季後賽開始前的一週裡，在一個以上的舉重動作中打破個人最佳紀錄。隊上的跑衛——喬‧莫里斯（Joe Morris）就在週六的季後賽前三天（週三）的重訓中，打破了個人上膊的歷史最佳紀錄，並那在該場比賽中跑陣距離達到 202 碼（約 185 公尺）。幾乎所有教練都希望自己的選手持續變強，一直持續到賽季的最後一個月。

其中的祕訣是創造一個重視強度的訓練環境，使運動員習慣在賽季中仍要進行大

重量的訓練。就算是賽季中，也需要選手熬過痛苦和體能上的起伏，以培養心志和身體上的韌性。選手們的精力與體能水準在整個賽季中勢必會有很大的變動，這正是教練之眼的意義所在，教練在賽季中的洞察力會比細緻的規劃與調整課表能力更重要。

有種錯誤我們全都犯過，那就是設計課表時太一絲不苟，一開始就想太多、分太細，想要為不同的專項運動，不同隊伍、位置和選手設計個人化課表，甚至細化到特定的百分比。

不論教練多麼細心地設計課表，大部分的運動員幾乎都在第一週就無法跟著既定的訓練計畫走。原因有很多，像是飛機誤點、隊員間互相傳染感冒或是前一場比賽太過激烈，都會影響他們的恢復力與在重訓室的表現。

如果真有一份完美的賽季訓練課表，我們當然會設法讓運動員跟著練下去。但在賽季中有太多意想不到的情況，所以對我們最有幫助的做法是保持課表的靈活度，使我們可在賽季中維持訓練的強度，但仍有機動調整的空間。

訓練量

跟季外期與季前期相比，賽季期的訓練量明顯減少很多，不論從單次課表和整份課表的總量來看皆是如此。從季外期進入季前期時總量至少減了 1/3，進入賽季期後會再降 1/3。

跟季外期的課表很像，單月的訓練量會以波動方式變化，但變化的範圍比較小。此時會比較注意每個力量動作的月總量，月總量主要分為次大量、中量、最大量與少量四類課表。

賽季期的單月週總量變化

第一週：次大量，每個動作總反覆次數介於 14~17 次

第二週：中量，每個動作總反覆次數介於 12~15 次

第三週：最大量，每個動作總反覆次數介於 17~20 次

第四週：少量，每個動作總反覆次數介於 10-12 次

　　賽季中的課表時長應該要短、強度大、效率高。你的目標是在 30~60 分鐘完成課表，所以挑選的應該是能為運動員提供最大訓練效果的必練動作。這也是為什麼我們大多會在賽季期選擇蹲舉、推舉和上膊，有了它們，課表的基礎就補足了；如果需要，當然還可以加上高拉和抓舉。

　　蹲舉和推舉這兩類動作有助維持力量，並把力量的基礎打得更穩；上膊則能為接觸性運動項目的選手持續發展爆發力。在接觸性運動項目中，高拉在賽季期扮演著特別重要的角色，因為跟其他奧林匹克式爆發力動作相比它相對容易，對手掌和手腕的壓力比較小，又能負荷更大的重量。高拉這項動作的好處是可以在免除接槓壓力的情況下，練到跟上膊和抓舉一樣的全身性爆發力。

　　你可以從「同一系列」的動作中選擇，不需要每天只練固定的動作。但相較於高水平運動員，訓練新手的動作不要有太多變化，每次訓練的主課表大約挑 3~6 個動作即可，加上一些輔助訓練動作，像是特別針對腹部、頸部或是更具專項性的訓練，比如美式足球線鋒球員必須加強的三頭肌與滑輪下拉。

　　季外期時，我們會設定明確的月總量目標，再把它依比例分配到每週和每份課表中，而在賽季期我們會用比較靈活的模式。週總量每週都會依波動模式變化，但每次課表中各別動作的訓練量都會被限制在特定的範圍裡。

　　這裡的少量、中量、次大量和大量等名詞，表述的是各週的訓練量，跟強度無關，這種波動的週總量可以為運動員提供變動的刺激，以達到跟季外期一樣的訓練效果。選好訓練動作後，每次的訓練量會限制在一個很窄的範圍內，你可以在範圍內根據訓練目標來設定強度、次數與組數。

由於賽季期的動作選擇受到限制，所以運動員每次訓練都將重點放在 2~3 個動作上。回到普列平的重訓表以及我們發展力量與爆發力的目標，任何動作的單組反覆次數應該落在 1~6 次之間。

隨著賽季的進展，主要動作的訓練會從每組反覆 2~3 次逐步變成單次反覆並做更多組。跟高反覆的課表相比，低反覆課表對肌肉骨骼的壓力較小，所以恢復速度也會比高反覆課表快。其他輔助性質的動作也一樣，採取組數較少、強度較高的方式練到目前的量即可。

如果你希望能維持或進一步提高力量與爆發力，一週最少要練 2 次力量。[1] 兩次課表的時間雖短但強度很高。賽季中的訓練效率很重要，因為賽季期的運動員除了要比賽，還要練習、開會和保留恢復時間，所以要使每一次訓練時間的效益最大化。

我們最常用於美式足球員的方式是一週安排 2 次課表（時間多的話，最多可以一週練 3 次力量）。較大量的課表會排在週一，訓練量較小的那一次會排在週三或週四。我們把量較大的課表排在一週的初期，讓運動員在週末的比賽前有更多恢復時間。

假設比賽在週日進行，我們偏好的課表安排方式是：若球員的位置重技巧，會排在星期一、三練力量；若是像線鋒一樣需要密切與對手身體接觸與對抗球員，我會安排在星期一、四（或五）練力量。

一週兩練的課表範例	
大量日：30-45 分鐘	少量日：20-30 分鐘
熱身（見圖表 4.64） 上膊 肩推 蹲舉 下背、腹部和頸部訓練	熱身 啞鈴上膊 臥推（或是其他比較輕鬆的動作） 腹部和頸部訓練

【圖表 6.7】賽季期一週兩練的力量課表範例

我們使用得很成功的另一種方式是把一週的課表分成恢復、力量與爆發力兩種主要類型。一週中的訓練量和強度以反比的相對關係來安排。週一的課表以恢復為目的，訓練量較大、強度較低。週三或週四以力量和爆發力為目的，強度較高，但訓練量較少。若要練到第三次，則會排在週五，訓練量會非常低，但強度較高，以上半身的動作為主。

米勒教練為了增加線鋒或其他運動員肩膀或保護自身的力量，他會利用週五額外加強訓練上肢推與上肢拉的動作。這次課表的大多數舉重動作都是坐著或躺著進行的，以便為即將到來的比賽保留腿力。

這種一週三練的力量訓練方式使我們的運動員能在週末的比賽日後，以比較輕鬆的感覺進入第一天的訓練，幫助他們盡快從賽後的肌肉痠痛和身體僵硬中恢復過來，同時又能保持較高強度的訓練。

一週三練的課表範例		
恢復日，強度較低： 20-30 分鐘	力量與爆發力日，強度較高： 30-45 分鐘	上肢日： 20-30 分鐘
熱身 蹲舉 推舉 腹部、頸部或下背訓練	熱身 上膊 蹲舉 推舉 腹部、頸部或下背訓練	熱身 推舉 划船變化式 腹部、頸部或下背訓練

【圖表 6.8】賽季期一週三練的力量課表範例

這裡訓練量較大的另一層意思是強度下降，反覆次數和組數增加。賽季期間，訓練強度應該高到足以維持並提高力量與爆發力，這是指強度日（訓練量較小的日子），每組反覆次數會設定在 1~3 次；但在訓練量較大的日子，每組反覆次數會設定在 4~5 次。

在比賽前至少 1~2 天進行大重量（90%1RM）的爆發力訓練是可行的，因為只要量不大，恢復時間很短，而且會產生增強效應（potentiating effects）。

跟使用較輕負重（30%1RM）、加快舉起速度的課表相比，許多研究數據皆已證實上述訓練方式在取得最大力量、最大輸出功率、肌肥大與爆發力等目標的效果都更加出色。[2]

教練之眼

教練要在訓練時注意觀察運動員的狀態。你要先知道整個訓練團隊中哪幾位選手的體力最佳，你可以把他們當作指標，如果你發現他們累了，那其他人也很可能已經處在疲勞的狀態。

如果重訓室中最強選手的動作已經感覺有點費力，那就是一個關鍵的徵兆，此時為了能更充分恢復，你需要放慢訓練的步調。

使用這套訓練原則那麼多年的過程中，我們從未聽過有選手在賽季期的重訓課表中抱怨太累了而無法繼續訓練。

持續磨練你的教練之眼，使你能即時發現運動員明顯的疲勞訊號，這將是你確保他們在賽季期成功訓練的關鍵。

如果與你合作的選手要連續比賽數週，身為力量教練的你仍要確保整個賽季的課表維持一定的高強度，不要擔心會影響比賽的表現，只要訓練量控制得當，保持強度是維持和提升表現的關鍵。

有些力量教練不只會在賽季期的週間安排高強度課表，也會讓選手在比賽日當天進行少量的高強度訓練。維梅爾教練就是最好的例子，他甚至會讓他的運動員在比賽前執行短暫的高強度課表。

維梅爾教練幫助過不少冠軍球隊，包括美式足球、棒球和籃球，這就是證明賽季期仍要進行高強度訓練最好的例證。

賽季期的訓練進程

如果賽季計畫的目標是持續提升訓練強度，那接下來的問題是：在考慮運動員恢復、比賽行程、參與練習次數、比賽強度的情況下，如何選擇最恰當的訓練強度？

如果我們用固定的百分比來決定強度，可能對有些人來說負荷會太重，對有些人則太輕，只有某些人會覺得剛剛好。結果就是導致 1/3 的運動員過度訓練，另外 1/3 會練不到，其餘的選手才會得到適當的訓練。

這個結果不太理想，可能會導致團隊多數人的表現下降。

我們建議一開始先選擇一個隊上每個人都能承擔的重量，再讓他們根據課表中規定的反覆次數與組數自行調整。有了他們自我調整出來的強度區間後，我們可以為團隊設定一個比較大範圍的百分比，讓那些比較有活力、前一場賽事身體對抗較少的候補選手略微加重訓練；那些剛打完一場硬仗的先發球員則可以稍微降低訓練強度。

身為教練，你也可以根據運動員前一次的表現設定明確的百分比或重量。只要不損及動作的強度與速度，建立一個比較有靈活度的課表可以幫助你不再被數字綁架。

運動員在訓練中需要的是「強度」，而不僅是訓練。我們建議每個月在適當的時機安排 2 次高強度課表，最好能安排蹲舉、上膊和推舉這幾類關鍵動作，並讓強度達到 90~95%，量不用多，三個動作每次各反覆一次就好。如此一來，你的運動員將有機會在 30 天內接受到 6 次高強度的刺激。

整個月的強度變化大幅仿照季外期所用的波動模式。重量的相對強度會在較高的強度區間波動。理想的情況下，前三週的強度會超過 1RM 的 80%，接著在第四週降到 1RM 的 70~75%。

第四週是減量週，訓練量和強度會一起減輕。減量週很重要，它不只是為了恢復，也是為了讓運動員可以在下個月面對新的動作組合，並回到較高強度的訓練中。

賽季中仍要進行高強度訓練的概念很容易理解，卻很難讓力量教練相信的確可以這麼做。90~95% 的強度看起來很高，但它仍屬於「次最大強度」。

舉例來說，如果有位運動員的百米衝刺能跑出 10 秒的成績，那在訓練時要求 11 秒——也就是最快速度的 90%——對他而言會是相對較輕鬆的強度，但仍會對進步提供足夠的刺激。

讓我們先假想有位運動員的背蹲舉在能夠維持良好技術的情況下，（反覆一次）能舉起的最大重量是 500 磅（226.8 公斤）。下面的兩個表格（圖表 6.9 跟 6.10）是兩種不同的賽季期課表，你可以比較這兩種課表之間的訓練壓力。

利用物理公式：「功」等於「力」乘以「移動距離」（W=F×S），運動員舉起的重量即是力（Force，簡稱 F），而每一次蹲舉，重量都會分別下降與上升 3 英尺，所以每次反覆的移動距離（Distance，簡稱 S）即是 6 英尺。

下一頁兩個表格中預設背蹲舉的 1RM 都是 500 磅，圖表 6.9 把每次課表的強度上限設定在 80%，而圖表 6.10 的強度上限是 90~95%。

蹲舉：反覆 3 次 ×3 組，強度 80%				
組別	力量	移動距離	反覆次數	每組的作功量（單位：英尺－磅）
第一組	400 磅（80%）	6 英尺	3	7,200 英尺－磅
第二組	400 磅（80%）	6 英尺	3	7,200 英尺－磅
第三組	400 磅（80%）	6 英尺	3	7,200 英尺－磅
總計			9	21,600 英尺－磅

【圖表 6.9】訓練強度 80% 的總作功

組別	力量	移動距離	反覆次數	每組的作功量（單位：英尺－磅）
第一組	400 磅（80%）	6 英尺	2	4,800 英尺－磅
第二組	400 磅（80%）	6 英尺	2	4,800 英尺－磅
第三組	425 磅（85%）	6 英尺	2	5,100 英尺－磅
第四組	450 磅（90%）	6 英尺	1	2,700 英尺－磅
第五組	475 磅（90%）	6 英尺	1	2,850 英尺－磅
總計			8	20,250 英尺－磅

蹲舉：強度 80-95%

【圖表 6.10】訓練強度 80-95% 的總作功

第二份課表的作功總是 20,250 英尺，反而比第一份課表少了 1,350。我們當然會假定作功量愈大，訓練效果愈好。然而，如果我們仔細比較這兩份課表中每一次蹲舉的平均強度，會發現兩者的平均重量分別是 400 磅與 422 磅，第一份課表少了 5.3%。

第二份課表因為有幾組的重量較大，對生理的要求更高，但因為作功總量較少，因此對恢復的影響較低。該原則適用於訓練的所有階段，尤其賽季期特別好用，因為這種方、式能提供最大限度的刺激，又能盡量縮減恢復的需求。

訓練有素且技術精良的運動員在執行舉重動作時，消耗的能量比較少。這意味著以扎實的技術進行少量的高強度舉重訓練將足以刺激運動員獲得適應和進步，此時練太多反而會浪費能量並導致過度疲勞。這邊要再強調一個大重點：

你必須成功地讓你信任的運動員和教練以這種方式進行訓練。

如果你知道與你合作的運動員不只會認真訓練和比賽，還會給你回饋，而且不會濫用你在訓練中所提供給他的每一個自主決定的機會，就可以把注意力集中在指導及

動作技術的改善上。如果他們在訓練時表現出良好的自我意識和自我評估能力，就可以信任他們有承擔此類有難度課表的能力。

　　總教練也是，他必須支持力量教練在賽季中帶選手進行這類型的訓練。如同舉重和體能訓練一樣，此時應安排簡潔且有速度的練習動作，而不是進行太多低強度的冗長練習，這將有助於運動員在長期的訓練過程中維持強度並限制過度疲勞的發生。

　　如果不在賽季期調整訓練量，就會限制運動員在重訓室、練習日和比賽日的身體能力與表現。樂意主動減少練習時間的教練很少，這代表訓練的效率令人並不不滿意。

針對後大腿進行加強訓練

　　有 個身體部位是我們在過去反覆試錯之後認為要在賽季期特別關注的，那就是後大腿。賽季開始前，直接針對後大腿的訓練應該逐漸減少。我們建議到了賽季中更要非常保守，尤其是防守後衛、外接員或進行大量衝刺的運動員。

　　俯臥起跪和羅馬尼亞式硬舉都是非常有價值的訓練動作。然而，如果在賽季中直接在重訓室裡訓練後大腿，又要求運動員在練習或比賽中維持高水準的表現，將會增加後大腿拉傷的可能性。

　　背部和後大腿在賽季中都承受了很大的壓力，儘管 RDL 是一項很棒的動作，但在賽季中將 RDL 跟上膊、蹲舉和高拉一起練可能弊大於利。

　　如果後側動力鏈在季外期已得到充分的強化，你可以在賽季中繼續透過熱身、俯臥挺身（背挺舉）、俯臥直腿上擺和俯臥起跪等動作來維持後大腿的力量。

賽季中的體能

當我們談到美式足球賽季中的體能訓練，我們發現維持體能訓練最有效的方法是加快練習的節奏，而非增加體能的訓練量。

季前所有的跑步、跳躍與衝刺訓練都是為了讓運動員做好準備，在賽場上表現出特定的運動技能。到了賽季，光是練習和參運動賽事就足以維持跑跳所需的體能了。

你（力量教練）的工作是為專項教練提供準備上陣的選手，因此若此時加入太多跑步或高強度衝刺和跳躍訓練，只會耗盡選手的體力。

只要運動員能跟教練團隊密切合作，並根據實際的訓練狀況調節練習動作的強度與次數，就能創造出跟訓練營開始時相同的訓練效果，這種方法已被證明有其價值。在課表中穿插安排「時間長強度低」與「時間短強度高」的練習，既有助於運動員恢復，又能幫助他們發展賽場上的能力。

賽季中與其他教練一起維持高頻率的動作並把每組的休息時間限制在 30 或 40 秒內可以達成幾項好處。

第一，運動員不會因為站太久而感到無聊，所以會更加投入訓練。再者，維持動作速度也很重要，因為把訓練的效果帶進專項運動表現中的關鍵就是進行有強度的訓練。

你的目標不是在賽場上指導運動員；球隊有自己的會議時間可以討論。比賽時，球員休息的時間不多，而且因為比賽的時間不長，運動員很少在場上超過 90 分鐘。因此短休且有強度的訓練可在耐力的基礎上鍛鍊選手的韌性。

維持動作強度並盡量縮短組間休息的訓練方式可以使你的選手在把練習的狀態轉化為賽場上的表現，當場上的對手在比賽後半段開始掙扎時，他們仍可以維持速度和爆發力。

教練之眼

儘管對於高中和大學運動員來說，這不是一個大問題，但對於那些要跟棒球、籃球或賽季較長的運動員合作的教練而言，還有另一個挑戰可能會影響賽季期的訓練計畫——季後賽與總冠軍賽的不確定性——如果打到冠軍戰，賽季將會拉得很長（不過沒有人會抱怨這個）。

我們以美國職籃 NBA 金州勇士隊為例，他們在二〇一六～二〇一七年的賽季就是一直打到最終的總冠軍賽，所以當年他們的賽季是從九月最後一週的訓練營開始，到二〇一七年六月十二日總冠軍賽結束。美國職棒 MLB 的總冠軍賽在每年的十月舉行，又被稱為世界大賽，每一支球隊都不會在賽季中就全力以赴，一定都會為了可能打進的世界大賽保存體力，這樣算來，賽季期可是長達九～十個月。

要讓運動員做好準備並在長達九～十個月的比賽中仍能保持訓練成果，需要傑出的教練。這就是為什麼我們認為維梅爾教練的能力極其珍貴。

幾乎在所有情況下，我們都會一週堅持練 2~3 次，每次只選 3~6 個動作，練 30~60 分鐘，並且把每個動作的反覆次數限制在 1~6 次之間。這種方法很簡單但很有效。

若你能在本系統的框架內操作，並且能不斷磨練識別運動員需求與適情況調整課表的能力，成功終將到來。

1. McMaster, D.T., Gill, N., Cronin, J. et al. *Sports Med* (2013) 43: 367.
2. Hartmann H, Wirth K, Keiner M, Mickel C, Sander A, Szilvas E. Short-term Periodization Models: Effects on Strength and Speed-strength Performance. *Sports Med*. 2015, 45(10), 1373-1386.

PART

3

實行系統

Chapter 7
把各部分整合在一起

設計自己的訓練計畫

我們從第一章開始說明這套訓練系統的基礎，其中已詳述維梅爾教練的力量階層金字塔。「階層」意指運動員訓練的優先順序，這個順序並不代表一次只能訓練一種能力，而是讓大家了解力量發展的上下層結構。維梅爾教練的力量階層金字塔是本訓練系統的基礎，有時在實際運用本書的各種方法時會不小心忘了它，要特別注意。

你可以同時訓練階層中的不同能力，但主客要分清楚，要根據運動員的需求先想好何者才是當前的訓練重點，哪些只是輔助。每個週期除了重點能力要加強訓練外，其他能力也都要作為輔助訓練，以維持運動員得來不易的訓練成果。

這個系統正是根據此原則構建的。訓練量和強度會在整個週期中持續變動，確保運動員能維持原本的力量、爆發力、速度和肌肥大，同時持續進步。本系統不會特意把某一種能力發展到極大化，而是讓課表在不用大幅度改變的情況下，創造長期且穩定的訓練成果。

設計課表是藝術也是科學，就像任何有價值的事物一樣，熟練需要時間。第一次有人請我們設計一份 16 週的訓練計畫時，高斯汀教練告訴我們設計這樣的課表需要四十個小時，包括調整出適當的訓練量和強度。他說得沒錯，儘管這些年來我們很努力也累積了許多經驗，要設計出一份符合運動員需求的課表就是這麼費工夫。

「任何有價值事物的取得都需要時間。」你需要以同樣的心態來面對設計課表的

能力。麥可‧喬丹（Michael Jordan）和賴瑞‧柏德（Larry Bird）不會只靠團隊練習提高自己的技能。湯姆‧布雷迪（Tom Brady）也並非生來就具有評估和剖析防守的能力。曾在美式足球歷史上建立偉大王朝的文斯‧隆巴迪（Vince Lombardi）與貝爾‧布萊恩（Bear Bryant）兩位教練也不是在剛開始執教時就馬上成功了。這些人都花了數年完善他們的技藝和風格，並且從激烈的競爭中抽出時間來學習，不斷地測試、改進再重新測試他們的方法。

當我們論及學習如何設計力量訓練課表時，其中的藝術與科學必須一起討論。要成為一名成功的教練，需要科學也需要藝術。

設計課表是項挑戰，第一次可能會有點痛苦，而且可能第二和第三次還是很折磨。設計過愈多次，你會變得愈來愈上手。技巧會隨著時間而進步。當你的運動員在賽場上變得更強壯、速度更快，甚至整個賽季都在變強，你就會看到這種課表設計方法的真正好處。

如果你現在是一位要負責四十位青年選手的高中教練，你不可能設計出四十種不同的課表。我們也不會建議你為每位運動員設計極為精細的課表，那是不可能的任務。但只要你掌握了課表設計的概念和原則，開課表的工作就可以變得更輕鬆、更靈活。

記得，在開始踏上你的課表設計之路時，請以一種比較宏觀的角度來看待本訓練系統中的原則。這樣你會比較容易為團隊設計出一個總體的訓練計畫，再針對特定運動員進行必要的細部調整。

設計課表

本訓練系統讓力量教練能夠創建一個訓練模板，它並非以「月」而是以「年」為單位來規劃進度。

這不只是個為期 16 週的美式足球訓練計畫或是季外期的肌肥大計畫，而是以發

展頂尖的力量、爆發力和速度為目標的一種評估、規劃和實施訓練計畫的總體方案。

只要你開始熟稔單一訓練週期的課表設計概念和流程，替運動員規劃一份季外期（或較長期）的訓練計畫就不會那麼令人生畏了。

剛開始綜覽整份計畫時，眾多的細節可能會令你望而生怯。我們說過，要設計一份有效的課表既是一門科學也是藝術，雖然在波動模式中似乎有很多可以任意調動的部分，但只要你設計過一、兩個週期的課表，它就會變得更加直觀。

在本節中，我們將以兩個運動員為例，詳細示範如何為他們設計課表。

我們假設絕大多數閱讀本書的教練都正在與高中和大學校隊的運動員合作。因此，為了呈現比較完整的課表設計過程，我們會分別以新手和高水平選手為對象各示範一次。看完本節所演示的兩種範例之後，我相信將來在面對這各種實例的運動員時，你將擁有為他們設計課表的所有工具。

儘管接接下來的這兩份課表都是針對美式足球選手，但只要你了解課表的結構和設計的流程，只需稍作調整即可為不同的專項和運動員設計個人化的課表。

在設計課表時，反覆次數很少剛好除得盡。若無法除盡，我們就直接採用四捨五入的方法取整數。

另外，一週和每天的總反覆次數可能會比理想的總次數多出幾次，但這些微小的差異會在數月和數年之後漸漸變得不明顯，先別太在意。

入門課表範例

本範例課表的對象是一位 180 磅（約 82 公斤）的高中美式足球線衛選手，他已經用本系統正式訓練一年。在那一年當中，他在亞沃雷克複合式訓練中表現出優異的技術，做功能力的基礎也打得很扎實，所以也在高強度訓練中的耐力表現相當優秀。

我們開始執行這份訓練計畫時，正值夏天的季外期。這位選手過去沒有受傷的歷史，也沒有其他健康上的問題，已經進行了 2 年的負重訓練。此外，他現在已經完成

為期 4 週的準備期課表（本書第三章「準備期的四週課表範例」開始有詳列這份課表的內容），訓練強度主要在第一～二區間，也就是 1RM 的 50~69% 之間。

主要的訓練變數有：

訓練量

月總量總反覆 800 次。

訓練強度

主要在第一～三區間，也就是 1RM 的 50~79%。

訓練頻率

由於總量較低，所以一週訓練 3 次。

對剛入門的訓練新手而言，訓練動作的優先順序，從最重要到最不重要的次序分別是：**蹲舉—推舉—上膊—高拉—後側動力鏈—抓舉—挺舉**。上述每個動作的總訓練量請見下表：

動作	月總量的百分比	月總量（月總反覆次數）
蹲舉	24%	192
推舉	20%	160
上膊	18%	144
高拉	15%	120
後側動力鏈	13%	104
抓舉	10%	80
挺舉	0%	0
總量	**100%**	**800**

【圖表 7.1】每個動作的月總量

將月總量分配到每週中				
	第一週	第二週	第三週	第四週
預期的週總量	224 （28% 月總量）	176 （22% 月總量）	256 （32% 月總量）	144 （18% 月總量）
蹲舉	54	42	62	36
推舉	45	35	51	29
上膊	40	32	46	26
高拉	33	26	38	22
後側動力鏈	29	23	33	19
抓舉	22	17	26	14
挺舉	0	0	0	0
總量	**223**	**175**	**256**	**146**

【圖表 7.2】每個動作的週總量

將週總量分配到每次訓練中				
	第一次訓練	第二次訓練	第三次訓練	總量
分配百分比	42%	24%	34%	**100%**
第一週	94	53	76	**223**
第二週	74	42	59	**175**
第三週	108	61	87	**256**
第四週	61	35	50	**146**

【圖表 7.3】一週三練的訓練量分配

單次課表中各動作的訓練量				
第一週	第一週	第一次訓練	第二次訓練	第三次訓練
預期的週總量	224	94 （42% 週總量）	53 （24% 週總量）	76 （34% 週總量）
蹲舉	54	23	13	18
推舉	45	19	11	15
上膊	41	17	10*	14
高拉	33	14	8*	11*
後側動力鏈	29	12	7*	10*
抓舉	22	9*	5*	7*
挺舉	0	0	0	0
總量	**224**	**94**	**54**	**75**

【圖表 7.4】單次課表中每個動作的預估訓練量
＊代表該動作的總反覆次數小於最低有效劑量 12 次。

　　圖表 7.4 是第一週 3 次課表中各動作的訓練量，這是排課表時需要靈活處理的絕佳示範。由於訓練新手的月總量比較低，因此在一週三練的課表中不太可能讓每個動作都完美地依百分比分配。

　　按照百分比計算完後，有些動作的反覆次數會少於 12 次，這會發生在訓練量較少的訓練日。12 次是單次訓練中有效刺激的最低劑量，如果低於這個數字，可能會無法產生足夠的訓練效果。

　　在少數幾個課表中，可以接受某些動作的反覆次數低於最小有效劑量。然而像是高拉和後側動力鏈的動作在嚴格的指導原則下只有一次課表能達標，抓舉則都沒有。

　　考慮到這一點，你可以對這種訓練量的分配方式進行一些調整，以設計出更高效和實際可行的訓練模板。

單次課表中各動作的訓練量－調整版			
	第一週	第一次訓練	第二次訓練	第三次訓練
預期的週總量	223	94 （42% 週總量）	53 （24% 週總量）	76 （34% 週總量）
蹲舉	54	23	13	18
推舉	45	19	11	15
上膊	41	17	12（+2）	12（-2）
高拉	33	18（+4）	0（-8）	15（+4）
後側動力鏈	29	16（+4）	0（-7）	13（+3）
抓舉	22	0（-9）	12（+7）	9（+2）
挺舉	0	0	0	0
總量	**223**	**93**	**48**	**82**

【圖表 7.5】調整後的版本
註：括號內的數字表示相較於原始版本，重新分配後總反覆次數的變化量。

　　我們會發現課表調整後，這三次的訓練量已偏離了最理想的 42% - 24% - 34% 分配方式。但只要週總量維持不變，每次的量略有增減沒什麼好擔心的。

　　我們可以將一個動作的訓練量轉移到當週的其他課表中。重新分配時，我們經常將該動作的訓練量轉移到訓練最小的那一天，以維持課表的整體設計。以我們設計的這份課表來說，抓舉原本的週總量就很低，所以勢必要重新分配；抓舉在第一次課表的總反覆訓練次數中只有 9 次。

　　理論上來說，這 9 次可以直接轉移到該週的第二次課表中，這樣每天的總量會更容易調整到接近預測值。但我們還是選擇把第一次的量拆分到剩下的兩天中，讓運動員在這兩天中仍能達到一定的刺激，尤其是對剛接觸重訓不久的新手，由於他們還在學習動作，增加刺激的頻率對他們會有幫助。

　　如果繼續完成該週期的剩下三週，重新分配反覆次數將再次成為問題，特別是對

於週總量較低的第二週和第四週。

設計課表時，大方向的原則應嚴格遵守，但細部可以保持靈活，這可以使你的頭腦保持清晰和節省寶貴的時間。你可以先草擬每週的課表與動作順序。

記住，練習的順序應該先從速度最快的爆發力動作開始，接著才是力量動作，第一週課表的動作看起來應該像這樣：

第一次訓練	第二次訓練	第三次訓練
上膊 17 次	抓舉 12 次	抓舉 9 次
高拉 18 次	上膊 12 次	上膊 12 次
蹲舉 23 次	蹲舉 13 次	高拉 15 次
推舉 20 次	推舉 12 次	蹲舉 18 次
後側動力鏈 16 次		推舉 15 次
		後側動力鏈 13 次

【圖表 7.6】第一週課表動作的順序與反覆次數

在深入到訓練強度的設定之前，你應該先考慮每個訓練動作的細節。

整個訓練週期中，你一開始選定的動作應該要維持四週，動作不要一直變，但還是可以透過訓練量和強度的調整來提供不同的訓練刺激。

為確保能滿足每位運動員的需求，你必須決定練習的動作、起始姿勢和每一位運動員的能力是否相配。

你還需要從長遠的角度考慮未來動作的進階方式，總不能永遠都練上膊、背蹲舉、臥推和硬舉吧。

對於上面介紹的重訓新手，第一週期中每週三次的訓練動作可以如下表安排：

第一次訓練	第二次訓練	第三次訓練
懸垂式上膊 17 次 槓鈴起始位置為大腿中段	懸垂式抓舉 12 次 槓鈴起始位置為大腿中段	抓舉 9 次 先把槓鈴置於舉重架，起始位置的 高度在大腿中段
抓舉式高拉 18 次 先把槓鈴置於舉重架， 起始位置略高於膝蓋	上膊 12 次 先把槓鈴置於舉重架， 起始位置的高度在大腿中段	懸垂式上膊 12 次 槓鈴起始位置為大腿中段
背蹲舉 23 次	蹬階 13 次	上膊式高拉 15 次 先把槓鈴置於舉重架， 起始位置略高於膝蓋
臥推 20 次	肩推 12 次 站姿進行	前蹲舉 18 次
羅馬尼亞式硬舉 16 次		斜上推 15 次
		羅馬尼亞式硬舉 13 次

【圖表 7.7】第一週期的動作安排

我們在第一週期所選擇的動作會以「槓鈴」和全身性的力量為主，不會增加太複雜的穩定度訓練。因為是重訓新手，所以這些奧林匹克式舉重動作的起始位置大都會設定在大腿中段或膝蓋處，讓他們能在較短的動作行程中專注在動作的技術上。

當你定好週總量之後，可以開始決定動作的反覆次數和組數，考量主要根據的是動作的強度區間和運動員的訓練需求——也就是他們在本週期最重要的是做功能力、肌肉量、絕對力量還是爆發力？你要先確定每個動作的強度區間和需求，才有辦法決定次數和組數該怎麼調整。

如同前面曾提過的，為了幫助訓練新手在力量和做功能力打下良好的基礎，強度

的設定可以落在第一～三區。你可以在這個強度區間下根據每個運動員的目標，藉由調整反覆次數、組數幫助你改善訓練效果。

對於新手級別的運動員，重點訓練強度會放在比較低的區間，主要會落在 1RM 的 50~79%。關於強度區間的設定，我們以第一週的上膊為例：

第一週，上膊的強度區間 （週總量 **41** 次）	
強度一區（1RM 的 50-59%）反覆 3 次	強度四區（1RM 的 80-89%）反覆 0 次
強度二區（1RM 的 60-69%）反覆 11 次	強度五區（1RM 的 90-99%）反覆 0 次
強度三區（1RM 的 70-79%）反覆 27 次	強度六區（大於或等於 1RM 的 100%）反覆 0 次
總量統計 強度一區：**7%** 強度二區：**27%** 強度三區：**66%**	

【圖表 7.8】訓練新手的強度區間設定：第一週

我們的目標是逐步把強度拉高到強度三區，才能刺激運動員得到更多的力量和爆發力。在整個週期中，相對強度會波動變化，當週總量較低時，強度一區和二區的比例會比較高；當週總量較高時，這兩區的比例則會跟著下降。

然而，總體的強度分配還是會以二區和三區為主。

第二週，上膊的強度區間 （週總量 **32** 次）	
強度一區（1RM 的 50-59%） 反覆 7 次	強度四區（1RM 的 80-89%）反覆 0 次
強度二區（1RM 的 60-69%） 反覆 7 次	強度五區（1RM 的 90-99%）反覆 0 次
強度三區（1RM 的 70-79%）反覆 18 次	強度六區（大於或等於 1RM 的 100%）反覆 0 次
總量統計 強度一區：**22%** 強度二區：**22%** 強度三區：**56%**	

【圖表 7.9】訓練新手的強度區間設定：第二週

第三週，上膊的強度區間 （週總量 46 次）	
強度一區（1RM 的 50-59%）反覆 3 次	*強度四區（1RM 的 80-89%）反覆 2 次
強度二區（1RM 的 60-69%）反覆 10 次	強度五區（1RM 的 90-99%）反覆 0 次
強度三區（1RM 的 70-79%）反覆 31 次	強度六區（大於或等於 1RM 的 100%）反覆 0 次
總量統計 強度一區：7% 強度二區：22% 強度三區：67% 強度四區：4%	

【圖表 7.10】訓練新手的強度區間設定：第三週

* 特別讓運動員提前接觸小劑量的強度四區是為了幫助他們先累積經驗和建立信心，替下個週期的課表做好準備。

第四週，上膊的強度區間 （週總量 26 次）	
強度一區（1RM 的 50-59%）反覆 7 次	強度四區（1RM 的 80-89%）反覆 0 次
強度二區（1RM 的 60-69%）反覆 6 次	強度五區（1RM 的 90-99%）反覆 0 次
強度三區（1RM 的 70-79%）反覆 13 次	強度六區（大於或等於 1RM 的 100%）反覆 0 次
總量統計 強度一區：27% 強度二區：23% 強度三區：50%	

【圖表 7.11】訓練新手的強度區間設定：第四週

　　設計每週的課表時，你可以根據每個動作的訓練目標分配每個動作的強度、反覆次數與組數，將該日設定為「強度日」或「耐力日」（訓練量較大的日子）。按照上述的模式，每個動作該當作強度還是耐力來練，理想情況下是在每次課表間輪流安排（例如今天的推舉是以耐力為主，下次就以強度為主，第三次又回到以耐力為主）。

　　使用圖表 7.7 中每個動作的總量，第一週的課表可能會像這個樣子：

第一次訓練	第二次訓練	第三次訓練
上膊：17 次（V）	抓舉：12 次（V）	抓舉：9 次（I）
高拉：18 次（V）	上膊：12 次（I）	上膊：12 次（I）
蹲舉：23 次（V）	蹲舉：13 次（I）	高拉：15 次（I）
推舉：20 次（V）	推舉：12 次（I）	蹲舉：18 次（V）
後側動力鏈：16 次（V）		推舉：15 次（V）
		後側動力鏈：13 次（I）

【圖表 7.12】基於訓練量來設計的單次課表範例。V 表示強度日，I 表示耐力日。

每個動作在不同強度區間都決定好週總量後，我們會再將各區間的總反覆次數分配到每天的訓練中。

要先知道訓練新手的強度區間主要落在強度第一～三區，至於反覆次數與組數則要看當天屬強度日或耐力日。

第一週的範例：總量 223 次

蹲舉—54 次　　　後側動力鏈—29 次

推舉—45 次　　　抓舉—22 次

上膊—41 次　　　挺舉—0 次

高拉—33 次

I 表示強度日，V 表示耐力日，RI 表示相對強度，50/3 表示 1RM 的 50%，反覆 3 次。

第一次訓練 總量 **93** 次	反覆次數	相對強度
上膊（**V**） 50/3、60/3、70/3、70/3、70/3、70/2	17	64.7%
抓舉式高拉（**V**） 60/5、70/5、75/4、75/4	18	69.4%
背蹲舉（**V**） 50/5、60/3、70/5、75/5、75/5	23	66.5%
臥推（**V**） 50/5、60/3、70/6、70/6	20	63.5%
羅馬尼亞式硬舉（**V**） 以「上膊的 1RM」當作以下百分比的基準 55/4、55/4、65/4、65/4	16	60%

【圖表 7.13】週間第一次課表的範例

第二次訓練 總量 **48** 次	反覆次數	相對強度
抓舉（**V**） 50/3、60/3、70/3、70/3	12	62.5%
上膊（**I**） 60/4、70/4、70/4	12	66.6%
蹬階（**I**） 以「背蹲舉的 1RM」當作以下百分比的基準 20/5+5、25/5+5、30/3+3	13	24.2%
肩推（**I**） 以「體重」當作以下百分比的基準 50/6、50/6	12	50%

【圖表 7.14】週間第二次課表的範例

第三次訓練 總量 82 次	反覆次數	相對強度
抓舉（I） 50/3、60/3、70/3	9	60%
上膊（I） 60/4、70/4、75/4	12	68.3%
上膊式高拉（I） 以「上膊的 1RM」當作以下百分比的基準 75/5、80/5、80/5	15	78.3%
前蹲舉（V） 以「背蹲舉的 1RM」當作以下百分比的基準 40/5、45/5、50/4、50/4	18	45.8%
斜上推（V） 以「臥推的 1RM」當作以下百分比的基準 45/5、55/5、60/5	15	52.6%
羅馬尼亞式硬舉（I） 以「上膊的 1RM」當作以下百分比的基準 55/5、65/5、70/3	13	61.5

【圖表 7.15】週間第三次課表的範例

　　從上述的入門課表範例中，我們可以看到訓練量與強度的更多細節。各組的反覆次數大都落在 3~6 次之間，因為初期的訓練重點會放在力量的發展與肌肥大上。

　　我們在為新手設計課表時，除了幾組上膊動作外，訓練強度大都不會超過 75%，這個強度是新手訓練時的臨界線。如此一來，能讓運動員有更多練習機會提升每個動作的體感與技術。

　　當我們把所有的反覆次數、組數與強度綜合比較時，會發現大部分動作的相對強度剛好落在第二區。對於月總量較低的新手運動員而言，這應是他們的最佳區間。

　　僅看上膊，我們可以在整個週期中看到強度區間與相對強度之間的關係。

上膊—相對強度（RI）			
	第一週	第二週	第三週	第四週
---	---	---	---	---
第一次訓練 懸垂式上膊 從大腿中段開始	50/3 60/3 70/3×4 組 **65%RI** **18 次**	50/3 60/3 70/3 75/3×3 組 **67.5%RI** **18 次**	50/3 60/2 70/3×2 組 80/1 70/3 80/1 75/3 **67.6%RI** **19 次**	50/4 60/3 70/3 75/2×2 組 **63.5%RI** **14 次**
第二次訓練 用肩膀接槓 從膝蓋上緣開始	60/4 70/4×2 組 **66.6%RI** **12 次**	 重新分配後 0 次	60/4 70/4 70/3 **66.4%RI** **11 次**	 重新分配後 0 次
第三次訓練 懸垂式上膊 從大腿中段開始	60/4 70/4 75/4 **68.3%RI** **12 次**	50/4 60/4 70/4 75/2 **62%RI** **14 次**	60/4 70/4 75/4×2 組 **70%RI** **16 次**	50/3 60/3 70/3×2 組 **62.5%RI** **12 次**

【圖表 7.16】上膊的相對強度

週期尾聲的進階方式

當你來到訓練週期的尾聲時，有兩種進階選擇。你可以將下個月的訓練量增加10%（但不要超過），你也可以保持訓練量但提高做功品質，也就是提高強度。

有些靈活的變化主要還是取決於你的教練之眼。訓練過程中，主要會妨礙運動員進步的是同時增加訓練量和強度的速度太快，尤其在新手運動員身上特別明顯。你需要特別注意是否有過度訓練的跡象，避免阻礙了進步或發生最壞的情況：退步。

對新手運動員來說，最有效的進步方法是先增加訓練量。

由於重訓新手需要在力量的基礎上繼續打造做功能力，因此逐漸增加訓練量是最安全、簡單的方法。在跟這些運動員合作時，你可以在月總量上增加 40 次，使下個月的總量增加到 840 次。

另一個進階的選項是根據賽季時間或訓練目標略微調整特定動作的訓練量，把它們的量轉移到爆發力動作。

例如，從蹲舉的動作中提取 1% 或 2% 的訓練量，並把它加到抓舉中。運動員可以增加更具爆發力的訓練，藉此提升他們的技術。

跟其他更有重訓經驗的運動員相比，新手的力量增長較快，它就像阻力訓練的副產物，有練就會進步。隨著效率和輸出的提升，即使以相同的強度訓練，負重能力也會有所增長。你也可以在接下來幾個月中維持相同的總訓練量和相對強度，只調整動作的難度也會看見爆發力進步。

剛接觸重訓的運動員，目標應放在逐步提升做功能力與增加訓練量，賽季臨近時再增加強度，並強調更多爆發力與速度的訓練。到了那個時候，儘管某些組數的強度提高了，但相對強度仍會落在 60~80% 之間。隨著力量與技術逐月增長，就算是新手也有望在這種強度區間中處理愈來愈大的重量。

下面以一位季外期的訓練新手為例，讓大家了解我們是如何拆解他的訓練量：

	週期一	週期二	週期三
蹲舉	24%	22%	20%
推舉	20%	20%	18%
上膊	18%	19%	20%
高拉	15%	15%	16%
後側動力鏈	13%	12%	12%
抓舉	10%	12%	14%
挺舉	0%	0%	0%

【圖表 7.17】每個週期中各動作所占的總量百分比

你可以根據運動員的能力和身為教練的判斷力採取其中一種或兩種進階方式，在下一個週期中增加新的刺激。

無論你選擇何種方式，要在下個週期中調整動作並不難，只要運動員在舉重時表現出良好的技術與控制能力，就可以提高動作的複雜性。

舉例來說，如果從大腿中段開始的瞬發上膊已經練得很好了，你就可以在下個週期中做一些調整，比如改從更低的位置——膝蓋處開始執行動作。

因為運動員在這些動作的熟練度上仍在提升，所以你不需要換一個完全不同的動作才能持續取得訓練成果。當你增加動作的範圍時，身體就會需要徵召更多的肌肉；或是當你增加動作的複雜度時，身體也會從中發展出新的運動路徑。

切記，如果運動員的身體還沒有準備好，尤其是剛接觸爆發力訓練的重訓新手，就太快增加動作的複雜度，這將大幅增加受傷或產生不良代償的情形。

進階課表範例

本範例課表的對象是一位大學一年級的美式足球選手，體重 200 磅（約 91 公斤）的外接員，也已經完成了四週準備期的課表，在各種力量動作上的技術都很好，也都符合準備期的目標。該名運動員也剛開始執行季外期的訓練計畫。他沒有受過傷，也沒有其他健康上的問題，已經透過奧林匹克舉重動作進行了四年的力量和爆發力訓練。跟新手比起來，他的身體可以容忍更高的月總量和更進階的動作，爆發力動作的訓練量比例也可以更大。

主要的訓練變數有：

訓練量

月總量：總反覆 1,000 次。

訓練強度

主要在第三～四區間，也就是 1RM 的 70~85% 之間。

訓練頻率

一週訓練 3~4 次。

對進階選手而言，訓練動作的優先順序從最重要到最不重要分別是：**蹲舉－上膊－推舉－抓舉－高拉－挺舉－後側動力鏈**。上述每個動作的總訓練量請見下表：

動作	月總量的百分比	月總量（月總反覆次數）
蹲舉	22%	220
上膊	19%	190
推舉	17%	170
抓舉	13%	130
高拉	11%	110
後側動力鏈	10%	100
挺舉	8%	80
總量	**100%**	**1000**

【圖表 7.18】每個動作的月總量

將安排好的月總量分配到每週中				
	第一週	第二週	第三週	第四週
預期的週總量	270 （27% 月總量）	220 （22% 月總量）	320 （32% 月總量）	190 （19% 月總量）
蹲舉	59	48	70	42
上膊	51	42	61	36
推舉	46	38	54	32
抓舉	35	29	42	25
高拉	30	24	35	21
後側動力鏈	27	22	32	19
挺舉	22	18	26	15
總量	**270**	**221**	**320**	**190**

【圖表 7.19】每個動作的週總量

將安排好的週總量分配到每次的課表中					
	第一次訓練	第二次訓練	第三次訓練	第四次訓練	練總量
分配百分比	27%	22%	32%	19%	**100%**
第一週	73	59	86	51	**269**
第二週	59	49	70	42	**220**
第三週	86	71	102	61	**320**
第四週	51	42	61	36	**190**

【圖表 7.20】一週四練的訓練量分配

一週四次訓練課表中各動作的訓練量					
	第一週	第一次訓練	第二次訓練	第三次訓練	第四次訓練
預期的週總量	270	73 （27% 週總量）	59 （22% 週總量）	86 （32% 週總量）	51 （19% 週總量）
蹲舉	59	16	13	19	11
上膊	51	14	11	16	10
推舉	46	13	10	15	8*
抓舉	35	9*	8*	11*	7*
高拉	30	8*	7*	10*	5*
後側動力鏈	27	7*	6*	9*	5*
挺舉	22	6*	5*	7*	4*
總量	**272**	**74**	**59**	**87**	**52**

【圖表 7.21】一週四次訓練課表中各動作的訓練量預估
* 代表該動作的總反覆次數小於最低有效劑量 12 次。

因為某些動作的訓練量低於最低有效劑量所以需要另行調整，請參考下圖表。

一週四次訓練課表中各動作的訓練量（重新調整版）					
	第一週	第一次訓練	第二次訓練	第三次訓練	第四次訓練
預期的週總量	270	73（27% 週總量）	59（22% 週總量）	86（32% 週總量）	51（19% 週總量）
蹲舉	59	17（+1）	13	17（-2）	12（+1）
上膊	51	14	12（+1）	13（-3）	12（+2）
推舉	46	13	18（+8）	15	0（-8）
抓舉	35	17（+8）	0（-8）	18（+7）	0（-7）
高拉	30	0（-8）	0（-7）	18（+8）	12（+7）
後側動力鏈	27	15（+8）	0（-6）	0（-9）	12（+7）
挺舉	22	0（-6）	11（+6）	0（-7）	11（+7）
總量	**270**	**76**	**54**	**81**	**59**

【圖表 7.22】調整後的版本

註：括號內的數字表示相較於原始版本，重新分配後總反覆次數的變化量。

　　你可以留意一下第一週中這些動作的訓練量，在安排訓練的順序時，應以速度最快的爆發力動作為優先，接著排力量動作，第一週的四次課表應該看起來像這樣：

第一週的四次課表安排順序	
第一次訓練：76 次	**第二次訓練：54 次**
抓舉 17 次 懸垂式，槓鈴起始位置略高於膝蓋	分腿式挺舉 11 次
上膊 14 次 懸垂式，槓鈴起始位置略高於膝蓋	上膊 12 次 槓鈴先放在舉重架上，起始高度略高於膝蓋
背蹲舉 17 次	前蹲舉 13 次
肩推 13 次	啞鈴斜上推 18 次
羅馬尼亞式硬舉 15 次	
第三次訓練：81 次	**第四次訓練：59 次**
抓舉 18 次 懸垂式，槓鈴起始位置略高於膝蓋	分腿式挺舉 11 次
上膊 13 次 槓鈴先放在舉重架上，起始高度略高於膝蓋	上膊 12 次 懸垂式，槓鈴起始位置在大腿中段
抓舉式高拉 18 次 槓鈴先放在舉重架上，起始高度略高於膝蓋	上膊式高拉 12 次 槓鈴先放在舉重架上，起始高度略低於膝蓋
蹬階 17 次	背蹲舉 12 次
肩推 15 次	羅馬尼亞式硬舉 12 次

【圖表 7.23】第一週的四次課表

　　對於較水準較高的運動員，為了發展更強的力量和爆發力，我們會把主要的訓練重點放在中等強度區間。以第一週的上膊為例，下面是它在各強度區間的分配方式：

第一週，上膊的強度區間 （週總量 51 次）	
強度一區（1RM 的 50-59%） 熱身：反覆 11 次	強度四區（1RM 的 80-89%） 爆發力：反覆 7 次
強度二區（1RM 的 60-69%） 肌肥大：反覆 11 次	強度五區（1RM 的 90-99%） 爆發力：反覆 0 次
強度三區（1RM 的 70-79%） 力量：反覆 22 次	強度六區（大於或等於 1RM 的 100%） 爆發力：反覆 0 次

【圖表 7.24】較高水平運動員的強度區間設定：第一週

　　雖然這位運動員在第一週的課表中，每次上膊的訓練量在 12~14 次之間，跟新手差不多，但從下面的對照表中你會清楚看到強度區間的差異。

重訓新手：上膊的強度區間分配 （週總量 40 次）	高水平運動員：上膊的強度區間分配 （週總量 51 次）
強度一區（1RM 的 50-59%） 反覆 3 次	強度一區（1RM 的 50-59%） 反覆 11 次
強度二區（1RM 的 60-69%） 反覆 11 次	強度二區（1RM 的 60-69%） 反覆 11 次
強度三區（1RM 的 70-79%） 反覆 27 次	強度三區（1RM 的 70-79%） 反覆 22 次
強度四區（1RM 的 80-89%） 反覆 0 次	強度四區（1RM 的 80-89%） 反覆 7 次

【圖表 7.25】入門 vs 進階：比較上膊強度區間的訓練量分配

　　將週總量分配到每次訓練中，如下表：

第一週的四次課表安排順序	
第一次訓練：76 次	**第二次訓練：54 次**
抓舉：17 次（V）	分腿式挺舉：11 次（V）
上膊：14 次（V）	上膊：12 次（I）
背蹲舉：17 次（V）	前蹲舉：13 次（I）
肩推：13 次（I）	啞鈴斜上推：18 次（V）
羅馬尼亞式硬舉：15 次（V）	
第三次訓練：81 次	**第四次訓練：59 次**
抓舉：18 次（I）	分腿式挺舉：11 次（I）
上膊：13 次（V）	上膊：12 次（I）
抓舉式高拉：18 次（I）	上膊式高拉：12 次（V）
蹬階：17 次（V）	背蹲舉：12 次（I）
肩推：15 次（I）	羅馬尼亞式硬舉：12 次（V）

【圖表 7.26】每週四次課表。I 表示強度日；V 表示耐力日。

第一週的範例：總量 270 次

蹲舉—59 次　　高拉—30 次

上膊—51 次　　後側動力鏈—27 次

推舉—46 次　　挺舉—22 次

抓舉—35 次

　　V 表示耐力日（訓練量較大的日子）；I 表示強度日；RI 表示相對強度；50/3 表示 1RM 的 50%，反覆 3 次。

第一次訓練 總量 76 次	反覆次數	相對強度
抓舉（V） 50/3、60/3、70/3、70/3、70/3、75/2	17	65.3%
上膊（V） 50/3、60/2、70/3、70/3、70/3	14	64.3%
背蹲舉（V） 60/5、70/4、70/4、70/4	17	67.1%
肩推（I） 60/3、70/4、75/3、75/3	13	70%
羅馬尼亞式硬舉（V） 60/5、70/5、70/5	15	66.6%

【圖表 7.27】週間第一次課表

第二次訓練 總量 54 次	反覆次數	相對強度
分腿式挺舉（V） 55/2、65/3、70/3、70/3	11	65%
上膊（I） 55/2、65/3、75/3、80/2、75/2	12	69.2%
前蹲舉（I） 55/3、65/3、75/3、75/2、75/2	13	63.1%
啞鈴斜上推（V） 50/3、60/3、70/4、70/4、70/4	18	65%

【圖表 7.28】週間第二次課表

第三次訓練 總量 81 次	反覆次數	相對強度
抓舉（I） 50/3、60/3、70/3、75/3、80/2、75/2、80/2	18	68.6%
上膊（V） 50/2、60/3、70/4、70/4	13	64.6%
抓舉式高拉（I） 55/3、65/3、75/3、75/3、80/2、75/2、80/2	18	70.5%
蹬階（V） 50/5、60/4、70/4、70/4	17	61.8%
肩推（I） 60/3、70/3、75/3、80/3、75/3	15	72%

【圖表 7.29】週間第三次課表

第四次訓練 總量 59 次	反覆次數	相對強度
分腿式挺舉（I） 55/3、65/3、75/2、80/2、80/1	11	67.3%
上膊（I） 55/3、65/3、75/3、80/3	12	68.8%
上膊式高拉（V） 55/3、65/3、70/3、70/3	12	64.2%
背蹲舉（I） 55/3、65/3、75/3、80/3	12	67.9%
羅馬尼亞式硬舉（V） 60/4、70/4、70/4	12	66.6%

【圖表 7.30】週間第四次課表

我們再把上膊這個動作在每一次訓練中的強度區間分析如下：

第一次訓練：14 次 耐力日	第二次訓練：12 次 強度日	第三次訓練：13 次 耐力日	第四次訓練：12 次 強度日
強度一區：3 次	強度一區：2 次	強度一區：2 次	強度一區：3 次
強度二區：2 次	強度二區：3 次	強度二區：3 次	強度二區：3 次
強度三區：9 次	強度三區：5 次	強度三區：8 次	強度三區：3 次
強度四區：0 次	強度四區：2 次	強度四區：0 次	強度四區：3 次

【圖表 7.31】上膊這個動作在每次訓練中的強度區間分配情況

　　一週當中有兩天強度日，強度可以拉高到四區，但大方向不變，主要的訓練量還是落在第二和第三區。

　　課表進入第二和第三週的訓練後，強度四區的反覆次數會跟著提高，所以相對強度也會逐漸增加。為了使身體能從較大的負重中恢復，第四週將安排減量，此時將不會再安排任何強度超過三區的課表。

在週期的最後一個星期，課表的強度都不會超過 1RM 的 75%。直到下一個週期開始，訓練強度才會再次逐步提高，此時主要的強度會落在第三和第四區。隨著你的運動員持續在槓鈴下累積訓練時數，強度將逐漸升到菁英等級的三～六區之間，因為此時他們已經發展成熟，所以可以在這種高強度下繼續追求力量和爆發力的成長。

我們在訓練計畫中省略了輔助性質的訓練動作，因為這在很大程度上取決於運動員的需求。通常，我們會在每次的課表中針對不同的需求加入兩個輔助訓練動作，像是針對頸部、握力和腹部的訓練。我們不會把這些動作的練習量算進每個月的總訓練量中，但它們對運動員的成功同等重要。

對於美式足球選手來說，我們通常會增加額外的肱三頭肌和背闊肌訓練，目的是提高球場上所需的推力、抓力或拉力。對於其他運動項目，你應該先對運動員和該項運動的需求進行評估，再制定相應的訓練計畫。

你現在就可以按照相同的進階原則來決定其餘動作在四週當中的訓練量和強度。

儘管這看起來費時又乏味，但遵循這種循序漸進的方法將幫助你追蹤進度並防止過度訓練。它還將提供一個查驗與制衡系統，確保你仍在原先設定的訓練道路上。

這方面的經驗讓我們不安地意識到，我們的訓練計畫可能跟我們所認定的情況還有很大的落差。這套方法幫助教練拉開了設計課表的帷幕並引領入門，雖然最初的過程與結果通常是痛苦的，但這本就是學習的必經之路。

週期尾聲的進階方式

現在我們面臨的問題是，如何將課表繼續往下個月推進。對於高水平運動員，第一個選擇是增加月總量。增加幅度不超過上個月總量的 10% 應該就能再次刺激進步，特別是在季外期的前幾個月，只要微幅增量就能帶來進步。

高水平運動員的另一個選擇是幾乎不調整訓練量（或是僅增加 2% 或 3%），只提高訓練的品質或強度。你可以藉由換動作來改變刺激與增加較高強度區間的訓練量。

但是當你同時提升課表的質與量，就更需要仰賴教練的功力讓兩者取得微妙的平衡。我們建議，若你想同時提高課表的質與量，你的運動員應該在你所設計的課表下至少有兩年的訓練經驗，而身為教練的你也應該已對課表設計的方法和該運動員的能力瞭若指掌。

對於訓練經驗豐富的高水平和菁英等級的運動員以及掌握了該課表設計系統的力量教練而言，還有一種進階方式是在週期與週期之間改變每個動作的相對訓練量。

我們在說明訓練新手的課表時有介紹過了；然而如果是訓練有素的運動員可以再更進一步。這種方法為訓練提供了另一層變化，每個月都會對個別動作進行波動調整，使教練能更加強調抓舉或挺舉等爆發力動作，最大限度地發展運動員的爆發力。

雖然它的確是有效的，但它同時對選手的運動表現與力量教練的能力都有更高的要求，如果你想要取得成功並避免掉入訓練量過多的陷阱而對神經系統造成太大的負擔，則需要具備一定的實力。

菁英選手的課表設計

出於多種原因，我們在這本書中沒有列出菁英等級的課表範例。

主要是因為只有極少的教練與真正的菁英運動員一起工作。為了避免過度熱心的教練將菁英選手的計畫應用於準備不足的運動員身上，我們決定完全移除該選項。

我們在這本書中涵蓋了一系列課表設計的原則與過程，協助大家以邏輯和系統化的方式建構訓練計畫，計畫的目的是提升運動員的能力與表現。當你了解也加以實踐了我們前面所陳述的基本原則和方法後，你就會明白要為菁英運動員設計訓練計畫並不特別，只是把基本原則中的進階方法拿來運用而已。

每個訓練變數和每次的進步都應合理地導入下一個階段的課表中，只要持續監控和追蹤運動員在各階段的運動表現並加以及時調整，要制定一個多年的訓練計畫以確保穩定進步並非難事。

Chapter 8
美式足球選手的訓練計畫

憑藉多年來投注在美式足球的訓練經驗，我們為入門和進階的美式足球運動員提供了兩種課表範例。這些課表使用本書之前提過的指導方針，包括季外期的前兩個週期。我們希望提供一套設計課表的模式，讓你也能打造出屬於自己的訓練計畫。

新手季外期的八週訓練計畫

入門選手的一週三練課表

此案例課表所設計的對象是已在本套系統下接受過一年訓練的高中二年級選手。

這些高中二年級選手的前一個訓練週期是以「做功能力」為主，因此這是第一個力量週期。在這份課表中，我們以發展力量與奧林匹克式舉重動作的學習為第一優先。他們還算是舉重訓練的新手，所以難度最好簡單一點。

第一週期：強調力量的發展

月總量

800 次

週總量分布

28% – 22% – 32% – 18% *

一週三練的個別課表總量分布

42% - 24% - 34%

* 因為這是運動員在本系統邏輯下所進行的第二年訓練，

所以我們在這個案例中做了一點調整，把第四週（恢復週）的週總量稍微調高一些。

動作	動作的訓練量	月總量	週總量
蹲舉	24%	192 次	54 - 42 - 62 - 36
上膊	18%	144 次	40 - 32 - 46 - 26
推舉	20%	160 次	45 - 35 - 51 - 29
高拉	15%	120 次	33 - 26 - 38 - 22
挺舉	0%	0 次	0 - 0 - 0 - 0
抓舉	10%	80 次	22 - 17 - 26 - 14
後側動力鏈	13%	104 次	29 - 23 - 33 - 19
總量	**100%**	**800 次**	**223 - 175 - 265 - 146**

【圖表 8.1】第一週期：訓練新手在個別力量動作中的訓練量分布

動作	四週 週總量分布	一週三練 個別課表總量分布	動作	四週 週總量分布	一週三練 個別課表總量分布
蹲舉 24%	54 42 62 36	23 - 13 - 18 18 - 10 - 14 26 - 15 - 21 20 - 0 - 16	挺舉 0%	0 0 0 0	0 - 0 - 0 0 - 0 - 0 0 - 0 - 0 0 - 0 - 0
上膊 18%	40 32 46 26	17 - 10 - 14 (17 - 12 - 12) 13 - 8 - 11 (18 - 0 - 14) 19 - 11 - 16 (18 - 0 - 14) 11 - 6 - 9 (14 - 0 - 12)	抓舉 10%	22 17 26 14	9 - 5 - 7 (12 - 0 - 9) 7 - 4 - 6 (0 - 17 - 0) 11 - 6 - 9 (0 - 14 - 12) 6 - 3 - 5 (0 - 14 - 0)
推舉 20%	45 35 51 29	19 - 11 - 15 15 - 8 - 12 21 - 12 - 17 12 - 7 - 10 (16 - 0 - 13)	後側動力鏈 13%	29 23 33 19	12 - 7 - 10 (16 - 0 - 13) 10 - 6 - 8 (13 - 0 - 11) 14 - 8 - 11 (18 - 0 - 14) 8 - 5 - 7 (12 - 0 - 8)
高拉 15%	33 26 38 22	33 26 38 22			

【圖表 8.2】第一週期：訓練新手的個別課表總量分布

註：括號裡的數字是調整後的訓練量

如你所見，有很多天的動作計算出來的反覆次數不足 12 次。當你跟較年輕的訓練新手合作時，很常發生這種情況，因為他們月總量會從 800 次以下開始，課表中個別力量動作所分配到的訓練量就很容易低於 12 次。

　　我們的建議是，選擇反覆次數較少的那一天重新分配。記住最大量日和中量日是哪兩天，這兩天的訓練量可以盡量維持不變，再將占 24% 的少量日分配給其他動作（分配的前提是總量不要變動太多）。這將縮短週三的訓練時間（也就是第二次少量日的訓練），但少量日本來就是一週當中最輕鬆的一天，所以沒有關係。

　　所有舉重動作的訓練都會指明最大負重百分比和反覆次數，所以 50/5 意指強度為 1RM 的 50%，重複 5 次。

第一週

第一次訓練

訓練動作	強度、次數與組數	強度設定的補充說明
抗力球俯臥摺刀式訓練 （Physioball Jackknife）＋伏地挺身	1×10+10	
單槓懸吊抬膝，視線朝下	1×10	
單腿蹲	1×6+6	
複合式訓練	40 - 45 - 50，1×3 次	強度百分以目前的體重為基準
上膊，以槓鈴懸垂高度在大腿中段的姿勢開始	50/3、60/3、70/3×4 組	
抓舉式高拉，槓鈴先置於高度在膝蓋上緣的舉重架上	60/5、70/5、75/4、75/4	強度百分比使用抓舉的 1RM
背蹲舉	50/5、60/3、70/5、70/5、70/5	強度百分比使用蹲舉的 1RM
臥推	50/5、60/3、70/6、70/6	
羅馬尼亞式硬舉	55/4×2、65/4、65/4	強度百分比使用上膊的 1RM
腹部訓練		
頸部訓練		
節奏跑	4×100 碼	訓練速度設定在 14 秒 - 15 秒 - 16 秒

第二次訓練

訓練動作	強度、次數與組數	強度設定的補充說明
抓舉式深蹲，可用空槓或木棍	1×6	
俯臥挺身（背挺舉）	1×8	自行選擇適當的負重
複合式訓練	40 - 45 - 50，1×3 次	強度百分以目前的體重為基準
懸垂式抓舉，槓鈴起始高度從大腿中段開始	50/3、60/3、70/3、70/3	
上膊，槓鈴先置於高度在大腿中段的舉重架上	60/4、70/4、70/4	
蹬階	20/5+5、25/5+5、30/3+3	強度百分比使用背蹲舉的 1RM
站姿肩推	50/6、50/6	強度百分以目前的體重為基準
腹部訓練		
節奏跑	4×100 碼	訓練速度設定在 14 秒 - 15 秒 - 16 秒

第三次訓練

訓練動作	強度、次數與組數	強度設定的補充說明
仰臥轉腿（Lying Leg Twist）	1×5+5	
俯臥直腿上擺（Reverse Hyper）	1×10	自行選擇適當的負重
單槓懸吊交替抬膝	1×6+6	
跳箱	1×6	
複合式訓練	40 - 45 - 50，1×3 次	強度百分以目前的體重為基準
抓舉，槓鈴先置於高度在大腿中段的舉重架上	50/3、60/3、70/3	
上膊，以槓鈴懸垂高度在大腿中段的姿勢開始	60/4、70/4、75/4	
上膊式高拉，槓鈴先置於高度在 膝蓋上緣的舉重架上	75/5、80/5、80/5	強度百分比使用上膊的 1RM
前蹲舉	40/5、45/5、50/4、50/4	強度百分比使用背蹲舉的 1RM
斜上推	45/5、55/5、60/5	強度百分比使用臥推的 1RM
羅馬尼亞式硬舉	55/5、65/5、70/3	強度百分比使用上膊的 1RM
腹部訓練		
頸部訓練		
節奏跑	4×100 碼	訓練速度設定在 14 秒 - 15 秒 - 16 秒

第二週

第一次訓練

訓練動作	強度、次數與組數	強度設定的補充說明
抗力球俯臥摺刀式＋伏地挺身	1×10+10	
單槓懸吊抬膝，視線朝下	1×12	
單腿蹲	1×6+6	
複合式訓練	40 - 45 - 50，1×3 次	強度百分以目前的體重為基準
上膊，以槓鈴懸垂高度在大腿中段的姿勢開始	50/3、60/3、70/3、75/3x3 組	
抓舉式高拉，槓鈴先置於高度在膝蓋上緣的舉重架上	65/5、75/5、80/4	強度百分比使用抓舉的 1RM
背蹲舉	50/5、60/2、70/6、75/5	強度百分比使用蹲舉的 1RM
臥推	50/5、60/2、70/4、75/4	
羅馬尼亞式硬舉	55/4、65/4、70/5	強度百分比使用上膊的 1RM
腹部訓練		
頸部訓練		
節奏跑	4×100 碼	訓練速度設定在 14 秒 - 15 秒 - 16 秒

第二次訓練

訓練動作	強度、次數與組數	強度設定的補充說明
抓舉式深蹲，可用空槓或木棍	1×6	
俯臥挺身（背挺舉）	1×8	自行選擇適當的負重
複合式訓練	40 - 45 - 50，1×3 次	強度百分以目前的體重為基準
抓舉，以槓鈴懸垂高度在大腿中段的姿勢開始	50/3、60/3、70/3、75/3、75/3、75/2	
蹬階	20/4+4、25/3+3、30/3+3	強度百分比使用背蹲舉的 1RM
站姿肩推	50/5、50/5	強度百分以目前的體重為基準
腹部訓練		
節奏跑	4×100 碼	訓練速度設定在 14 秒 - 15 秒 - 16 秒

第三次訓練

訓練動作	強度、次數與組數	強度設定的補充說明
仰臥轉腿	1×6+6	
俯臥直腿上擺	1×10	自行選擇適當的負重
單槓懸吊交替抬膝	1×7+7	
跳箱	1×6	
複合式訓練	40 - 45 - 50，1×3 次	強度百分以目前的體重為基準
上膊，槓鈴先置於高度在大腿中段的舉重架上	50/4、60/4、70/4、75/2	
上膊式高拉，槓鈴先置於高度在膝蓋上緣的舉重架上	75/4、80/4、80/4	強度百分比使用上膊的 1RM
前蹲舉	40/4、45/4、50/3、55/3	強度百分比使用背蹲舉的 1RM
斜上推	45/4、55/4、60/4	強度百分比使用臥推的 1RM
羅馬尼亞式硬舉	55/5、65/6	強度百分比使用上膊的 1RM
腹部訓練		
頸部訓練		
節奏跑	4×100 碼	訓練速度設定在 14 秒 - 15 秒 - 16 秒

第三週

第一次訓練

訓練動作	強度、次數與組數	強度設定的補充說明
抗力球俯臥摺刀式＋伏地挺身	1×10+10	
單槓懸吊抬膝，視線朝下	1×15	
單腿蹲	1×5+5	
複合式訓練	40 - 45 - 50，1×3 次	強度百分以目前的體重為基準
上膊，以槓鈴懸垂高度在大腿的姿勢開始	50/3、60/2、70/3×2、80/1、70/3、80/1、75/3	
抓舉式高拉，槓鈴先置於高度在膝蓋上緣的舉重架上	70/4×2、80/4、80/4	強度百分比使用抓舉的 1RM
背蹲舉	50/5、60/2、70/4、75/5x3 組	強度百分比使用蹲舉的 1RM
臥推	50/5、60/2、70/2、75/6、75/6	
羅馬尼亞式硬舉	55/6、65/6、65/6	強度百分比使用上膊的 1RM
腹部訓練		
頸部訓練		
節奏跑	4×100 碼	訓練速度設定在 14 秒 - 15 秒 - 16 秒

第二次訓練

訓練動作	強度、次數與組數	強度設定的補充說明
抓舉式深蹲，使用空槓	1×6	
俯臥挺身（背挺舉）	1×8	自行選擇適當的負重
複合式訓練	40 - 45 - 50，1×3 次	強度百分以目前的體重為基準
抓舉，以槓鈴懸垂高度在大腿中段的姿勢開始	50/3、60/3、70/3、75/3、75/2	
上膊，槓鈴先置於高度在大腿中段的舉重架上	60/4、70/4、70/3	
蹬階	20/5+5、25/5+5、30/5+5	強度百分比使用背蹲舉的 1RM
站姿肩推	50/4、55/4、55/4	強度百分以目前的體重為基準
腹部訓練		
節奏跑	4×100 碼	訓練速度設定在 14 秒 - 15 秒 - 16 秒

第三次訓練

訓練動作	強度、次數與組數	強度設定的補充說明
仰臥轉腿	1×7+7	
俯臥直腿上擺	1×10	自行選擇適當的負重
單槓懸吊交替抬膝	1×8+8	
跳箱	1×7	
複合式訓練	40 - 45 - 50，1×3 次	強度百分以目前的體重為基準
抓舉，槓鈴先置於高度在大腿中段的舉重架上	50/3、60/3、70/3、70/3	
上膊，以槓鈴懸垂高度在大腿中段的姿勢開始	60/4、70/4、75/4、75/4	
前蹲舉	40/4、45/4、50/4、55/3x3 組	強度百分比使用背蹲舉的 1RM
斜上推	45/5、55/6、60/6	強度百分比使用臥推的 1RM
羅馬尼亞式硬舉	55/5、65/5、70/4	強度百分比使用上膊的 1RM
腹部訓練		
頸部訓練		
節奏跑	4×100 碼	訓練速度設定在 14 秒 - 15 秒 - 16 秒

第四週

第一次訓練

訓練動作	強度、次數與組數	強度設定的補充說明
抗力球俯臥摺刀式＋伏地挺身	1×10+10	
單槓懸吊抬膝	1×12	
單腿蹲	1×4+4	
複合式訓練	40－45－50，1×3次	強度百分以目前的體重為基準
上膊，以槓鈴懸垂高度在大腿中段的姿勢開始	50/4、60/3、70/3、75/2、75/2	
背蹲舉	50/5、60/5、70/5、70/5	
臥推	50/5、60/2、70/5、75/4	
羅馬尼亞式硬舉	55/6、65/6	強度百分比使用上膊的 1RM
腹部訓練		
頸部訓練		
節奏跑	4×100 碼	訓練速度設定在 14 秒－15 秒－16 秒

第二次訓練

訓練動作	強度、次數與組數	強度設定的補充說明
抓舉式深蹲，使用空槓	1×6	
俯臥挺身（背挺舉）	1×8	自行選擇適當的負重
複合式訓練	40－45－50，1×3次	強度百分以目前的體重為基準
抓舉，以槓鈴懸垂高度在大腿中段的姿勢開始	50/4、60/4、70/3、75/3	
上膊式高拉，槓鈴先置於高度在膝蓋上緣的舉重架上	60/6、70/5×2、80/5	強度百分比使用上膊的 1RM
腹部訓練		
節奏跑	4×100 碼	訓練速度設定在 14 秒－15 秒－16 秒

第三次訓練

訓練動作	強度、次數與組數	強度設定的補充說明
仰臥轉腿	1×5+5	
俯臥直腿上擺	1×10	自行選擇適當的負重
單槓懸吊交替抬膝	1×8+8	
跳箱	1×5	
複合式訓練	40 - 45 - 50，1×3 次	強度百分以目前的體重為基準
上膊，槓鈴先置於高度在大腿中段的舉重架上	50/3、60/3、70/3、70/3	
前蹲舉	40/3、45/3、50/3、55/3	強度百分比使用背蹲舉的 1RM
斜上推	45/5、55/3、60/5	強度百分比使用臥推的 1RM
羅馬尼亞式硬舉	55/4、65/4	強度百分比使用上膊的 1RM
腹部訓練		
頸部訓練		
節奏跑	4×100 碼	訓練速度設定在 14 秒 - 15 秒 - 16 秒

第二週期：強調爆發力的發展

　　為了持續取得訓練效果，我們將改變一些舉重動作的訓練量百分比，但我們絕不會完全取消某個動作。

月總量

840 次

週總量分布

32%—22%—28%—18% *

* 把第一與第三週的百分比互換，可以另外增加一些訓練刺激

一週三練的個別課表總量分布

42%—24%—34%

動作	動作的訓練量	月總量	週總量
蹲舉	22%	185 次	59–41–52–33
上膊	18%	151 次	48–33–42–27
推舉	22%	185 次	59–41–52–33
高拉	15%	126 次	40–28–35–23
挺舉	0%	0 次	0–0–0–0
抓舉	12%	101 次	32–22–28–18
後側動力鏈	11%	92 次	29–21–26–17
總量	100%	840 次	267–186–235–151

【圖表 8.3】第二週期：訓練新手在個別力量動作中的訓練量分布

動作	四週週總量分布	一週三練個別課表總量分布	動作	四週週總量分布	一週三練個別課表總量分布
蹲舉 22%	59	25 - 14 - 20	挺舉 0%	0	0 - 0 - 0
	41	17 - 10 - 14		0	0 - 0 - 0
	52	22 - 13 - 18		0	0 - 0 - 0
	33	14 - 8 - 11（18 - 0 - 15）		0	0 - 0 - 0
上膊 18%	48	20 - 12 - 16	抓舉 12%	32	13 - 8 - 11（0 - 17 - 15）
	33	14 - 8 - 11（18 - 0 - 15）		22	10 - 5 - 7（12 - 0 - 10）
	42	18 - 11 - 14		28	12 - 7 - 10（0 - 16 - 13）
	27	11 - 6 - 9（14 - 0 - 12）		18	8 - 4 - 6（0 - 12 - 6）
推舉 22%	59	25 - 14 - 20	後側動力鏈 11%	29	12 - 7 - 10（16 - 0 - 13）
	41	17 - 10 - 14		21	9 - 5 - 7（20 - 0 - 0）
	52	22 - 13 - 18		26	11 - 6 - 9（14 - 0 - 12）
	33	14 - 8 - 11		17	7 - 4 - 6（18 - 0 - 0）
高拉 15%	40	17 - 10 - 14（22 - 0 - 19）			
	28	12 - 7 - 10（16 - 0 - 13）			
	35	15 - 8 - 12（19 - 0 - 16）			
	23	10 - 6 - 8（13 - 0 - 11）			

【圖表 8.4】第二週期：訓練新手的個別課表總量分布
註：括號裡的數字是調整過後的訓練量

　　在這裡，我們將奧林匹克式舉重動作從大腿中段改到膝蓋上緣，而上膊式高拉的起始位置改到膝蓋以下。高拉的動作因為相對單純，所以設定的起始位置會比奧林匹克式舉重動作來得低，這將有助於動作的學習。

我們在星期三（第二次訓練）增加了「借力推」這個動作，主要是為了之後的挺舉訓練做準備。為了先啟動中樞神經系統，你還會在課表的前幾個動作中看到原地提膝跳訓練。

另外，關於臥推和斜上推，有一個細節要強調：在練這兩個動作時，每一組的第一下讓重量在胸前停頓一會。這會帶來兩種改變：槓鈴的離心速度會變慢，在底部的位置會需要花更多力氣。

第一週
第一次訓練

訓練動作	強度、次數與組數	強度設定的補充說明
單槓懸吊抬膝，視線朝下	1x14	
俯臥挺身（背挺舉）	1×8	自行選擇適當的負重
抓舉式深蹲，使用空槓	1×6	
複合式訓練	40 - 45 - 50，1×2 次	強度百分以目前的體重為基準
上膊，以槓鈴懸垂高度在膝蓋上緣的姿勢開始	50/4、60/3、70/3、75/3x3 組、80/1	
上膊式高拉，槓鈴先置於高度在膝蓋以下的舉重架上	75/5、75/5、80/4、80/4、85/4	強度百分比使用上膊的 1RM
背蹲舉	50/5、60/3、70/5、70/580/4x3 組	強度百分比使用蹲舉的 1RM
臥推，每組的第一下要在底端停頓	50/5、60/3、70/5、80/4x3 組	
羅馬尼亞式硬舉	60/4、70/4、70/4、75/4	強度百分比使用上膊的 1RM
腹部訓練		
頸部訓練		
節奏跑	4×100 碼	訓練速度設定在 14 秒 - 15 秒 - 16 秒

第二次訓練

訓練動作	強度、次數與組數	強度設定的補充說明
抗力球俯臥摺刀式＋伏地挺身	1×10+10	
俯臥直腿上擺	1×10	自行選擇適當的負重
單腿蹲	1x6+6	
原地提膝跳	1×10	
複合式訓練	40－45－50，1×2 次	強度百分以目前的體重為基準
抓舉，以槓鈴懸垂高度在膝蓋上緣的姿勢開始	50/4、60/3、70/3、75/3、75/3、80/1	
上膊，槓鈴先置於高度在膝蓋上緣的舉重架上	50/3、60/3、70/3、75/3	
借力推	55/4、60/4、65/3、65/3	強度百分以目前的體重為基準
蹬階	20/4+4、25/4+4、30/3+3、35/3+3	強度百分比使用背蹲舉的 1RM
腹部訓練		
節奏跑	4×100 碼	訓練速度設定在 14 秒－15 秒－16 秒

第三次訓練

訓練動作	強度、次數與組數	強度設定的補充說明
單槓懸吊抬膝，雙膝夾藥球	1x10	
抓舉式深蹲，使用空槓	1×6	
原地提膝跳	1×10	
複合式訓練	40－45－50，1×2 次	強度百分以目前的體重為基準
抓舉，槓鈴先置於高度在膝蓋上緣的舉重架上	50/3、60/3、70/3、70/3、80/1x3 組	
上膊，以槓鈴懸垂高度在膝蓋上緣的姿勢開始	55/4、65/4、75/4、75/4	
抓舉式高拉，槓鈴先置於高度在膝蓋上緣的舉重架上	75/5、75/5、85/3x3 組	強度百分比使用抓舉的 1RM
前蹲舉	40/4、50/4、55/3、55/3、60/3、60/3	強度百分比使用背蹲舉的 1RM
斜上推，每組的第一下要在底端停頓	45/5、55/2、60/5、60/5、65/3	強度百分比使用臥推的 1RM
羅馬尼亞式硬舉	60/5、70/4、75/4	強度百分比使用上膊的 1RM
腹部訓練		
頸部訓練		
節奏跑	4×100 碼	訓練速度設定在 14 秒－15 秒－16 秒

第二週

第一次訓練

訓練動作	強度、次數與組數	強度設定的補充說明
單槓懸吊抬膝	1x14	
俯臥挺身（背挺舉）	1×8	自行選擇適當的負重
抓舉式深蹲，使用空槓	1×6	
複合式訓練	40 - 45 - 50，1×2 次	強度百分以目前的體重為基準
上膊，以槓鈴懸垂高度在膝蓋上緣的姿勢開始	50/4、60/4、70/3、75/3、80/2、80/2	
上膊式高拉，槓鈴先置於高度在膝蓋以下的舉重架上	75/4、80/4、85/4、85/4	強度百分比使用上膊的 1RM
背蹲舉	50/4、60/4、70/4、80/4	強度百分比使用蹲舉的 1RM
臥推，每組的第一下要在底端停頓	50/5、60/2、70/5、80/5	
羅馬尼亞式硬舉	60/6、70/5、75/5、75/5	強度百分比使用上膊的 1RM
腹部訓練		
頸部訓練		
節奏跑	4×100 碼	訓練速度設定在 14 秒 - 15 秒 - 16 秒

第二次訓練

訓練動作	強度、次數與組數	強度設定的補充說明
抗力球俯臥摺刀式＋伏地挺身	1×10+10	
俯臥直腿上擺	1×10	自行選擇適當的負重
單腿蹲	1x4+4	
原地提膝跳	1×10	
複合式訓練	40 - 45 - 50，1×2 次	強度百分以目前的體重為基準
抓舉，以槓鈴懸垂高度在膝蓋上緣的姿勢開始	50/3、60/3、70/3、80/2、80/1	
蹬階	20/3+3、25/4+4、30/4+4	強度百分比使用背蹲舉的 1RM
借力推	55/3、60/3、65/3、70/2	強度百分比以目前的體重為基準
腹部訓練		
節奏跑	4×100 碼	訓練速度設定在 14 秒 - 15 秒 - 16 秒

第三次訓練

訓練動作	強度、次數與組數	強度設定的補充說明
單槓懸吊抬膝，雙膝夾藥球	1x10	
抓舉式深蹲，使用空槓	1×6	
原地提膝跳	1×10	
複合式訓練	40 - 45 - 50，1×2 次	強度百分以目前的體重為基準
抓舉，槓鈴先置於高度在膝蓋上緣的舉重架上	50/3、60/3、70/3、80/2	
上膊，以槓鈴懸垂高度在膝蓋上緣的姿勢開始	60/4、70/3、70/3、80/3、85/1、85/1	
抓舉式高拉，槓鈴先置於高度在膝蓋上緣的舉重架上	65/5、75/4、85/4	強度百分比使用抓舉的 1RM
前蹲舉	45/4、55/4、60/3、60/3	強度百分比使用背蹲舉的 1RM
斜上推，每組的第一下要在底端停頓	45/5、55/2、60/4、60/3	強度百分比使用臥推的 1RM
腹部訓練		
頸部訓練		
節奏跑	4×100 碼	訓練速度設定在 14 秒 - 15 秒 - 16 秒

第三週

第一次訓練

訓練動作	強度、次數與組數	強度設定的補充說明
單槓懸吊抬膝	1x15	
俯臥挺身（背挺舉）	1×8	自行選擇適當的負重
抓舉式深蹲，使用空槓	1×6	
複合式訓練	40 - 45 - 50，1×2 次	強度百分以目前的體重為基準
上膊，以槓鈴懸垂高度在膝蓋上緣的姿勢開始	50/3、60/3、70/3、75/3、80/2、75/3*、85/1*	
上膊式高拉，槓鈴先置於高度在膝蓋以下的舉重架上	75/5、80/5、85/5、85/4	強度百分比使用上膊的 1RM
背蹲舉	50/5、60/2、70/3、75/6、75/6	
臥推，每組的第一下要在底端停頓	50/5、60/2、70/5、80/5、80/5	
羅馬尼亞式硬舉	60/5、70/5、75/4	強度百分比使用上膊的 1RM
腹部訓練		
頸部訓練		
節奏跑	4×100 碼	訓練速度設定在 14 秒 - 15 秒 - 16 秒

* 藉由降低其中一組的強度再提高下一組的強度，我們可以欺騙神經系統，在最後一組獲得更大的輸出。

第二次訓練

訓練動作	強度、次數與組數	強度設定的補充說明
抗力球俯臥摺刀式＋伏地挺身	1×10+10	
俯臥直腿上擺	1×10	自行選擇適當的負重
單腿蹲	1x6+6	
原地提膝跳	1×10	
複合式訓練	40 - 45 - 50，1×2 次	強度百分以目前的體重為基準
抓舉，以槓鈴懸垂高度在膝蓋上緣的姿勢開始	50/3、60/3、70/3、75/3、75/3、80/1	
上膊，槓鈴先置於高度在膝蓋上緣的舉重架上	60/3、70/3、75/3、80/3	
蹬階	20/4+4、25/4+4、30/3+3、35/2+2	強度百分比使用背蹲舉的 1RM
借力推	55/4、60/3、65/3、70/3	強度百分以目前的體重為基準
腹部訓練		
節奏跑	4×100 碼	訓練速度設定在 14 秒 - 15 秒 - 16 秒

第三次訓練

訓練動作	強度、次數與組數	強度設定的補充說明
單槓懸吊抬膝，雙膝夾藥球	1x12	
抓舉式深蹲，使用空槓	1×6	
原地提膝跳	1×12	
複合式訓練	40 - 45 - 50，1×2 次	強度百分以目前的體重為基準
抓舉，槓鈴先置於高度在膝蓋上緣的舉重架上	50/3、60/3、70/3、75/2、75/2	
上膊，以槓鈴懸垂高度在膝蓋上緣的姿勢開始	50/3、60/3、70/3、75/3、75/2	
抓舉式高拉，槓鈴先置於高度在膝蓋上緣的舉重架上	65/4、75/4、85/4、85/4	強度百分比使用抓舉的 1RM
前蹲舉	40/3、50/3、60/3x4 組	強度百分比使用背蹲舉的 1RM
斜上推，每組的第一下要在底端停頓	45/5、55/2、60/4、60/4、65/3	強度百分比使用臥推的 1RM
腹部訓練		
頸部訓練		
節奏跑	4×100 碼	訓練速度設定在 14 秒 - 15 秒 - 16 秒

第四週

第一次訓練

訓練動作	強度、次數與組數	強度設定的補充說明
單槓懸吊抬膝	1x10	
俯臥挺身（背挺舉）	1×6	自行選擇適當的負重
抓舉式深蹲，使用空槓	1×6	
複合式訓練	40－45－50，1×2次	強度百分比以目前的體重為基準
上膊，以槓鈴懸垂高度在膝蓋上緣的姿勢開始	50/4、60/4、70/3、70/3	
上膊式高拉，槓鈴先置於高度在膝蓋以下的舉重架上	70/4、70/4、80/5	強度百分比使用上膊的1RM
背蹲舉	50/6、60/6、70/6	強度百分比使用蹲舉的1RM
臥推，每組的第一下要在底端停頓	50/4、60/2、70/6、70/6	
羅馬尼亞式硬舉	60/6、70/6	強度百分比使用上膊的1RM
腹部訓練		
頸部訓練		
節奏跑	4×100碼	訓練速度設定在14秒－15秒－16秒

第二次訓練

訓練動作	強度、次數與組數	強度設定的補充說明
抗力球俯臥摺刀式＋伏地挺身	1×10+10	
俯臥直腿上擺	1×7	自行選擇適當的負重
單腿蹲	1x4+4	
原地提膝跳	1×7	
複合式訓練	40－45－50，1×2次	強度百分比以目前的體重為基準
抓舉，以槓鈴懸垂高度在膝蓋上緣的姿勢開始	50/4、60/4、70/4、75/3、75/3	
借力推	55/3、60/3、65/3	強度百分比以目前的體重為基準
腹部訓練		
節奏跑	4×100碼	訓練速度設定在14秒－15秒－16秒

第三次訓練

訓練動作	強度、次數與組數	強度設定的補充說明
單槓懸吊抬膝，雙膝夾藥球	1×10	
抓舉式深蹲，使用空槓	1×6	
原地提膝跳	1×8	
複合式訓練	40 - 45 - 50，1×2 次	強度百分以目前的體重為基準
上膊，槓鈴先置於高度在膝蓋上緣的舉重架上	50/3、60/3、70/3、75/3	
抓舉式高拉，槓鈴先置於高度在膝蓋上緣的舉重架上	65/4、75/4、80/4	強度百分比使用抓舉的 1RM
前蹲舉	40/4、50/4、55/4、60/3	強度百分比使用背蹲舉的 1RM
斜上推，每組的第一下要在底端停頓	45/4、55/2、60/6	強度百分比使用臥推的 1RM
腹部訓練		
頸部訓練		
節奏跑	4×100 碼	訓練速度設定在 14 秒 - 15 秒 - 16 秒

季外期的八週進階訓練計畫

一週三練的進階課表

此案例課表所設計的對象是已在本套系統中接受過三年完整訓練，並準備升大學的選手。

這份案例的運動員即將從高中畢業，準備要跟大學等級的選手同場競技。下面是他在季外期第一週期的課表，訓練重點在於力量和爆發力的發展。

因為他已在這套課表系統中練了三年，我們假設這位運動員已經完成做功能力的訓練階段，基本力量動作的技術應該已經非常穩固。

透過這份訓練計畫，你會看到動作複雜度的進展方式，像是從地板開始的上膊或不同練習動作的組合練習，像是把抓舉和過頭蹲組合在一起當成複合式訓練。

第一週期：強調力量的發展

月總量

900 次

週總量分布

27％—22％—32％—19％

一週三練的個別課表總量分布

42％—24％—34％

動作	動作的訓練量	月總量	週總量
蹲舉	23%	207 次	56–46–66–39
上膊	21%	189 次	51–42–61–36
推舉	21%	189 次	51–42–61–36
高拉	0%	0 次	0–0–0–0
挺舉	7%	63 次	17–14–20–12
抓舉	7%	63 次	17–14–20–12
後側動力鏈	21%	189 次	51–42–61–36
總量	**100%**	**900 次**	**243–200–289–171**

【圖表 8.5】第一週期進階課表：個別力量動作中的訓練量分布

動作	四週 週總量分布	一週三練 個別課表總量分布	動作	四週 週總量分布	一週三練 個別課表總量分布
蹲舉 23%	56 46 66 39	24 - 13 - 19 19 - 11 - 16（20 - 12 - 15） 28 - 16 - 22（28 - 17 - 22） 16 - 9 - 13（16 - 10 - 12）	挺舉 7%	17 14 20 12	7 - 4 - 6（0 - 17 - 0） 6 - 3 - 5（0 - 14 - 0） 8 - 5 - 7（0 - 20 - 0） 5 - 4 - 3（0 - 12 - 0）
上膊 21%	51 42 61 36	22 - 12 - 17 18 - 10 - 14 26 - 15 - 21（25 - 15 - 22） 15 - 9 - 12（16 - 10 - 12）	抓舉 7%	17 14 20 12	7 - 4 - 6（0 - 0 - 17） 6 - 3 - 5（0 - 0 - 14） 8 - 5 - 7（0 - 0 - 20） 5 - 4 - 3（0 - 0 - 12）
推舉 21%	51 42 61 36	22 - 12 - 17（32 - 0 - 21） 18 - 10 - 14（26 - 0 - 16） 26 - 15 - 21（35 - 0 - 26） 15 - 9 - 12（22 - 0 - 15）	後側動力鏈 21%	51 42 61 36	22 - 12 - 17（24 - 15 - 12） 18 - 10 - 14（16 - 12 - 12） 26 - 15 - 21（26 - 20 - 16） 15 - 9 - 12（15 - 10 - 12）
高拉 0%	0 0 0 0	0 - 0 - 0 0 - 0 - 0 0 - 0 - 0 0 - 0 - 0			

【圖表 8.6】第一週期進階課表：個別課表總量分布

註：括號裡的數字是調整過後的訓練量

對於這位比較進階的選手來說，計算會稍微容易一點，因為月總量比較大，所以每次課表間的反覆次數更加接近常態分布。

你會發現些幾個星期，調整過後的總數會多個一、兩下。月總量從 900 開始，第二週期會調升到 1,000，儘管訓練量提升了，一週三練的結構仍然適用，但三天的訓練強度都會增加。

我們還將肱三頭肌和背闊肌訓練納入課表中，也會設定反覆次數和組數，但不會加進總訓練量的統計中，它們一樣被我們當作輔助訓練。

所有的舉重動作的訓練都會指明最大負重百分比和反覆次數，課表中「50/5」意指強度為 1RM 的 50%，重複 5 次。

第一週
第一次訓練

訓練動作	強度、次數與組數	強度設定的補充說明
瞬發上膊，從地面開始	50/5、60/5、70/4、70/4、70/4	
啞鈴臥推	55/6、65/6、70/5x4 組	
背蹲舉	50/6、60/6、70/4、70/4、70/4	強度百分比使用蹲舉的 1RM
俯臥挺身（背挺舉）	4×6	自行選擇適當的負重
滑輪下拉（Lat Pulldown）或拉單槓	3x8	
三頭肌訓練	3x10	
腹部訓練		
頸部訓練		

第二次訓練

訓練動作	強度、次數與組數	強度設定的補充說明
瞬發上膊，以懸垂姿勢開始	50/3、60/3、70/2、70/2、70/2	
分腿挺舉	50/3、50/3、60/3、70/2、70/2、70/2、75/2	
六角槓硬舉	60/4、70/4、70/4、75/3	強度百分比使用上膊的 1RM
前蹲舉	50/4、60/3、60/3、60/3	強度百分比使用背蹲舉的 1RM
腹部訓練		

第三次訓練

訓練動作	強度、次數與組數	強度設定的補充說明
抓舉隨後過頭蹲	50/4+4、60/3+3	
瞬發上膊，以懸垂姿勢開始	50/4、60/4、75/3x3 組	
啞鈴斜上推	50/6、65/6、75/3、75/3、75/3	強度百分比使用臥推的 1RM
背蹲舉	50/4、60/3、75/3x4 組	
早安體前屈	50/6、60/6	強度百分比使用上膊的 1RM
俯身划船	4x8	
三頭肌訓練	4x8	
腹部訓練		
頸部訓練		

第二週

第一次訓練

訓練動作	強度、次數與組數	強度設定的補充說明
瞬發上膊，從地面開始	50/3、65/3、75/3x4 組	
啞鈴臥推	50/6、60/5、70/3、80/3、70/3、80/3、70/3	
背蹲舉	50/4、65/4、75/4、75/4、75/4	強度百分比使用蹲舉的 1RM
俯臥挺身（背挺舉）	4×4	自行選擇適當的負重
滑輪下拉或拉單槓	3x10	
三頭肌訓練	3x8	
腹部訓練		
頸部訓練		

第二次訓練

訓練動作	強度、次數與組數	強度設定的補充說明
瞬發上膊，以懸垂姿勢開始	50/2、65/2、75/2、75/2、75/2	
分腿挺舉	50/3、65/3、70/2、75/2、75/2、75/2	
六角槓硬舉	50/4、65/4、75/4	強度百分比使用上膊的 1RM
前蹲舉	50/4、65/4、75/4	強度百分比使用背蹲舉的 1RM
腹部訓練		

第三次訓練

訓練動作	強度、次數與組數	強度設定的補充說明
抓舉隨後過頭蹲	50/3+3、60/3+3、70/3+3、70/3+3、75/2+2	
瞬發上膊，以懸垂姿勢開始	50/3、60/3、70/2、80/2、80/2、80/2	
啞鈴斜上推	65/4、75/3x4 組	
背蹲舉	55/3、65/3、75/3x3 組	強度百分比使用蹲舉的 1RM
早安體前屈	55/6、65/6	強度百分比使用上膊的 1RM
俯身划船	4x6	
三頭肌訓練	4x8	
腹部訓練		
頸部訓練		

第三週

第一次訓練

訓練動作	強度、次數與組數	強度設定的補充說明
瞬發上膊，從地面開始	50/5、65/5、75/3x5 組	
啞鈴臥推	55/5、55/5、65/5、75/5x4 組	
背蹲舉	55/6、65/6、75/4x4 組	強度百分比使用蹲舉的 1RM
俯臥挺身（背挺舉）	1x6、4x5	自行選擇適當的負重
滑輪下拉或拉單槓	3x12	
三頭肌訓練	3x12	
腹部訓練		
頸部訓練		

第二次訓練

訓練動作	強度、次數與組數	強度設定的補充說明
瞬發上膊，以懸垂姿勢開始	50/3、60/3、70/3、70/3、70/3	
分腿挺舉	55/4、65/4、75/3x4 組	
六角槓硬舉	60/5、70/5、80/5、80/5	強度百分比使用上膊的 1RM
前蹲舉	50/4、65/4、75/3、75/3、75/3	強度百分比使用背蹲舉的 1RM
腹部訓練		

第三次訓練

訓練動作	強度、次數與組數	強度設定的補充說明
抓舉隨後過頭蹲	50/4+4、60/4+4、75/3+3x4 組	
瞬發上膊，以懸垂姿勢開始	50/3、50/3、60/3、60/3、75/2、75/2、75/2、80/2、80/2	
啞鈴斜上推	50/5、60/5、75/4x4 組	強度百分比使用臥推的 1RM
背蹲舉	50/3、65/3、75/3、75/3、80/2、80/2、80/2、80/2、80/2	強度百分比使用蹲舉的 1RM
早安體前屈	60/4、70/4、70/4、70/4	強度百分比使用上膊的 1RM
俯身划船	4x8	
三頭肌訓練	4x8	
腹部訓練		
頸部訓練		

第四週

第一次訓練

訓練動作	強度、次數與組數	強度設定的補充說明
瞬發上膊，從地面開始	50/4、50/4、65/4、65/4	
啞鈴臥推	50/5、60/5、70/4、70/4、70/4	
背蹲舉	50/4、65/4、65/4、65/4	
俯臥挺身（背挺舉）	3x5	自行選擇適當的負重
滑輪下拉或拉單槓	3x6	
三頭肌訓練	3x6	
腹部訓練		
頸部訓練		

第二次訓練

訓練動作	強度、次數與組數	強度設定的補充說明
瞬發上膊，以懸垂姿勢開始	50/2、65/2x4 組	
分腿挺舉	50/2、60/2、60/2、70/2、70/2、70/2	
六角槓硬舉	55/4、70/3、70/3	強度百分比使用上膊的 1RM
前蹲舉	50/4、65/3、65/3	強度百分比使用背蹲舉的 1RM
腹部訓練		

第三次訓練

訓練動作	強度、次數與組數	強度設定的補充說明
抓舉隨後過頭蹲	50/2+2、65/2+2x5 組	
瞬發上膊，以懸垂姿勢開始	50/2、60/2、70/2x4 組	
啞鈴斜上推	50/3、60/3、70/3、70/3、70/3	強度百分比使用臥推的 1RM
背蹲舉	50/3、60/3、70/3、70/3	強度百分比使用蹲舉的 1RM
早安體前屈	60/6、60/6	強度百分比使用上膊的 1RM
腹部訓練		
頸部訓練		

第二週期：強調爆發力的發展

月總量

1,000 次

週總量分布

27％—22％—32％—19％

一週三練的個別課表總量分布

42％—24％—34％

動作	動作的訓練量	月總量	週總量
蹲舉	23%	230 次	62–51–74–44
上膊	21%	210 次	57–46–67–40
推舉	21%	210 次	57–46–67–40
高拉	0%	0 次	0–0–0–0
挺舉	7%	70 次	19–15–23–13
抓舉	7%	70 次	19–15–23–13
後側動力鏈	21%	210 次	57–46–67–40
總量	**100%**	**1,000 次**	**270–220–320–190**

【圖表 8.7】第二週期進階課表：個別力量動作的訓練量分布

動作	四週 週總量分布	一週三練 個別課表總量分布	動作	四週 週總量分布	一週三練 個別課表總量分布
蹲舉 23%	62 51 74 44	26 - 15 - 21 21 - 12 - 17 31 - 18 - 25 18 - 11 - 15（18 - 12 - 15）	挺舉 7%	19 15 23 13	8 - 5 - 6（19 - 0 - 0） 6 - 4 - 5（15 - 0 - 0） 9 - 6 - 8（23 - 0 - 0） 6 - 3 - 4（13 - 0 - 0）
上膊 21%	57 46 67 40	24 - 14 - 19 19 - 11 - 16（22 - 0 - 24） 28 - 16 - 23（24 - 19 - 24） 17 - 10 - 13（18 - 0 - 22）	抓舉 7%	19 15 23 13	8 - 5 - 6（0 - 19 - 0） 6 - 4 - 5（0 - 15 - 0） 9 - 6 - 8（0 - 23 - 0） 6 - 3 - 4（0 - 13 - 0）
推舉 21%	57 46 67 40	24 - 14 - 19 19 - 11 - 16（19 - 12 - 16） 28 - 16 - 23 17 - 10 - 13（16 - 10 - 14）	後側動力鏈 21%	57 46 67 40	24 - 14 - 19（20 - 12 - 25） 19 - 11 - 16（19 - 12 - 15） 28 - 16 - 23（24 - 0 - 33） 17 - 10 - 13（15 - 12 - 13）
高拉 0%	0 0 0 0	0 - 0 - 0 0 - 0 - 0 0 - 0 - 0 0 - 0 - 0			

【圖表 8.8】第二週期進階課表：個別課表總量分布
註：括號裡的數字是調整過後的訓練量

第一週

第一次訓練

訓練動作	強度、次數與組數	強度設定的補充說明
瞬發上膊，以懸垂姿勢開始	50/3、50/3、60/3、60/3、70/2、80/2x5 組	
分腿挺舉	50/3、50/3、60/3、70/2、70/2、80/2、80/2、80/2	
背蹲舉	50/4、60/4、70/3、80/3x5 組	強度百分比使用蹲舉的 1RM
啞鈴交替肩推 （alternate dumbbell military press）	55/6+6、55/6+6、65/4+4x3 組	
背挺舉加胸椎旋轉 （twisting hyperextensions）	1x5、5x3	自行選擇適當的負重
啞鈴俯臥划船（趴在臥推椅上）	3x6	
三頭肌訓練	3x8	
腹部訓練		
頸部訓練		

第二次訓練

訓練動作	強度、次數與組數	強度設定的補充說明
分腿式抓舉（split snatch）	50/3、50/3、65/3、65/2、70/2、75/2、75/2、75/2	
瞬發上膊，以懸垂姿勢開始	50/3、60/3、70/3、70/3、75/2	
六角槓硬舉	60/3、75/3、80/3、80/3	強度百分比使用上膊的 1RM
前蹲舉	55/5、65/5、75/5	強度百分比使用背蹲舉的 1RM
啞鈴交替斜上推	65/4+4、70/4+4、75/3+3x2 組	
腹部訓練		

第三次訓練

訓練動作	強度、次數與組數	強度設定的補充說明
瞬發上膊，以起始高度低於膝蓋的懸垂姿勢開始	50/3、50/3、65/3、70/2、80/2、85/1、85/1、80/2、80/2	
借力推	55/4、65/5、75/5、75/5	強度百分以目前的體重為基準
背蹲舉	50/3、60/3、75/3、85/3、80/3、85/3、80/3	強度百分比使用蹲舉的 1RM
俯臥挺身（背挺舉）	2x6、6x3	自行選擇適當的負重
滑索肩伸訓練 （cable shoulder extensions）	4x6	
三頭肌訓練	3x8	
腹部訓練		
頸部訓練		

第二週

第一次訓練

訓練動作	強度、次數與組數	強度設定的補充說明
懸垂式上膊	50/3、50/3、60/3、60/3、70/2、80/2、85/2x3 組	
分腿挺舉	50/3、65/3、70/3、75/2x3 組	
背蹲舉	50/3、60/3、70/3、75/3x4 組	
啞鈴交替肩推	60/4+4、70/5+5x3 組	
背挺舉加胸椎旋轉	6x3	自行選擇適當的負重
啞鈴俯臥划船（趴在臥推椅上）	3x8	
三頭肌訓練	4x6	
腹部訓練		
頸部訓練		

第二次訓練

訓練動作	強度、次數與組數	強度設定的補充說明
分腿式抓舉	50/3、60/3、65/3、70/2x3 組	
六角槓硬舉	60/4、75/4、75/4	強度百分比使用上膊的 1RM
前蹲舉	50/2、60/2、70/2、80/2、80/2、80/2	強度百分比使用背蹲舉的 1RM
啞鈴交替斜上推	65/6+6、75/6+6	
腹部訓練		

第三次訓練

訓練動作	強度、次數與組數	強度設定的補充說明
瞬發上膊，以懸垂姿勢開始，起始高度低於膝蓋	50/4、60/4、60/4、70/3x4 組	
借力推	50/3、50/3、65/3、65/3、75/2、75/2	強度百分以目前的體重為基準
背蹲舉	50/3、60/3、70/3、80/2、85/2、85/2、85/2	
俯臥挺身（背挺舉）	3x5	自行選擇適當的負重
滑索肩伸訓練	3x8	
三頭肌訓練	3x8	
腹部訓練		
頸部訓練		

第三週

第一次訓練

訓練動作	強度、次數與組數	強度設定的補充說明
瞬發上膊，以懸垂姿勢開始	50/3、50/3、60/3、60/3、70/2、80/2、85/2、85/2、80/2、80/2	
分腿挺舉	50/3、50/3、65/3、65/3、75/2、75/2、85/1、85/1、80/2、75/3	
背蹲舉	50/6、60/5、70/5、80/3x5 組	強度百分比使用蹲舉的 1RM
啞鈴交替肩推	50/5+5、60/5+5、70/4+4、75/3+3x4 組	
背挺舉加胸椎旋轉	1x6、6x4	自行選擇適當的負重
啞鈴俯臥划船（趴在臥推椅上）	3x10	
三頭肌訓練	3x12	
腹部訓練		
頸部訓練		

第二次訓練

訓練動作	強度、次數與組數	強度設定的補充說明
分腿式抓舉	50/3、50/3、60/3、60/3、65/3、70/2x4 組	
懸垂式上膊	50/4、60/4、60/4、70/4、75/3	
前蹲舉	50/4、60/3、70/3、75/2、80/2、80/2、80/2	強度百分比使用背蹲舉的 1RM
啞鈴交替斜上推	70/4+4x4 組	
腹部訓練		

第三次訓練

訓練動作	強度、次數與組數	強度設定的補充說明
瞬發上膊，起始高度低於膝蓋	50/4、60/4、60/4、70/3x4 組	
借力推	55/5、65/5、75/4、75/4、80/3、80/2	強度百分以目前的體重為基準
背蹲舉	50/4、50/4、60/4、70/4、75/3、80/2、85/2、85/2	強度百分比使用蹲舉的 1RM
俯臥挺身（背挺舉）	3x15	
滑索肩伸訓練	4x6	
三頭肌訓練	4x6	
腹部訓練		
頸部訓練		

第四週

第一次訓練

訓練動作	強度、次數與組數	強度設定的補充說明
懸垂式上膊	50/3、60/3、70/3x4 組	
分腿挺舉	50/4、65/3、65/3、65/3	
背蹲舉	50/3、65/3、75/3x4 組	強度百分比使用蹲舉的 1RM
啞鈴交替肩推	50/5+5、60/5+5、75/3+3、75/3+3	
背挺舉加胸椎旋轉	5x3	自行選擇適當的負重
啞鈴俯臥划船（趴在臥推椅上）	3x6	
三頭肌訓練	3x8	
腹部訓練		
頸部訓練		

第二次訓練

訓練動作	強度、次數與組數	強度設定的補充說明
瞬發抓舉，起始高度低於膝蓋	50/3、60/2、70/2、70/2、70/2、70/2	
六角槓硬舉	50/3、60/3、70/3、70/3	強度百分比使用上膊的 1RM
前蹲舉	50/3、60/3、70/3、75/3	強度百分比使用背蹲舉的 1RM
啞鈴交替斜上推	50/2+2、60/2+2、70/2+2、75/2+2、75/2+2	
腹部訓練		

第三次訓練

訓練動作	強度、次數與組數	強度設定的補充說明
瞬發上膊，以高度低於膝蓋的懸垂姿勢開始	50/3、50/3、60/3、60/3、70/3、70/3、75/2、75/2	
借力推	50/4、60/4、70/3、70/3	強度百分比以目前的體重為基準
背蹲舉	55/5、65/5、65/5	強度百分比使用蹲舉的 1RM
俯臥挺身（背挺舉）	1x5、4x2	自行選擇適當的負重
頸部訓練		

季前期的四週進階訓練計畫

一週四練進階課表

此案例課表所設計的對象是已有五年訓練經驗的大三選手。

這是賽季開始前的最後一個週期（最後四週），在此之前，他已連續完成月總量為 1,200、1,300、1,450 次共三個週期的訓練。在賽季前的最後一個週期，我們會把準備期中的最大訓練量減少 25%，也就是 1,450 乘以 75%，因此這週期的月總量會設為 1,100 次。

在此次的課表案例中，我們會採用一週四練的模式來排課表，讓你比較容易了解多一個訓練日的話要怎麼分配訓練量。

如前所述，這四週的訓練量會以 32% - 22% - 27% - 19% 的方式來安排，在月初加重，後期才有空間可以減量，使運動員能夠恢復到最佳狀態進入賽季。

這個階段的訓練強度還是要很高，並強調最大的力量和爆發力，確保它們能延續到專項運動的表現中。

在設計一週四練的課表時，我們遇到多次低於 12 的情況。每次課表的訓練量都達標是理想的情況，因為這名選手實力較高，而且訓練強度也夠大，所以大部分的動作每週至少訓練兩天即可。雖然 12 是我們設定的最少劑量，不過仍可靈活調整。

正如你所知，跟新手或沒有經驗的舉重運動員相比，重訓經驗豐富的運動員通常適應能力更強，也會對強度更高但反覆次數較低的訓練動作產生更好的反應。

月總量

1,100 次

週總量分布

32%—22%—27%—19%

一週四練的個別課表總量分布

27％—22%—32％—19％

動作	動作的訓練量	月總量	週總量
蹲舉	22%	244 次	79–54–65–46
上膊	16%	177 次	57–40–48–32
推舉	16%	178 次	56–41–48–33
高拉	14%	154 次	49–34–42–29
挺舉	7%	72 次	22–16–20–14
抓舉	15%	166 次	52–37–45–32
後側動力鏈	10%	110 次	35–24–30–21
總量	100%	1,100 次	350 — 246 — 298 — 207

【圖表 8.9】高水平運動員：季前期一週四練課表中的訓練量分配比例與次數

動作	四週 週總量分布	一週三練 個別課表總量分布	動作	四週 週總量分布	一週四練 個別課表總量分布
蹲舉 22%	79 54 65 46	18 - 20 - 26 - 15 18 - 10 - 16 - 10 18 - 12 - 20 - 15 15 - 10 - 12 - 9	挺舉 7%	22 16 20 14	0 - 22 - 0 - 0 0 - 16 - 0 - 0 0 - 20 - 0 - 0 0 - 14 - 0 - 0
上膊 16%	57 40 48 32	17 - 16 - 24 - 0 10 - 12 - 18 - 0 12 - 16 - 20 - 0 10 - 10 - 12 - 0	抓舉 15%	52 37 45 32	16 - 0 - 16 - 20 12 - 0 - 13 - 12 15 - 0 - 12 - 18 10 - 0 - 10 - 12
推舉 16%	56 41 48 33	24 - 0 - 17 - 15 16 - 0 - 10 - 15 18 - 0 - 18 - 12 12 - 0 - 12 - 19	後側動力鏈 10%	35 24 30 21	24 - 0 - 0 - 11 12 - 0 - 0 - 12 15 - 0 - 0 - 15 8 - 0 - 0 - 13
高拉 14%	49 34 42 29	18 - 15 - 16 - 0 12 - 12 - 10 - 0 15 - 15 - 12 - 0 10 - 9 - 10 - 0			

【圖表 8.10】高水平運動員：一週四練個別課表的訓練量分配

第一週

第一次訓練（週一）

訓練動作	強度、次數與組數	強度設定的補充說明
懸垂式抓舉	50/3、60/3、70/2x5 組	
懸垂式分腿上膊	50/2、50/2、60/2、60/2、70/2、75/2、85/2、95/1、75/2	
上膊式高拉，起始高度從膝蓋以下開始	80/3、80/3、90/3x3 組	強度百分比使用上膊的 1RM
啞鈴臥推	25/3+3、30/3+3、35/3+3、40/3+3	
背蹲舉	50/3、60/3、70/3、80/3、85/2、90/1、95/1、90/1、95/1	強度百分比使用蹲舉的 1RM
早安體前屈	50/6、60/5、70/6、70/6	強度百分比使用上膊的 1RM
腹部訓練		
頸部訓練		

第二次訓練（週二）

訓練動作	強度、次數與組數	強度設定的補充說明
瞬發上膊，槓鈴放在低於膝蓋位置的跳箱上	50/3、60/3、70/2x5 組	
分腿挺舉	50/3、50/3、65/2、65/2、75/2x6 組	
直腿上膊式高拉，以懸垂姿勢開始	80/4、80/4、90/4、90/4	強度百分比使用上膊的 1RM
蹬階	30/3+3、40/3+3、50/2+2、50/2+2	強度百分比使用背蹲舉的 1RM
腹部訓練		

第三次訓練（週四）

訓練動作	強度、次數與組數	強度設定的補充說明
分腿抓舉，起始高度膝蓋以上	50/3、60/3、70/2、80/2x4 組	
抓舉式高拉，起始高度膝蓋以下	70/3、70/3、80/3、80/3、90/3、90/3	強度百分比使用抓舉的 1RM
啞鈴上膊	25/3+3、30/3+3、35/3+3、40/3+3	
臥推	55/3、60/3、70/3、80/3、90/2、75/3	
背蹲舉	50/5、60/5、70/4、80/3x4 組	
頸部訓練		
腹部訓練		

第四次訓練（週五）

訓練動作	強度、次數與組數	強度設定的補充說明
啞鈴抓舉	25/3+3、30/3+3、35/2+2x2 組	
斜上推	50/3、60/3、70/3x3 組	強度百分比使用臥推的 1RM
前蹲舉	50/3、60/3、70/3x3 組	強度百分比使用背蹲舉的 1RM
早安體前屈	55/6、65/5	強度百分比使用上膊的 1RM
腹部訓練		
頸部訓練		

第二週

第一次訓練（週一）

訓練動作	強度、次數與組數	強度設定的補充說明
懸垂式抓舉	50/3、60/3、70/2x3 組	
懸垂式分腿上膊	50/2、60/2、70/2、80/2、80/2	
上膊式高拉，起始高度從膝蓋以下開始	80/3、90/3x3 組	強度百分比使用上膊的 1RM
啞鈴臥推	25/2+2、30/2+2、35/2+2、40/2+2	
背蹲舉	50/3、60/3、70/3、80/3、80/3、80/3	強度百分比使用蹲舉的 1RM
早安體前屈	50/4、60/4、60/4	強度百分比使用上膊的 1RM
腹部訓練		
頸部訓練		

第二次訓練（週二）

訓練動作	強度、次數與組數	強度設定的補充說明
跳躍訓練	2x10	
瞬發上膊，槓鈴放在低於膝蓋位置的跳箱上	50/2、60/2、70/2x4 組	
分腿挺舉	50/2、60/2、70/2x6 組	
上膊式直腿高拉，以懸垂姿勢起始	75/4、85/3、85/3	
腿部推舉（leg press）	30/3+3、40/2+2	
腹部訓練		

第三次訓練（週四）

訓練動作	強度、次數與組數	強度設定的補充說明
懸垂式分腿抓舉	50/3、60/3、70/2、80/2、90/1、95/1、75/1	
抓舉式高拉，起始高度膝蓋以下	85/3、85/3、90/2、90/2、95/2	強度百分比使用抓舉的 1RM
啞鈴上膊	25/3+3、35/3+3、40/3+3	強度百分比使用上膊的 1RM
臥推	60/3、70/3、80/2、80/2	
背蹲舉	50/4、60/4、70/4、80/4	強度百分比使用蹲舉的 1RM
腹部訓練		
頸部訓練		

第四次訓練（週五）

訓練動作	強度、次數與組數	強度設定的補充說明
啞鈴抓舉	25/3+3、30/3+3	
斜上推	50/3、60/3、70/3、70/3、70/3	強度百分比使用臥推的 1RM
前蹲舉	50/3、60/3、70/2、70/2	強度百分比使用背蹲舉的 1RM
早安體前屈	50/4、60/4、70/4	強度百分比使用上膊的 1RM
腹部訓練		

第三週
第一次訓練（週一）

訓練動作	強度、次數與組數	強度設定的補充說明
懸垂式抓舉	50/3、65/3、75/3x3 組	
懸垂式分腿上膊	50/2、60/2、70/2、80/2、85/2、85/2	
上膊式高拉，槓鈴先置於膝蓋以下高度的跳箱開始	75/3、80/3、85/3x3 組	強度百分比使用上膊的 1RM
啞鈴臥推	25/3+3、35/3+3、40/3+3	
背蹲舉	50/3、65/3、75/3、80/3、85/3、85/3	強度百分比使用蹲舉的 1RM
坐姿早安體前屈（seated good morning）	50/5、60/5、70/5	強度百分比使用上膊的 1RM
腹部訓練		
頸部訓練		

第二次訓練（週二）

訓練動作	強度、次數與組數	強度設定的補充說明
跳躍訓練	2x10	
瞬發上膊，槓鈴放在低於膝蓋位置的跳箱上	50/3、65/3、75/2x5 組	
分腿挺舉	50/2、50/2、60/2、60/2、70/2、70/2、80/2x4 組	
上膊式直腿高拉，以懸垂姿勢起始	70/4、80/4、90/4	
蹬階	40/2+2、45/2+2、55/2+2	強度百分比使用背蹲舉的 1RM
腹部訓練		

第三次訓練（週四）

訓練動作	強度、次數與組數	強度設定的補充說明
懸垂式分腿抓舉	50/2、60/2、70/2、80/2、80/2、80/2	
抓舉式高拉，以懸垂姿勢起始	65/3、75/3、85/3、85/3、95/3	強度百分比使用抓舉的 1RM
啞鈴上膊	25/3+3、35/3+3、40/2+2、45/2+2	強度百分比使用上膊的 1RM
臥推	60/3、75/3、85/3x4 組	
背蹲舉	55/4、70/4、80/4、80/4、80/4	
腹部訓練		
頸部訓練		

第四次訓練（週五）

訓練動作	強度、次數與組數	強度設定的補充說明
啞鈴抓舉	30/3+3、35/3+3、40/2+2、45/2+2	
斜上推	50/3、65/3、75/2、75/2、75/2	強度百分比使用臥推的 1RM
前蹲舉	50/3、60/3、70/3、70/3、70/3	強度百分比使用背蹲舉的 1RM
早安體前屈	50/5、60/5、70/5	強度百分比使用上膊的 1RM
腹部訓練		

第四週

第一次訓練（週一）

訓練動作	強度、次數與組數	強度設定的補充說明
懸垂式抓舉	50/2、60/2、70/2、70/2、70/2	
懸垂式分腿上膊	50/2、65/2、75/2、75/2、75/2	
上膊式高拉，槓鈴放在膝蓋高度的跳箱上	60/3、70/2、80/2	強度百分比使用上膊的 1RM
啞鈴臥推	25/2+2、30/2+2、35/2+2	
背蹲舉	50/3、65/3、75/3、75/3、75/3	
坐姿早安體前屈	50/4、60/4	強度百分比使用上膊的 1RM
腹部訓練		
頸部訓練		

第二次訓練（週二）

訓練動作	強度、次數與組數	強度設定的補充說明
跳躍訓練	2x10	
瞬發上膊，槓鈴放在膝蓋高度的跳箱上	50/2、60/2、70/2、70/2、70/2	
分腿挺舉	50/2、60/2、65/2x5 組	
上膊式直腿高拉，以懸垂姿勢起始	70/4、75/3、75/3	
蹬階	35/5+5	強度百分比使用背蹲舉的 1RM
腹部訓練		

第三次訓練（週四）

訓練動作	強度、次數與組數	強度設定的補充說明
懸垂式分腿抓舉	50/2、60/2、75/2、75/2、75/2	
抓舉式高拉，以懸垂姿勢起始	60/3、70/3、80/2、80/2	強度百分比使用抓舉的 1RM
啞鈴上膊	25/2+2、35/2+2、35/2+2	強度百分比使用上膊的 1RM
臥推	60/4、75/4、75/4	
背蹲舉	50/4、60/4、70/4	
腹部訓練		
頸部訓練		

第四次訓練（週五）

訓練動作	強度、次數與組數	強度設定的補充說明
啞鈴抓舉	25/3+3、35/3+3	
斜上推	50/3、60/3、60/3	強度百分比使用臥推的 1RM
前蹲舉	50/3、65/3、65/3	強度百分比使用背蹲舉的 1RM
早安體前屈	55/5、65/4、65/4	強度百分比使用上膊的 1RM
腹部訓練		

賽季中的訓練計畫

這裡的原則同時適用於新手、高水平和菁英選手。

本章的最後兩個範例是賽季中的課表，分別是一週兩練和一週三練的課表。在這裡，我們先假設運動員週間都能在主場正常進行訓練，而不會因為移動到客場比賽而影響到訓練的進度。

由於在賽季中會碰到許多突發狀況，因此你在安排課表時需要依據實際的需要進行調整，而且要搞清楚，賽季中最先要顧及到的是運動員的恢復。

你會在每週的第一天看到「節奏跑」這個項目，它的目的是透過少量、中低強度的跑步來幫助運動員加速恢復。請記住，上膊、蹲舉、推舉、高拉這些關鍵力量動作和一些專項需要的輔助訓練都將維持在最低限度的訓練量，也就是一定要練，但量不用多。出於這個原因，我們不會太過在意每個動作或每週的明確訓練量是多少。

每個動作的訓練量區間

第一週

次最大量：每個動作總反覆次數 14~17 次

第二週

中量：每個動作總反覆次數 12~15 次

第三週

最大量：每個動作總反覆次數 17~20 次

第四週

少量：每個動作總反覆次數 10~12 次

一週兩練的課表

第一週

第一次訓練（週一）

訓練動作	強度、次數與組數	強度設定的補充說明
單腿蹲，每邊	2x5	
單槓懸吊抬膝，視線朝下	1x10	
瞬發上膊，以槓鈴懸垂高度在膝蓋上緣的姿勢開始	55/4、65/3、75/3、75/3、80/2	強度百分比使用上膊的 1RM
背蹲舉	55/5、65/4、75/3、80/3	強度百分比使用蹲舉的 1RM
肩推	55/4、65/4、75/3、75/3、75/3	強度百分以目前的體重為基準
腹部訓練		低強度，量也不要太多
俯臥挺身（背挺舉）	2x8	
頸部訓練		
節奏跑	4×100 碼	
伸展		

第二次訓練（週三）

訓練動作	強度、次數與組數	強度設定的補充說明
負重聳肩（shrug）	2x8	
壺鈴擺盪（kettlebell swing），亦可用啞鈴	1x8	
啞鈴上膊，起始高度懸垂於膝蓋上緣	50/3、60/3、70/3、75/2、75/2	強度百分比使用上膊的 1RM
啞鈴臥推	55/5、65/4、75/4、75/4	強度百分比使用臥推的 1RM
背部訓練	2x8	中等負重
三頭肌訓練	2x8	中等負重
腹部訓練：棒式或其他變化式		
伸展		

第二週
第一次訓練（週一）

訓練動作	強度、次數與組數	強度設定的補充說明
單腿蹲，每邊	2x5	
單槓懸吊抬膝，視線朝下	1x10	
瞬發上膊，以槓鈴懸垂高度在膝蓋上緣的姿勢開始	55/3、65/3、75/2、75/2、80/1、80/1、85/1	強度百分比使用上膊的 1RM
背蹲舉	55/4、65/3、75/3、80/2、85/1、80/1	強度百分比使用蹲舉的 1RM
肩推	55/4、65/4、75/4、80/2	強度百分以目前的體重為基準
腹部訓練		低強度，量也不要太多
俯臥挺身（背挺舉）	2x8	
頸部訓練		
節奏跑	4×100 碼	
伸展		

第二次訓練（週三）

訓練動作	強度、次數與組數	強度設定的補充說明
負重聳肩	2x8	
壺鈴擺盪，亦可用啞鈴	1x8	
啞鈴上膊，起始高度懸垂於膝蓋上緣	50/3、60/3、70/2、75/2、75/2	強度百分比使用上膊的 1RM
啞鈴臥推	55/4、65/4、75/4、80/2	強度百分比使用臥推的 1RM
背部訓練	2x7	次大負重
三頭肌訓練	2x7	次大負重
腹部訓練：棒式或其他變化式		
伸展		

賽季中一週三練的課表

在這裡,你會看到賽季中一週三練的課表,它加入了一些變化。這份課表是由米勒教練所編寫的,他的方法跟帕克教練略有不同。你會看到他在週一加入了少量的膕繩肌訓練,他認為這有助於改善膕繩肌的血流量,進而幫助運動員從週日比賽中加快恢復。

第一週
第一次訓練(週一)

訓練動作		強度、次數與組數	強度設定的補充說明
俯臥挺身(背挺舉)		1x10	
單腿蹲,每邊		2x5	
單槓懸吊抬膝,視線朝下		1x10	
複合式訓練	接球員和防守後衛	每個動作 3x3	強度設定為體重的 45%
	線衛、近端鋒、跑衛、四分衛和踢球員	每個動作 3x3	強度設定為體重的 40%
	線鋒	每個動作 3x3	強度設定為體重的 35%
蹬階	線鋒	95 磅 /4+4、110 磅 /4+4、125 磅 /4+4	強度百分比使用蹲舉的 1RM
	其他球員	75 磅 /4+4、95 磅 /4+4、110 磅 /4+4	
臥推	線鋒	45/6、50/5、55/4、55/4	強度百分比使用臥推的 1RM
	其他球員	50/6、60/5、70/4、70/4	
俯臥屈腿(leg curl) * 這個動作安排在週一訓練、週二休息的課表,有助於加速恢復,以及提早發現運動員比賽後所產生的問題。		2x8	中等負重
腹部訓練			低強度,量也不要太多
伸展			
為了幫助恢復,強烈建議在訓練後再花 45 分鐘按摩與放鬆軟組織。			

第二次訓練（週三）

訓練動作	強度、次數與組數	強度設定的補充說明
俯臥挺身，著重在臀部和後大腿的訓練	1x8	
壺鈴或啞鈴擺盪	1x8	
瞬發上膊，以槓鈴懸垂高度在膝蓋上緣的姿勢開始	50/3、60/2、70/3、75/2、80/1、80/1	強度百分比使用上膊的 1RM
背蹲舉	50/4、60/3、70/3、75/3	強度百分比使用蹲舉的 1RM
站姿肩推	45/5、50/5、55/4、55/4	強度百分比以目前的體重為基準
腹部訓練：棒式或其他變化式	維持 1 分 30 秒	
伸展		

第三次訓練（週五）

這裡我們會針對線鋒、線衛、近端鋒、跑衛特別增加上肢的訓練，像是臥推、斜上推、過頭推、划船或滑輪下拉等，因為他們更需要保護自己的肩膀。如果選手在週一已經練過臥推了，那今天可以改成站姿啞鈴肩推，反覆 4 次，共 4 組。

其他週一沒練過臥推的人：

訓練動作	強度、次數與組數	強度設定的補充說明
臥推	50/6、60/3、70/3、75/1、80/1、85/1	
坐姿划船	2x8	次大負重

同樣地，我們強烈強議在訓練後再花 45 分鐘按摩與放鬆軟組織，以幫助運動員加速恢復，用最佳狀態參加比賽。

第二週

第一次訓練（週一）

訓練動作		強度、次數與組數	強度設定的補充說明
俯臥直腿上擺		1x10	
滑盤側蹲或後蹲，可使用搬傢俱用的滑輪或訓練專用的滑盤	線鋒	95 磅 /4+4、110 磅 /4+4、125 磅 /4+4	
	其他球員	75 磅 /4+4、95 磅 /4+4、110 磅 /4+4	
複合式訓練，使用啞鈴	接球員和防守後衛	每個動作 3x3	強度設定為體重的 45%
	線衛、近端鋒、跑衛、四分衛和踢球員	每個動作 3x3	強度設定為體重的 40%
	線鋒	每個動作 3x3	強度設定為體重的 35%
後腳抬高蹲，使用啞鈴		55 磅 /4+4、65 磅 /4+4、75 磅 /4+4	
立姿肩推		55/4、65/4、70/4、75/4	強度百分以目前的體重為基準

第二次訓練（週三）

訓練動作		強度、次數與組數	強度設定的補充說明
俯臥挺身，著重在臀部和後大腿的訓練		1x8	
上膊式高拉，槓鈴先置於膝蓋高度的舉重架上		50/4、60/4、70/4、80/2、85/2	強度百分比使用上膊的 1RM
動作二選一	前蹲舉	40/3、50/3、55/3、60/3、60/3	強度百分比使用背蹲舉的 1RM
	蹬階	20/2+2、25/2+2、30/2+2、35/1+1、40/1+1、40/1+1	強度百分比使用背蹲舉的 1RM
啞鈴臥推		55/4、65/4、65/4、70/4	強度百分比使用臥推的 1RM

第三次訓練（週五）

　　如果選手在週一已經練過臥推了，那今天可以改成站姿啞鈴肩推，反覆 4 次，共 4 組。

　　其他週一沒練過臥推的人：

訓練動作	強度、次數與組數	強度設定的補充說明
臥推	50/5、60/3、70/2、75/1、80/1、85/1、85/1	
坐姿划船	2x6	
按摩或進行軟組織放鬆，以幫助運動員恢復		

每隔三週，每組的反覆次數可以下降 1~2 次並略微增加負重（提高強度百分比）。這個方式可以讓你了解到運動員在賽季不同時間點的力量發展到哪裡。

　　對力量教練來說，賽季中的訓練永遠是最大的挑戰，因為有很多無法預期的事情將超出你的控制範圍，影響到運動員的狀態和能力。

　　但無論如何，除了比賽受傷的選手外，沒有理由大幅降低訓練強度。我們可以透過控制訓練量來限制整體的壓力，但若一直在重訓室裡犧牲強度，運動員在賽場上的最佳表現也將有所犧牲。

Chapter 9
整合衝刺與跳躍課表

讀到這邊，你應該已經更理解一週三練與四練的力量課表設計了。為了能讓運動員的能力全面發展，現在還缺少的部分是體能、衝刺與跳躍的課表。

制定一份比較全面的衝刺跳躍訓練計畫其實跟重訓課表一樣重要，因為跑跳訓練將能把重訓室裡的所有成果完全整合到賽場上。

本章的範例課表跟第七章「入門課表範例」的案例一致。這份為期四週的課表是為了教會訓練新手如何正確地跑步，從基礎開始發展加速以及維持速度的能力。

對於年輕運動員來說，衝刺的起步比其他動作更需要教學。主要的教學內容是如何在衝刺的前 20 碼對地面快速施力。為了達到這個目標，我們才必須打造出更有爆發力的運動員。

這份課表是假設運動員已經完成了跑步與跳躍的試練週期，在身體控制與維持姿勢方面都表現出良好的能力。在每個新的週期中，當運動員向你表明他們已準備好迎接更多訓練時，請在大部分課表內容都維持相同的情況下增加訓練量、提高強度或是動作的難度。

你必須做出改變才能把運動員的速度發展帶領到你所期待的正確方向，你也需要先了解這些運動員在不同週期的程度分別在哪裡，才能確定前進的方向。速度或爆發力皆取決於他們最弱的環節，如果他們的力量、爆發力或動力鏈上的組織無法勝任，運動員的表現就會受阻。

季外期四週衝刺與跳躍課表

第一週：中量課表

第一次訓練

訓練動作	強度、次數與組數	強度設定的補充說明
重訓課表（請參考前文範例）		
節奏跑（訓練的細節描述請見第三章「節奏跑」）	5×100 碼	訓練速度設定在 16 秒 - 15 秒 - 14 秒

第二次訓練

訓練動作	強度、次數與組數	補充說明
熱身	在 30 碼距離間連續移動	先從最簡單的項目開始，而且一定要加入一些強度 75% - 80% - 85% 的速度跑，回程則進行同等速度的倒退跑。在熱身階段很適合帶入一些新的動作進行教學，還有把接下來主課表要練的一些元素在這個時候先整合一下。整個熱身過程應由連續的動作、伸展和跑步組成，大約需要 15-20 分鐘。
馬克操	每個動作：3×15 碼	
站立起動三級跳遠	3 組	這個動作跟單腳跳一樣，只是一落地就換腳再向前跳兩步。跳完三步後，記錄運動員的距離，我們希望他們都能跳到 10 碼。我知道有些體型較大的運動員會有困難，但至少要達到 8.5-9 碼。
推牆跑	三步換：3×5 循環	這個動作訓練方式跟我們準備期描述的一樣，但這裡調整成「三步換」。換腿時速度要快，而且還要能在換腿的過程中維持正確的身體姿勢。
鬼抓人	3×10 碼	
恢復跑或步行	6-8 分鐘	過程中可以隨時喝水或伸展。
阻力跑、階梯跑或上坡跑	3×20 碼，負重 15~20% 體重	負重可依據訓練現場的情況自己選擇。跑 3 次之後，讓他們脫掉負重背心或解開雪橇跑 20 碼。這時可以休息 10 分鐘、走路、慢跑、伸展或喝水。結束後再進行下一輪（3 次阻力跑、階梯跑或上坡跑→無負重平地跑→休息 10 分鐘）。
平地衝刺	最短 20 碼，最少 2 組	用 100% 最大速度。 這項練習能幫助運動員重新建立正確的跑步動作模式，尤其是在上坡跑和或階梯跑之後特別需要。如果當天的課表中有「拉雪橇」或「阻力跑」的訓練，就需要在課表最後加入無負重的平地衝刺跑。
恢復跑或步行，最後進行伸展		

第三次訓練

訓練動作	強度、次數與組數	強度設定的補充說明
重訓課表（請參考前文範例）		
節奏跑	5×100 碼	訓練速度設定在 16 秒 - 15 秒 - 14 秒

第四次訓練

訓練動作	強度、次數與組數	補充說明
熱身	在 30 碼距離間連續移動	
馬克操	每個動作：3×20 碼	
側向跳箱	持續 10 秒或至少跳上跳箱頂部 10 次，重複 4 輪	採用 12 英寸（30.5 公分）高的跳箱
站姿向前落下後衝刺二十碼	5×20 碼	
輕度伸展和補充水分	6-8 分鐘	
節奏跑	12 趟 4×100 碼，前三趟配速 15 秒－14 秒－13 秒，第四趟慢慢走回一百碼起點；第五～七趟再分別以 15 秒－14 秒－13 秒的配速為目標，第八趟休息慢慢走回一百碼的起點；第九～十一趟再分別以 15 秒－14 秒－13 秒的配速為目標，第十二趟休息慢慢走回一百碼的起點。	
恢復跑或步行，最後進行伸展		

第五次訓練

訓練動作	強度、次數與組數	強度設定的補充說明
重訓課表（請參考前文範例）		
節奏跑	5×100 碼	訓練速度設定在 16 秒－15 秒－14 秒

站姿向前落下後衝刺 20 碼（Falling 20s）

【照片 9.1a~b】：站姿向前落下後衝刺二十碼
在進入衝刺階段快速擺動手腳前，身體要先在維持姿勢的情況下讓身體順著重力向前。

在練習 Falling 20s 時，先以雙腳併攏的站姿當作預備姿勢，接著身體向前傾，前傾時不要彎腰，姿勢要維持住，接著向前衝刺 20 碼。讓運動員排成一列輪流向前，教練可以站在一旁指正他們的跑姿和技術。

這項練習像是把「推牆跑」的牆拿掉，讓運動員可以把推牆跑的知覺運用到真實的衝刺動作中。衝完後可以慢慢走回起點，當作恢復。

第二週：次最大量課表

第一次訓練

訓練動作	強度、次數與組數	強度設定的補充說明
重訓課表（請參考前文範例）		
節奏跑	5×100 碼	訓練速度設定在 16 秒 - 15 秒 - 14 秒

第二次訓練

訓練動作	強度、次數與組數	強度設定的補充說明
熱身	在 30 碼距離間連續移動	
馬克操	每個動作：4×15 碼	
站立起動三級跳遠	4 組	
鬼抓人	3×10 碼	
拉雪橇（阻力跑）	5×20 碼，前兩組在後負重（雪橇），第三組拿掉負重向前衝刺，第四組加回負重，第五組再拿掉。	
恢復跑或步行	6-8 分鐘	過程中可以隨時喝水或伸展
拉雪橇（阻力跑）	5×20 碼，前兩組在後負重（雪橇），第三組拿掉負重向前衝刺，第四組加回負重，第五組再拿掉。	
衝刺	2×20 碼	以最大速度進行
恢復跑或步行，最後進行伸展		

第三次訓練

訓練動作	強度、次數與組數	強度設定的補充說明
重訓課表（請參考前文範例）		
節奏跑	4×100 碼	訓練速度設定在 15 秒－14 秒－13 秒

第四次訓練

訓練動作	強度、次數與組數	強度設定的補充說明
熱身	在 30 碼距離間連續移動	
馬克操	每個動作：4×20 碼	
側向跳箱	5×10 秒	採用 12 英寸（30.5 公分）高的跳箱
三步換推牆跑	三步換：4×3 循環	
衝刺，10 秒計時	6×10 碼，組間休息 2 分鐘	
節奏跑	15 趟 4×100 碼，前三趟配速 15 秒－14 秒－13 秒，第四趟慢慢走回一百碼的起點後，第五～七趟再分別以 15 秒－14 秒－13 秒的配速為目標，第八趟休息慢慢走回一百碼的起點，第九～十一趟再分別以 15 秒－14 秒－13 秒的配速為目標，第十二趟休息慢慢走回一百碼的起點，第十三～十五趟再分別以 15 秒－14 秒－13 秒的配速為目標。	
恢復跑或步行，最後進行伸展		

第五次訓練

訓練動作	強度、次數與組數	強度設定的補充說明
重訓課表（請參考前文範例）		
節奏跑	4×100 碼	訓練速度設定在 15 秒－14 秒－13 秒

第三週：最大量課表

第一次訓練

訓練動作	強度、次數與組數	強度設定的補充說明
重訓課表（請參考前文範例）		
節奏跑	5×100 碼	訓練速度設定在 15 秒－14 秒－13 秒

第二次訓練

訓練動作	強度、次數與組數	強度設定的補充說明
熱身	在 30 碼距離間連續移動	
馬克操	每個動作：5×15 碼	
站立起動三級跳遠	4 組	
鬼抓人	3×10 碼	
拉雪橇（阻力跑）	8×20 碼，組間休息 2 分鐘。	
恢復跑或步行	8~10 分鐘	過程中可以隨時喝水或伸展
計時 20 碼衝刺	8×20 碼，組間休息 2 分鐘。	
恢復跑或步行，最後進行伸展		

第三次訓練

訓練動作	強度、次數與組數	強度設定的補充說明
重訓課表（請參考前文範例）		
節奏跑	5×100 碼	訓練速度設定在 15 秒 - 14 秒 - 13 秒

第四次訓練

訓練動作	強度、次數與組數	強度設定的補充說明
熱身	在 30 碼距離間連續移動	
馬克操	每個動作：4×20 碼	
側向跳箱	4×15 秒	採用 12 英寸（30.5 公分）高的跳箱
三步換拼牆跑	三步換：4×3 循環	
鬼抓人	3×10 碼	
150 碼衝刺間歇訓練	150 碼	
恢復跑或步行，最後進行伸展		

第五次訓練

訓練動作	強度、次數與組數	強度設定的補充說明
重訓課表（請參考前文範例）		
節奏跑	5×100 碼	訓練速度設定在 15 秒－14 秒－13 秒

第四週：最大量課表

第一次訓練

訓練動作	強度、次數與組數	強度設定的補充說明
重訓課表（請參考前文範例）		
節奏跑	4×100 碼	訓練速度設定在 15 秒－14 秒－13 秒

第二次訓練

訓練動作	強度、次數與組數	強度設定的補充說明
熱身	在 30 碼距離間連續移動	
馬克操	每個動作：3×15 碼	
站立起動三級跳遠	3 組	
三步換推牆跑	三步換：3×3 循環	
鬼抓人	3×10 碼	
拉雪橇（阻力跑）	3×20 碼，前兩組在後負重（雪橇），第三組拿掉負重向前跑	
休息	6-8 分鐘	
拉雪橇（阻力跑）	3×20 碼，前兩組在後負重（雪橇），第三組拿掉負重向前跑	
站姿向前落下後衝刺 20 碼	4×20 碼，每趟中間休息 2 分鐘	
恢復跑或步行，最後進行伸展		

第三次訓練

訓練動作	強度、次數與組數	強度設定的補充說明
重訓課表（請參考前文範例）		
節奏跑	4×100 碼	訓練速度設定在 15 秒－14 秒－13 秒

第四次訓練

訓練動作	強度、次數與組數	強度設定的補充說明
熱身	在 30 碼距離間連續移動	
馬克操	每個動作：3×20 碼	
側向跳箱	4×10 秒	採用 12 英寸（30.5 公分）高的跳箱
鬼抓人	3×10 碼	
節奏跑	11 趟 4×100 碼，前三趟配速 16 秒－15 秒－14 秒，第四趟慢慢走回一百碼的起點後；第五到七趟再分別以 16 秒－15 秒－14 秒的配速為目標，第八趟休息慢慢走回一百碼的起點；第九到十一趟再分別以 16 秒－15 秒－14 秒的配速為目標。	
恢復跑或步行，最後進行伸展		

第五次訓練

訓練動作	強度、次數與組數	強度設定的補充說明
重訓課表（請參考前文範例）		
節奏跑	4×100 碼	訓練速度設定在 15 秒－14 秒－13 秒

　　跟之前的課表一樣，我們希望這些範例能夠成為你之後設計課表時的大綱。你可以根據運動員的能力、需求、限制以及教練個人的行程來調整。

　　我們的目標是提供跟這套系統有關的所有知識，讓你可以設計出自己的課表。這些知識包括重訓、跑步和跳躍課表的框架、範例以及在調整訓練量、強度和動作難易度時的原則。

Chapter 10
結語

　　只靠這本書當然沒辦法把週期化訓練與我們這套系統中的每一個細節說清楚，但力量課表的基本原則都已明確寫在書中，包括有課表設計過程中的各種關鍵元素，這些元素對我們的職業生涯中幫助很大，希望你也能跟我們一樣受益。

　　前面我們已經提供了很多關於課表設計的技術性知識，但就算我們提供的資訊再多，想要運用這套系統來邁向最終的成功，關鍵是付諸行動以及在過程中不斷檢討你的選擇。

　　教練工作所需的藝術性與科學性，只靠書本是學不到的，你必須從實際的執教過程汲取經驗。即使它們在本書中以這種形式呈現，但仍然只是許多體能與力量訓練的「原則」而已。我們能把原則寫出來，但它需要你付諸實踐，這些東西才會變成你的。

　　雖然這很花時間，但「教練之眼」將是你最寶貴的工具，它勝過書頁上所有的百分比、組數或反覆次數，絕對值得你花時間培養。

　　使用這套系統來訓練選手時，它會自然產生一個合乎邏輯且可重複的「制衡」結構，所以不論你合作的運動專項和運動員為何，它皆能提供一致的訓練進程。在過去的執教生涯中，我們一直致力於完善該套課表系統的各項細節，以確保產出最佳成果，但這並不代表這套系統是完美的，適用於所有情況。

　　儘管我們三個人長期密切合作，並一起對這些方法進行了無數次的測試和調整，但隨著時間的推移，我們每個人都在這套系統的架構下採取了略有不同的訓練進路。這不是缺點，反而是這套系統的外加優勢。

　　姑且不論其他，當你在重新評估課表時，我們希望這本書能為你提供一種新的工

具和視角。你可以將這些原則廣泛應用於球隊或團體，並根據每位運動員的個人需求來調整，或者你也可以自已進行試驗，找到最適合你的運動員或運動項目的變量。希望你也能像指導我們的蘇聯教練一樣，不斷地分析、追求進步，以培養出最佳的運動員為目標。

對於年輕的力量教練，我們有一些想法想要分享。

這些是我們從過去漫長執教的心酸血淚史中所汲取出來的教訓，希望這些「提點」可以幫助你避開一些陷阱和障礙並幫助你取得成功。

- 身為教練的你，只要能讓運動員了解你的存在是為了幫助他們發揮最佳表現，而且即使他們表現不佳你也一直都會在，你將獲得他們的信任與尊重。因此，要向你的運動員表現出你的關心，而非知識，你的關心會激發更多的努力和更高的忠誠度。

- 很多力量教練都想要展現他們懂多少，這是錯誤的行為，即使你是不經意地這麼做。請盡量抑制這種衝動。別想展現自己知道什麼，而是把每一次訓練選手的時間都當作學習的機會。

- 沒有什麼比建立正向的團隊文化更重要的了。只要你能在團隊中持之以恆地打造一個具有堅韌、克己與合作精神的團隊，你將創造出一個令能夠吸引運動員且有助於他們成功的訓練環境。

- 沒有一位教練需要去教「如何努力訓練」。努力是不用教的。你從第一天的訓練就要定下基調，確保運動員都知道你的期待。你的運動員應該清楚知道你對出席與守時的規定、你對學業成績的要求以及他們身為團隊成員的責任與義務，這些訊息應該堅定且明確。選手要的是團隊、紀律和被領導。

- 身為教練，我們的目標不是培養舉重選手或世界一流的短跑選手（除非我們所指導的就是舉重運選手或世界一流的短跑選手）。而是利用舉重訓練的動作和原則提高他們的運動能力。你在擔任教練和選擇訓練工具時應該反映這一點。

- 我們不是「教舉重」或「教衝刺」——我們教的是「人」。偉大的教練不僅知道如何藉由訓練與指導來建立團隊，也知道該怎麼透過獨立個體的發展打造出更好的團隊。

- 要一直為你的運動員提供他們可以完成的任務。雖然失敗會帶來許多寶貴的教訓，但成功將激勵運動員繼續訓練和成長。將你工作的重點放在「持續地挑戰與進步」，這裡所指的對象不只是運動員，也包括教練自己。

- 跟贏家在一起。學習為自己來選擇身旁的夥伴。花愈多時間相處的人，你會受到他們的影響愈深，確保你的朋友圈是由一群具有啟發性和成功的人士所組成，這對你的事業和生活都有好處。

- 我們都想成為最頂尖的教練，但成功並不完全取決於你執教的地點，最主要的因素跟你合作的對象有關。我們教練生涯中最輝煌的時光是跟國高中運動員一起合作的那段期間。

傳奇教練貝爾・布萊恩特曾發表過一份聲明，該聲明適用於各行各業。如今我們的教練生涯到來尾聲，我們可以再回頭來看他的智慧。布萊恩教練可能只是在總結他自己的人生，但他的話對我們所有人都會有所啟發，他說：

「在這段旅途中，你會發現最後你花了大部分錢，也會失去一些冠軍戒指，但你留下了回憶。」

布萊恩教練說對了。

每天都恪盡職守，並盡量避免日常訓練的危險，讓每一天都在成功之路上向前邁進。做好這件事，我們保證滿足與快樂的回憶將遠遠超過任何遺憾與失落。

強尼・帕克

艾爾・米勒

羅伯・帕納列洛

致謝詞

　　感謝艾爾‧米勒（Al Miller）和羅伯‧帕納列洛（Rob Panariello）兩位貴人，將我這個需要被救濟的人拉進這個領域和計畫中。艾爾和羅伯跟我已結識三十多年，是彼此真正的知己，他們曾在我人生中最黑暗的時刻照亮我的生命。

　　說到朋友，我何其有幸能跟雷夫（Ralph）和黛比‧馬拉泰斯塔（Debbie Malatesta）成為好友。還有比爾‧馬隆尼教練（Bill Maloney）與他的妻子麗莎‧馬隆尼（Lisa Maloney），我對他們的愛和感謝溢於言表，他們是我所認識最頑固、不講道理、專橫同時又具有愛心、同情心、懂得給予與最善良的人。分享帶給他們快樂。有幾次我為他們做了一些事情後，他們就追著要回報我，我得學著躲得遠遠的。

　　感謝比爾‧麥奎爾（Bill McGuire）、比爾‧帕索斯（Bill Parcells）、鮑伯‧奈特（Bob Knight）和麥克‧諾蘭（Mike Nolan），他們教我如何當教練。每當我想到自己對教練此一職業的中心信念時，已分不清這些信念分別是從哪一位偉大的教練那裡學來的。但可以確定的是，這些人對我的職業生涯影響很大。

　　感謝吉米‧李爾（Jimmy Lear）以及彼得‧傑恩伯格（Peter Jernberg）先生，他們在我未成氣候，沒有任何證據表明我會成為一名好老師或好教練之前就一直陪伴著我。毫無疑問，他們是這個地球上最早認定我應該在這行繼續堅持下去的兩個人。也許他們對我第一年唯一的成就印象深刻……當年我的確衝出了一些好成績。

　　感謝雷巴隆‧卡羅瑟斯（Lebaron Caruthers）教我的一切以及無私地向我分享那麼多知識，過去我一直沒有機會好好謝謝他。

　　感謝阿爾文‧羅伊（Alvin Roy）、路易士‧里克（Louis Riecke）與克萊德‧艾姆里奇（Clyde Emrich），他們是我最早的老師。他們幫助我的意願從未受到外部因素的影響。過去我不知打過幾百通電話或直接登門拜訪請教他們問題，可能已經打擾到他們了，但他們始終都客氣地對待我。他們真是十足的紳士。

　　我最大的感謝來自過去跟我合作過的所有球員們。四十多年來，是他們使我「看起來」很厲害。在這段執教生涯程中，我欠印第安諾拉學院（Indianola Academy）選手的人情最多。夏天時，他們在農場裡從天亮做到天黑，經過十五個小時的工作後，他們再到學校來重訓和練跑。他們永遠是我心目中的英雄，跟他們一起訓練是我的榮幸。

　　傑瑞米‧霍爾（Jeremy Hall）為這本書擔下了最繁重的工作。特別感謝他。

強尼‧帕克教練
NFL 前任首席力量教練
曾在紐約巨人隊、新英格蘭愛國者隊、坦帕灣海盜隊、舊金山四九人隊擔任首席力量教練

致謝詞

感謝我的母親一直盡她所能地幫助我。

感謝我的姐姐瑞秋・紐曼（Rachel Newman）一直在我身邊，從未離開我。

感謝雷夫・米勒（Ralph Miller）在我八年級的時候帶我開始舉重，為我打開個全新的世界。

感謝德懷特・亞當斯教練（Dwight Adams）教會了我如何在競技運動中付出與成長。

感謝葛蘭德・格里高利教練（Garland Gregory）給我機會能在大學的美式足球校隊裡打球。

感謝范利教練（Van Leigh），他是我從事教練工作的第一位老闆，他教會我如何把事情做好做對，而不是偷工減料。

感謝保羅・貝爾・布萊恩教練（Paul Bear Bryant）教了我很多關於教練和人生的課題。

感謝丹・里維斯教練（Dan Reeves）給了我在 NFL 工作的機會，在為他工作的十九年中，有好些經歷成了我生命中最美好的時光。感謝他一直相信我。

感謝強尼・帕克、艾爾・維梅爾、羅伯・帕納列洛和朱唐（Don Chu）不厭其煩地回答我的問題，同樣值得感謝的是，謝謝你們願意成為我的朋友。

感謝我的助理教練群，你們是最棒的，對你們的感謝再多都不夠。

感謝那些曾經教過我的人，包括阿爾文・羅伊（Alvin Roy）、麥克・史東（Mike Stone）、鮑伯・沃德（Bob Ward）、格列戈里・高斯汀（Gregori Goldstein）、查理・法蘭斯（Charlie Francis）、班・塔巴赫尼克（Ben Tabachnik）、德拉戈米爾・喬羅斯蘭（Dragomir Cioroslan）和蘿倫・希格雷夫（Lorene Seagrave）。

更感謝芙蘭（Fran）願意接受我，成為我的妻子和好朋友，並讓我的生活再次變得有趣。

最後要感謝的人是我已故的妻子珍妮絲（Janis），她的重要性不比前面的任何人低，感謝她四十三年來給我的愛和支持，此外她還賜給我兩個最好的禮物——我的兒子布來恩・米勒（Brian Miller）和女兒麗莎・瑪里・米勒・克拉克（Lisa Marie Miller Clarke）。這是一段美妙的旅程。

艾爾・米勒教練
NFL 前任首席力量教練
曾在丹佛野馬隊、亞特蘭大獵鷹隊、奧克蘭突擊者隊、紐約巨人隊擔任首席力量教練

致謝詞

感謝我的母親瑪里（Marie）和父親瑪利歐（Mario）這麼愛我，為我的人生預先做了這麼多準備，我愛你們，感謝你們！

感謝我的妹妹卡蘿（Carol），我愛你，想念你。

感謝我的妻子朵拉（Dora）和我的女兒蘿倫（Lauren）和莎拉（Sara）。感謝你們的愛、支持與耐心。你們是我生命花園裡的玫瑰。

感謝盧‧卡內塞卡（Lou Carnesecca）、比爾‧帕索斯（Bill Parcells）和迪克‧維梅爾（Dick Vermeil）這三位總教練願意讓我擔助教理教練：謝謝你們的領導、智慧和指引。

感謝強尼‧帕克、艾爾‧米勒、艾爾‧維梅爾、朱唐、查理‧法蘭斯和德瑞克‧漢森（Derek Hansen）。謝謝你們教育我、指導我，更重要的是你們的友誼。因為有你們，我才能成為優秀的教練和專業人士。

感謝格列戈里‧高斯汀教練。謝謝你教我這套週期化訓練系統，謝謝你給我這麼多寶貴的建議，還指導我舉重，這一切都幫助我提升了教練的功力，感謝你。

感謝所有曾經跟我合作過的內外科醫師、物理治療師、訓練員、力量與體能教練等，因為實在太多人了，這裡就不一一點名。謝謝你們願意花時間指導我，以及你們的付出還有對我的認可與最珍貴的友情。

感謝我們公司裡一起並肩而行的工作夥伴們，因為有你們才有「專業物理治療中心」（Professional Physical Therapy）以及「專業運動表現中心」（Professional Athletic Performance Center）這兩家公司，謝謝你們。

感謝所有在天光未明的清晨前來訓練的運動員們，你們不論個人狀況好不好、不論週間或週末，也不管天氣狀況如何，都不懈地對我付出自己最大的努力。你們永遠是我的英雄。

羅伯‧帕納列洛
「專業物理治療中心」和「專業運動表現中心」的創辦人與執行長

譯後記
〈如何翻譯「Strength Training」？〉

　　很榮幸有這個機會翻譯《週期化力量訓練系統》這本書，在翻譯、查資料、跟作者交流的過程中學習到很多週期化訓練與教練的相關知識。我一直著迷於耐力訓練的理論和方法，在這趟研究之旅中，我先從體能開始，再學習技術，但關於「strength」這個主題，一直是比較薄弱的一環。我過去曾上過何立安、江杰穎、鄭乃文等老師的課，收穫很多，他們都是引領我進入這個領域的老師；也曾研究過圖德‧邦帕博士（Dr. Tudor Bompa）所著的《週期化運動訓練》（*Periodization Training for Sports*）。然而，學了這些訓練的知識和動作後，對於 strength 這個概念的了解依然很模糊，直到閱讀《週期化力量訓練系統》這本書後，才對 strength training 的概念與系統有更系統化的理解。

　　前面之所以一直用「strength」而不用中文，是因為我覺得國內把它譯為「肌力」不夠精準。然而，目前臺灣的各種訓練、健身、健美相關書籍與網路上的文章，九成以上都把「肌力」與「strength」畫上等號。不只在健身與訓練圈是如此，體育大專院校的教科書和國外單位與證照的翻譯亦同，例如臺灣運動生理暨體能學會策畫的《運動員肌力訓練》，國際知名的教練認證單位 NSCA（National Strength and Conditioning Association）習慣譯成「美國肌力與體能訓練協會」，以及該協會出版的經典教科書《肌力與體能訓練》（*Essentials of Strength Training and Conditioning*）。但是，「strength」一詞在本書中不單指「肌肉力量」（肌力）的訓練，有些力量特性除了跟肌肉有關，也涉及神經系統、彈性系統、關節活動度等其他身體組織。所以只把「strength」譯為「肌力」實在不適合，改用「力量」較為適當。剛開始翻譯這本

書時，這是一個很大的掙扎。如前所述，國內已經普遍用「肌力」來譯，因此我是應該依習慣把它譯成「肌力」，還是應該譯成「力量」呢？在深入本書以及逐章翻譯的過程中，我最終還是決定譯成「力量」，以更符合本書要傳達的意思。以下簡單說明，希望也能幫助大家了解本書的價值。

貫串本書的「維梅爾訓練階層」中的做功能力（work capacity）、彈力（elastic strength）、反射力（reactive strength）和速度，皆不全跟肌肉有關。作者在書中提到：「做功能力的訓練目的是使運動員開發出一定程度的肌耐力、核心肌力、穩定度和有氧能力。」換句話說，如果一位運動員的活動度或有氧能力很差，徒有一身很強壯的肌肉，在運動場上也展現不出他的力量。第一章介紹各階層能力時，已明確定義力量並不單純指最大力量的輸出，它也包括穩定或維持姿勢的能力，以及像急停、切入或變向跑這類減速的能力。所以 strength 指的應該是一個層次更高的概念，包含了各種能力，而這些能力當然也包括肌肉收縮力量的大小與速度（最大肌力與爆發力）。

維梅爾訓練階層的最高階是速度（speed），所以作者非常強調「力量是為速度服務」的概念，這也是本書談論力量訓練時的特別之處。因此，除了重量訓練之外，作者也非常重視「短跑／衝刺」與「跳躍」的訓練，書中仔細說明了理由以及該如何把重訓和跑跳訓練整合在一起。書中提到：「速度訓練和體能訓練是完全不同的。在運動員還沒有恢復的情況下就要求他們練速度並不是訓練，而是體罰。這並不是比喻，而是真的在折磨運動員。這種練法無法提升他們的速度。」可見作者是把速度訓練獨立出來看，而不像許多人認為跑步就是在練有氧或無氧的體能。

作者認為速度是力量訓練的一環。以書中多次出現的「力量－速度」（strength－speed）和「速度－力量」（speed－strength）這兩個概念為例，作者很仔細說明了力量和速度之間的轉換關係。例如短跑選手做推雪橇爆發力訓練時，應該使用較輕的重量與較快的速度去推，主要訓練「力量－速度」；而美式足球員有阻擋或衝撞的需求，就應使用較重的雪橇，著重訓練「速度－力量」。但如果這邊翻譯成「肌力－速度」或「速度－肌力」，就會使作者要傳達的本意失真。

下面以兩種常見的訓練動作來說明。假設有一位健力選手 A 下肢肌肉量遠大於常人，而且背蹲舉能達兩倍體重以上，但如果他的髖關節活動度不足，在單腳硬舉這個需要平衡、柔軟度、髖關節活動度等其他能力的動作下，運動表現可能會比不上肌肉量小得多、背蹲舉只有一倍體重，但其他基礎能力更好的選手 B。也就是說，選手 B 雖然肌肉量少、最大肌力也較小，但在單腳硬舉這個動作的「力量」有可能比 A 還大。

過頭蹲這個動作更是如此。如果選手 A 的肩關節或踝關節活動度不佳，他在過頭蹲時所展現出來的力量，可能會比肌肉量較小的 B 選手差。當肩關節活動度不好，一下蹲，頭上的重量就會往前傾而失去平衡；或者也可能因踝關節活動度不夠而無法到蹲到底，踝關節會讓身體卡住，使重心無法保持在雙腳上方，容易往後仰。反之，選手 B 的肩關節與踝關節活動度很好，平衡感也很好，可以很自然地把重量支撐在頭頂上，不用費力保持平衡，也就自然可以過頭蹲舉起更大的重量。

Strength 究竟該譯成「肌力」還是「力量」，彼此間的差異看似很微小，但在翻譯本書的過程中，我卻深覺影響很大。國內長期只用「肌力」來表述是有偏頗的，很容易導致選手與教練以為 strength training 只是在練肌肉力量，這種偏見時常隱藏在長期的用語偏差中。

這本書是由多位實戰派教練合寫而成，他們不但相當好學、重視科學化訓練的本質，而且執教經驗豐富，也實際培養出許多冠軍隊伍。他們所設計的課表都是以「運動表現」為目標，在強度和反覆次數上都進行了量化，目標和課表都相當明確，跟市面上以健身、健美、增加肌肉量、提高最大肌力或爆發力為目標的書很不一樣。如果你想要透過重量訓練提升賽場上的運動表現，不論你是教練或運動員，這本書都很適合你。

附錄一
各等級運動員簡介

新手運動員

定義

持續的力量訓練不足 2 年或是指身體未發育完全者。

目標

學習和改善基本動作的品質和技術，包括舉重、跑步和跳躍。

使運動員的身體做好準備並建立起良好的做功能力，所以會比較強調訓練量而非強度。

訓練量

下面是主要力量訓練動作的分配百分比：

蹲舉	上膊	推舉	高拉	後側動力鏈	抓舉	挺舉
24%	18%	20%	15%	13%	10%	0%

這裡會比較重視力量動作，以建立穩固的基礎；反覆次數與組數也會比較高，以提高技術和動作控制能力。但是若確認運動員已經有了足夠的做功能力，就可以把訓練的側重點從量改成品質。

訓練強度

若是完全零經驗的菜鳥，第一週期（前四週）的強度絕對不要超過第一到第二區

（1RM 的 50~69%）。對剛接觸重訓與訓練的新手來說，主要的訓練強度最好能在第二區維持一到兩年。確切要維持多久，還要看他們的發展和表現。

在累積了一到兩年的訓練經驗後，就可以進階到第三區（1RM 的 70~79%）或第四區（1RM 的 80~89%）。然而還是要看運動員的實際表現才能決定是否能進入到第三區。

高水平運動員

定義

身體已經發育完全，具有 2 年以上的訓練經驗，加上做功能力基礎穩固，舉重動作的品質與技術也達到一定的水準。

目標

進一步改善技術並提高動作的複雜度，像是爆發力動作和衝刺。

強調最大力量和速度的訓練，藉此發展力量、爆發力和速度。

逐步增加訓練量直到運動員的月總量能達到 1,100~1,200 次，之後主要的訓練重點就可以轉到訓練強度。

訓練量

下面是剛開始訓練時各動作的分配百分比：

蹲舉	上膊	推舉	高拉	後側動力鏈	抓舉	挺舉
22%	19%	17%	11%	13%	10%	8%

較高比例的訓練量轉到奧林匹克式舉重中的爆發力動作上。

訓練強度

相較於新手，強度將提高。這類運動員的主要訓練強度會落在三區和四區，訓練

後期如果時機適當則會拉高到五區或六區。

菁英運動員

定義

這類運動員屬於職業等級，至少有 8 年以上的訓練經驗，他們的做功能力、力量與爆發力都有極高的水準。

目標

發展最大力量、最大爆發力和速度。

在充足的訓練量底下，逐步增加訓練強度以繼續刺激進步。

訓練量

下面是剛開始訓練時各動作的分配百分比：

蹲舉	上膊	推舉	高拉	後側動力鏈	抓舉	挺舉
18%	21%	14%	7%	12%	18%	10%

會有更高比例的訓量轉移到最大強度的爆發力動作上。

訓練強度

這類運動員的主要訓練強度會落在三區與四區，並隨著訓練的過程逐步拉高到五區（1RM 的 90~100%），訓練後期如果時機適當則會拉高到六區或以上（1RM 的 100%）。

附錄二
重要的課表設計原則

關於訓練量的安排

在決定起始月總量時，基礎在於運動員的實力、先前的經驗、傷病狀態、前一年的最大訓練量或其他因素。

- 新手：月總量不會超過 1,000 次（但不會低於 750 次）。
- 進階或菁英：除非運動員傷後復原剛歸隊訓練，不然一般來說第一個月的月總量都會大於 1,000 次。

把月總量分配到每個基本的力量動作中時，要依據運動員的程度（入門、進階或菁英）來設定百分比。

決定週總量時，需要考慮運動員的程度、當前的訓練週期，以及是否為季外期，或者是否剛剛重返訓練。

- 新手：
  - 剛剛重返訓練：四週的週總量分別為月總量的 22% – 28% – 35% – 15%。
  - 季外期有兩種選擇：

    月總量的 28% – 22% – 35% – 15%。

    月總量的 35% – 22% – 28% – 15%。
- 進階或菁英：
  - 剛剛重返訓練：四週的週總量分別為月總量的 22% – 27% – 32% – 19%。

○ 季外期有兩種選擇：

月總量的 27% – 22% – 32% – 19%。

月總量的 32% – 22% – 27% – 19%。

決定訓練頻率（每週的訓練次數）時，主要取決於週總量的大小和課表類型。

● 一週三練：月總量低於 1,000 次。

● 一週四練：月總量大於 1,000 次。

決定每次訓練的課表總量，主要取決於訓練頻率與週總量的百分比。

● 一週三練：週總量的 42% – 24% – 34%。

● 一週四練有兩種選擇：

○ 週總量的 28% – 22% – 35% – 15%。

○ 週總量的 27% – 22% – 32% – 19%。

決定每個基本力量動作所分配的週總量。

● 如果某個特定動作的週總量很高（週總量超過 60 次），該動作建議以一週三練或四練的方式排進課表裡。

決定每次課表的動作及其訓練量，主要取決於週總量。

● 如果今天訓練量是屬於「大量」，那當天所安排的動作項目應該要比「少量」的日子多。

● 訓練課表中應同時包含力量與爆發力動作。

● 力量動作：總量不要超過 35 次，每次課表的每項動作最少 3 次。

● 爆發力動作：總量不要超過 25 次，每次課表的每項動作最少 3 次。

季外期的月總量需逐步增加，但每個月之間的增加量不要超過 10%。

進入季前期時月總量需要至少降低最大量的 1/3，到了賽季要再減少 1/3。

因為訓練量減少，所以賽季的練頻率訓也要減到一週兩次。

關於強度的安排

決定目標強度區間時，主要取決於運動員的程度和預期的訓練效果。

● 新手：

○ 主要落在強度一區和二區（50~69%1RM），後期會進入三區（70~79%1RM）。

● 進階或菁英：

○ 主要落在強度三區和四區（70~85% 的 1RM），後期會進入五區或六區（1RM 的 90% 或更高）。

註：整份訓練計畫的平均訓練強度仍會落在 70~85% 的 1RM 之間。

決定反覆次數和組數，主要取決於運動員的訓練目標、做功能力、肌肥大、力量、爆發力或速度。

● 使用本書第二章的普列平重訓表來決定較為理想的反覆次數和組數，計算時主要依據的是運動員各項力量動作的 1RM。

決定每週和每月的強度波動方式。

● 週間：

○ 理想的情況下，每個動作要練 2 天：一天是高強度日，另一天的強度較低且訓練量較高。

○ 動作與課表的強度都使用波動方式來安排。

● 月間：

○ 相對強度應該逐週增加。

○ 第四週要減量：若是新手，減時週的整體強度應落在 1RM 的 50~65%；若是進階運動員則是落在 1RM 的 70~75%。

排課表時要先對季外期、季前期與賽季中「相對強度」的進程進行安排。

相對訓練強度應在季外期逐步加強，使運動員在季前期能與比賽強度接軌，並在整個賽季都能延續。

關於動作選擇

選擇強調全身性的力量和爆發力動作。

● 善用蹲舉、推舉、上膊、高拉、抓舉、挺舉與後側動力鏈，這些動作遠比其他重要。

● 輔助訓練是指更具專項性的動作，它是為個別的運動員或特定的運動項目來設計。

動作複雜度：由簡到繁。

● 新手：

○ 訓練重點放在「力量動作」，後續再逐漸轉到「爆發力動作」。

○ 為了熟練技術和優化動作控制能力，不論是舉重、跑步或跳躍的練習動作都

● 進階或菁英：

○ 爆發力動作的訓練量可以增加。

○ 為了再進一步取得訓練成果，可以安排更多變或更複雜的動作。

訓練動作的順序：做功能力→力量→爆發力→速度。

● 在選擇主要訓練動作時，請遵循運動員力量發展的進展階程。

● 應同時運用重量訓練和跳跑訓練兩者來開發運動員的力量。

絕不犧牲動作品質。

作者介紹

強尼・帕克

　　身處在現代力量教練的最前線，強尼・帕克於一九六九年在密西西比州的印第安諾拉學院開始了他的教練生涯。早在重量訓練普及之前，他就已經花了十年的時間帶領大學選手鍛鍊力量了。在印第安納大學帶隊時，他也是前十大球隊中的第一位力量和體能教練。

　　他從一九八四年開始擔任 NFL 球隊的力量教練，一直到二○○八年退休，總共執教二十一年。前九年待在紐約巨人隊。在教練比爾・帕索斯的帶領下，他幫助球隊在一九八六年和一九九○年打贏了超級盃。在第二十五屆超級盃與水牛城比爾隊（Buffalo Bills）的冠軍賽中，巨人隊以 40 分 33 秒的控球時間創造了超級盃的歷史紀錄。帕克作為力量和體能教練的角色無疑對巨人隊的卓越成就有所貢獻。

　　接著，他在新英格蘭愛國者隊度過了七個賽季，隨後在二○○三年幫助坦帕灣海盜隊贏得了球隊歷史上的第一個超級盃。二○○五年，強尼在二○○八年退役之前去了舊金山四九人隊。總而言之，他徹底運用這些理論（本書談了其中的許多內容）幫助九支球隊創造新紀錄，包括打進四次超級盃冠軍賽。

　　一九八○年代，他曾兩次前往蘇聯向這些俄羅斯奧運舉重金牌得主的教練學習。他把從這些大師學到的東西應用到他的美式足球運動員身上。帕克的訓練基礎主要是源自奧林匹克舉重的爆發力動作以及課表設計的科學方法。帕克在培養強大且韌性十足的運動員時，非常強調力量、速度與健康，所以球員受傷的機率也跟著大幅降低。

　　除了在超級盃的勝利之外，一九九四年他還獲得了職業美式足球體能教練協會頒發的總統獎，這個獎每年都會頒發給 NFL 中最頂尖的體能教練。他還跟這本書的共同作者艾爾・米勒、羅伯・帕納列洛以及他的導師阿爾文・羅伊、克萊德・艾姆里奇與盧・里克一起在二○○三年入選美國力量與體能教練的首屆名人堂。

　　《週期化力量訓練系統》是強尼繼一九八八年出版的《終極重訓課表》（*Ultimate Weight Training Program*）之後的第二本著作。目前住在佛羅里達州的三一市，退休後仍持續當地指導的高中選手和力量教練。

作者介紹

艾爾‧米勒

艾爾‧米勒是 NFL 歷史上最受尊敬的力量與體能教練之一，他的職業生涯橫跨了四十多年，在力量訓練這個專業的各個層面都留下了深遠的影響。他的貢獻和遠見推動了力量和體能訓練圈的發展，正面影響了數千名年輕運動員的發展。

在東北路易斯安那州立大學擔任了四年的首發外接員後，一九七〇年在洛杉磯門羅的「李氏高級中學」（Lee Junior High School）開始了他的教練生涯。十五年來，他以教練的身分穩步走在教練之路上，先後轉任於大學水平西北州立大學、密西西比州立大學、東北路易斯安那州立大學，最後一所服務的大學是由傳奇教練保羅「熊」布萊恩所帶領的阿拉巴馬大學。

一九八五年，他在丹佛野馬隊的主教練丹‧里維斯的帶領下進入 NFL 教練行列。在接下米的十九年裡，兩人在丹佛、紐約和亞特蘭大一起工作，培養了約翰‧埃爾韋、菲爾‧西姆斯和邁克爾‧維克等一流的運動員，並最終參加了五次聯盟錦標賽和四次超級盃。他所服務的亞特蘭人獵鷹隊，在總教練吉姆‧吳拉（Jim Mora）的帶領下，於二〇〇四年重返 NFC 的錦標賽。

二〇〇六年短暫退役後，他於二〇一二年隨奧克蘭突襲者隊回歸，最後於二〇一四年結束他的 NFL 教練生涯。除了在二十五年的 NFL 職業生涯中多次協助球隊取得冠軍外，他還擔任過「美式足球聯盟的明星賽」（Pro Bowl）中兩支隊伍的教練。在他擔任教練的過程中獲得了無數獎項，包括一九九三年獲頒 NFL 總統獎、一九九八年得到 NFL 力量教練埃姆里希 - 里克 - 瓊斯獎、二〇〇四年得到 NFL 年度力量教練獎和二〇一五年 NFL 力量教練終身成就獎。

他的輝煌成就和貢獻使他與好朋友強尼‧帕克一起入選美國力量與體能教練的名人堂，並被全美大學力量與體能協會譽為「該領域的傳奇人物」。

作者介紹

羅伯・帕納列洛

擁有碩士學位、ATC 與 CSCS 證照的羅伯・帕納列洛也是一位私人教練和「專業物理治療中心」（Professional Physical Therapy）創辦人兼聯合執行長，目前在全美五個州擁有一百八十個據點，包括位於紐約加登市最先進的專業運動表現中心，面積達兩萬平方英尺。

他在物理治療、競技訓練和運動表現成績提升等相關領域擁有三十八年的經驗。研究重點主要在教練工作的科學與藝術方面，他在這方面研究的合作對象很廣，包括保加利亞、前蘇聯、前東德的舉重國手和不同專項的運動員。

羅伯之前曾在紐約聖約翰大學、世界美式足球聯盟的紐澤西騎士隊、美國女足聯盟（WUSA）、女子職業足球聯盟擔任首席力量與體能教練。他曾發表過六十多篇同行審查的論文，分別發表在骨科和運動醫學研究、物理治療研究、力量和體能訓練的期刊、專書篇章和書籍中。

他獲得了二〇一六年美國力量與體能協會（NSCA）年度運動醫學／復健專家獎、二〇一五年美國物理治療協會（APTA）物理治療分會琳恩華勒斯臨床教育家獎、二〇〇三年美國力量與體能教練名人堂的首批入選者之一，並於一九九八年獲得享有盛譽的國家體能協會主席獎。

羅伯經常在美國和國際上就運動復健和運動表現成績提升的主題進行演講。

作者介紹

傑瑞米・霍爾

　　擁有物理治療臨床博士學位（DPT）、CSCS以及USAW專業證照的傑瑞米・霍爾是一名物理治療師、力量與體能教練和作家，也是「總體運動表現科學與心志教練中心」（Total Performance Science and Mind of the Coach）的創辦人。

　　他曾在費城費城人隊的小聯盟系統擔任力量與體能教練，並與眾多的業餘和專業運動員合作，擔任他們的私人教練，幫助他們進行復健或提高成績。他還在諾瓦東南大學（Nova Southeastern University）擔任講師，為該校的研究生講授如何把運動表現的訓練技術整合到復健中。

　　他堅信成功是有線索可循的，他不斷尋找如何在身心狀況、高水準運動表現與運動傷害預防間取得平衡，也探索頂尖教練、菁英運動員和成功人士如何在過程中共事。純粹憑藉著運氣和努力才有機會能夠與強尼・帕克教練成為朋友，從而有機會合寫這本書。

　　他是土生土長的佛羅里達人，目前與妻子迪爾德麗（Deirdre）居住在美國紐澤西州的澤西市。

中英對照

術語

acceleration	加速度
accessory work	輔助訓練
agility	敏捷
amortization phase	攤還期
athletic position	運動員姿勢
athletic trainers	運動防護員
athletics	競技運動
block periodization	區塊週期
bodybuilding	健美
central nervous system（CNS）	中樞神經系統
concentric phase	向心收縮期
core lifts	（力量訓練的）核心動作
cornerbacks	角衛（美式足球）
cortisol	皮質醇
countermovement	反向動作
defensive backs	防守後衛／後衛（美式足球）
defensive tackle	防守截鋒（美式足球）
disc herniations	椎間盤突出
dynamic effort	強力訓練法
electromyography（EMG）	肌電圖
elxastic strength	彈力
erector	豎脊肌
explosive strength	爆發力
flying start	飛步起跑
Frontal plane	額狀面
general adaptation syndrome	一般適應症候群
goal line	得分線（美式足球）
homeostasis	體內平衡
in-season	賽季中
intensity	訓練強度

kicker	踢球員（美式足球）
kickoff	起腳踢球
kinesthetic	運動知覺的
lateral shuffle	側滑步
linear periodization	線性週期
linebackers	線衛（美式足球）
lineman	線鋒（美式足球）
lumbar spine	腰椎
macrocycle	大週期
marginal benefit	邊際效益
max effort	最大負重訓練法
maximal force production	最大力量輸出
mesocycle	中週期
microcycle	小週期
motor units	運動神經單元
muscle confusion	肌肉混淆
muscle soreness	肌肉痠痛
muscle spindle fibers	肌梭纖維
off-season	季外期
offense lineman	進攻線鋒（美式足球）
over-reaching	超量訓練
overload	超負荷
overtraining	過度訓練
Pareto's Principle	帕列托法則
passive recovery	被動恢復
patellar tendonitis	髕骨肌腱炎，簡稱髕腱炎
personal record（PR）	個人最佳紀錄
physical qualities	身體素質／力量特性
physical therapists	物理治療師
physiologic qualities	生理素質
potentiating effects	增強效應
power	爆發力、功率
power rack	槓鈴架
powerlifting	健力
prehab exercises	預防訓練
preseason	賽前期

Prilepin's Chart	普列平的重訓表
punt	棄踢
qualitative decision	定性決策
quarterbacks	四分衛（美式足球）
quickness	反應
rate of force development	發力率
reactive strength	反射力
reactivity	反應性
receiver	接球員（美式足球）
regeneration	恢復／再生
relative intensity	相對強度
relative muscular effort（RME）	相對肌肉費力程度
repetition method	高反覆訓練法
restoration period	恢復期
running back	跑衛（美式足球）
sacroiliac joint	薦髂關節
sagittal plane	矢狀面
screen pass	掩護短傳（美式足球）
shoulder girdle	肩帶
specific adaptation to imposed demands（SAID）	專項適應性
speed	速率
speed-strength	速度－力量
speed-velocity	速度訓練
square stance	平行式站姿
stiffness	剛性
strength	力量
strength-speed	力量 - 速度
stretch reflex	牽張反射
stretch-shortening cycle（SSC）	伸展－收縮循環
super-compensating	超補償
tempo training methods	速度訓練法
testosterone	睪固酮
tight-ends	近端鋒（美式足球）
training room	訓練室
transverse plane	橫狀面
undulating periodization	波動週期

unload	卸重
velocity	速度
Vermeil's Hierarchy	維梅爾教練的力量階層
weight training	重量訓練，簡稱「重訓」
weightroom	重訓室
wide receiver（WR）	外接員（美式足球）
work capacity	做功能力

人名

Al Miller	艾爾・米勒
Al Vermeil	艾爾・維梅爾
Alexander Prilepin	亞力山大・普列平
Alvin Roy	阿爾文・羅伊
Arthur Jones	亞瑟・瓊斯
Bear Bryant	貝爾・布萊恩
Ben Tabachnik	班・塔巴赫尼克
Bill Maloney	比爾・馬隆尼
Bill McGuire	比爾・麥奎爾
Bill Parcells	比爾・帕索斯
Bob Knight	鮑伯・奈特
Bob Ward	鮑伯・沃德
Bud Charniga	巴德・查尼加
Carey Brian Miller	凱利・布來恩・米勒
Carol	卡蘿
Charles Poliquin	查爾斯・波利昆
Charlie Francis	查理・法蘭斯
Chuck Knoll	查克・諾爾
Clyde Emrich	克萊德・艾姆里奇
Coach Miller	米勒教練
Coach Parker	帕克教練
Dan John	丹・約翰
Dan Reeves	丹・里維斯
David Meggett	大衛・梅格特
Debbie Malatesta	黛比・馬拉泰斯塔
Deirdre	迪爾德麗

Derek Hansen	德瑞克・漢森
Dick Vermeil	迪克・維梅爾
Don Chu	朱唐
Dora	朵拉
Dragomir Cioroslan	德拉戈米爾・喬羅斯蘭
Dwight Adams	德懷特・亞當斯
Fran	芙蘭
Garland Gregory	葛蘭德・格里高利
Gray Cook	格里・庫克
Gregori Goldstein	格列戈里・高斯汀
Hans Selye	漢斯・賽爾耶
Istvan Javorek	伊什特萬・亞沃雷克
Janis	珍妮絲
Jeremy Hall	傑瑞米・霍爾
Jimmy Lear	吉米・李爾
Joe Morris	喬・莫里斯
Johnny Parker	強尼・帕克
Larry Bird	賴瑞・柏德
Lauren	蘿倫
Lebaron Caruthers	雷巴隆・卡羅瑟斯
Leonid Matveyev	里奧尼德・馬特維耶夫
Lisa Maloney	麗莎・馬隆尼
Lisa Marie Miller Clarke	麗莎・瑪里・米勒・克拉克
Lorene Seagrave	蘿倫・希格雷夫
Lou Carneseca	盧・卡內塞卡
Lou Riecke	盧・里克
Louis Riecke	路易士・里克
Lynn Wallace	琳恩・華勒斯
Marie	瑪里
Mario	瑪利歐
Michael Jordan	麥可・喬丹
Mike Nolan	麥克・諾蘭
Mike Stone	麥克・史東
Paul Bear Bryant	保羅・貝爾・布萊恩
Peter Jernberg	彼得・傑恩伯格
Rachel Newman	瑞秋・紐曼

Ralph Miller	雷夫‧米勒
Rob Panariello	羅伯‧帕納列洛
Robert	羅伯特
Sara	莎拉
Tom Brady	湯姆‧布雷迪
Tom Landry	湯姆‧蘭德利
Tudor Bompa	圖德‧邦帕
Usain Bolt	尤塞恩‧博爾特
Van Leigh	范利
Vince Lombardi	文斯‧隆巴迪
Yuri Verkhoshansky	尤里‧維爾霍山斯基

蹲舉動作

back squat	背蹲舉
deep squat	深蹲
front squat	前蹲舉
goblet squat	高腳杯深蹲
overhead squat	過頭蹲
single-leg squat	單腿蹲（舉）
slider squat	滑盤蹲
squat	蹲舉／下蹲
wall squats	靠牆蹲

推舉動作

alternate dumbbell incline press	啞鈴交替斜上推
alternate dumbbell military press	啞鈴交替肩推
bence press	臥推
decline push-up	下斜伏地挺身
incline press	斜上推
incline push-up	上斜伏地挺身
landmine press	地雷管推舉
military press	肩推
overhead press	過頭推
press	推舉
push-press	借力推

後側動力鏈訓練動作

cable shoulder extensions	滑索肩伸訓練
glute-ham raises（GHR）	俯臥起跪
glute/ham hyperextension	強調臀肌與膕繩肌的俯臥挺身
good morning	早安體前屈
hyperextension	俯臥挺身（背挺舉）
reverse hyperextension	俯臥直腿上擺
romanian deadlift（RDL）	羅馬尼亞式硬舉
seated good morning	坐姿早安體前屈
trap bar deadlift	六角槓硬舉
twisting hyperextensions	背挺舉加胸椎旋轉

高拉動作

clean pulls	上膊高拉
high pull	高拉
jump shrug	跳躍聳肩
snatch pulls	抓舉（式）高拉

上膊動作

clean	上膊
hang clean	懸垂式上膊
power clean	瞬發上膊
split clean, from the hang position	懸垂式分腿上膊

抓舉動作

dumbbell snatch	啞鈴抓舉
high pull snatch	高拉式抓舉
snatch	抓舉
snatch with overhead squat	抓舉隨後過頭蹲
split snatch	分腿式抓舉

挺舉動作

jerk	挺舉
split jerk	分腿挺舉
squat jerk	深蹲挺舉
thruster	火箭推

跑步和衝刺

150 yards "The Hard Way"	150 碼衝刺間歇訓練
20-yard dash	20 碼衝刺
A-Runs	A 式跑步練習
A-Skips	A-Skip
build-ups	逐步加速
butt kicks	踢臀跑練習
falling 20s	站姿向前落下後衝刺 20 碼
hill runs	上坡跑
hurry go get em	鬼抓人
ins and outs	進加速／出減速
Mach Running drills	馬克操
parachute training	阻力傘訓練
pure sprinting	純衝刺
resisted running	阻力跑
skipping / skip	彈跳
sled pulls	拉雪橇
stadiums	跑階梯
tempo runs	節奏跑
wall marches	推牆跑練習
zig-zag run	之字形跑

跳躍

bounding	彈跳
box jumps	跳箱
bunny hop	豚跳
counter movement jump（CMJ）	下蹲跳
depth drop-stick	從跳箱頂步走下落到地板上時以蹲姿定住不動
depth jumps	深跳
drop jump	落下跳
goalpost touches	垂直跳（門柱觸碰）
hop	蹦跳
lateral box jump	側向跳箱
lateral plyometric box jumps	側向增強式跳箱訓練
one-leg hop	單腳蹦跳

plyometrics	增強式訓練
rockets	火箭跳躍
squat jump（SJ）	蹲踞跳躍
standing long jump（SLJ）	
broad jump	立定跳遠
standing triple long jump	站立起動三級跳遠
triple jump	三級跳
tuck jumps	提膝跳
two-leg hop	雙腳蹦跳
vertical jump	垂直跳

敏捷

four corners	四角錐敏捷訓練
lateral shuffles	側滑步
zig-zag run	之字形跑

其他訓練動作

around the world	腹部全面訓練
ballistic movement	彈振式動作
bent-over row	俯身划船
chin-ups	反握引強向上
complex one	複合式訓練
dumbbell row, on bench	啞鈴俯臥划船（趴在臥推椅上）
hanging alternate knee-up	單槓懸吊交替抬膝
hanging knee-up	單槓懸吊抬膝
hanging knee-ups	懸吊屈膝上抬
Javorek Complex	亞沃雷克複合式訓練
kettlebell swing	壺鈴擺盪
lat pulldown	滑輪下拉
lateral step-ups	側向蹬階
leg curl	俯臥屈腿
leg press	腿部推舉
lying leg twist	仰臥轉腿
physioball jackknife	抗力球俯臥摺刀式訓練
pull-ups	正握引強向上
pulldown	滑輪下拉

shrugs	負重聳肩
step-ups	蹬階
toe touches with a bar	單槓懸吊腳趾觸槓
upright row	直立划船

學校、球隊和組織

Atlanta Falcons	亞特蘭大獵鷹隊
Buffalo Bills	水牛城比爾隊
Dallas Cowboys	達拉斯牛仔隊
Denver Broncos	丹佛野馬隊
Gold's Gym	金牌健身中心
Indianola Academy	印第安諾拉學院
Lee Junior High School	李氏高級中學
New England Patriots	新英格蘭愛國者隊
New York Giants	紐約巨人隊
Nova Southeastern University	諾瓦東南大學
Oakland Raiders	奧克蘭突擊者隊
Pittsburgh Steelers	匹茲堡鋼人隊
San Diego Charger	聖地牙哥閃電隊
San Francisco 49ers	舊金山四九人隊
St. John's University	聖若望大學
Tampa Bay Buccaneers	坦帕灣海盜隊
University of Alabama	阿拉巴馬大學
University of Alberta	阿爾伯塔大學

生活風格 FJ1070

週期化力量訓練系統：

達成訓練目標最有效的實務指引，從訓練項目、順序、強度到頻率，美國名人堂教練與運動醫學專家教你打造穩定優化運動表現的訓練課表

The System: Soviet Periodization Adapted for the American Strength Coach

作　　　者	強尼·帕克（Johnny Parker）、艾爾·米勒（Al Miller）、羅伯·帕納列洛（Rob Panariello）與傑瑞米·霍爾（Jeremy Hall）
譯　　　者	徐國峰
副總編輯	謝至平
責任編輯	鄭家暐
行銷企劃	陳彩玉、楊凱雯
封面設計	陳文德
內頁排版	傅婉琪

出　　　版	臉譜出版
發行人	涂玉雲
總經理	陳逸瑛
編輯總監	劉麗真
	城邦文化事業股份有限公司
	台北市民生東路二段141號5樓
	電話：886-2-25007696　傳真：886-2-25001952

發　　　行	英屬蓋曼群島商家庭傳媒股份有限公司城邦分公司
	台北市中山區民生東路141號11樓
	客服專線：02-25007718；25007719
	24小時傳真專線：02-25001990；25001991
	服務時間：週一至週五上午09:30-12:00；下午13:30-17:00
	劃撥帳號：19863813　戶名：書虫股份有限公司
	讀者服務信箱：service@readingclub.com.tw
	城邦網址：http://www.cite.com.tw

香港發行所	城邦（香港）出版集團有限公司
	香港灣仔駱克道193號東超商業中心1F
	電話：852-25086231
	傳真：852-25789337

新馬發行所	城邦（馬新）出版集團　Cite (M) Sdn Bhd.
	41-3, Jalan Radin Anum, Bandar Baru Sri Petaling,
	57000 Kuala Lumpur, Malaysia.
	電話: +6(03) 90563833
	傳真: +6(03) 90576622
	讀者服務信箱 :services@cite.my

一版一刷	2021年11月
一版二刷	2022年1月
ISBN	978-986-235-903-7
ISBN	978-626-315-023-2(ebook)

版權所有·翻印必究（Printed in Taiwan）
定價：700元
定價：490元(ebook)
（本書如有缺頁、破損、倒裝，請寄回更換）

國家圖書館出版品預行編目資料

週期化力量訓練系統：達成訓練目標最有效的實務指引，從訓練項目、順序、強度到頻率，美國名人堂教練與運動醫學專家教你打造穩定優化運動表現的訓練課表 / 強尼.帕克(Johnny Parker), 艾爾.米勒(Al Miller), 羅伯.帕納列洛(Rob Panariello), 傑瑞米.霍爾(Jeremy Hall)著；徐國峰譯. -- 一版. -- 臺北市：臉譜出版：英屬蓋曼群島商家庭傳媒股份有限公司城邦分公司發行, 2021.11
面；　公分. -- (生活風格)
譯自：The system : Soviet periodization adapted for the American strength coach.
ISBN 978-986-235-903-7(平裝)

1.運動訓練 2.體能訓練　　　　　528.923　　110001713